全国交通土建高职高专规划教材

公路工程CAD基础教程

（第二版）

郑益民　主编
符锌砂[华南理工大学]　主审

人民交通出版社

内 容 提 要

本书主要介绍公路工程 CAD 基础知识和二次开发技术，全书共 10 章，分四部分内容：第一部分介绍公路 CAD 的基本概念、研究及应用现状、公路 CAD 基础知识等内容。第二部分介绍国际通用绘图软件 AutoCAD 2002 的二维绘图和编辑、三维建模的命令及方法。第三部分着重介绍公路 CAD 的基本原理、系统总体结构及路线平、纵、横设计方法等内容。第四部分介绍 AutoCAD 与 Windows 应用程序的数据交换和格式转换、AutoCAD 的第三代开发工具 Visual Basic for Application 及公路 CAD 二次开发技术。

本书遵循深入浅出，实用易学的原则，突出实例教学，逐步提高。为了便于读者学习，书中附有大量实例和讲解，可以加深理解公路 CAD 基础知识和技术。

本书可作为高职高专院校的道路桥梁工程技术专业、公路工程监理专业的 CAD 教材或教学参考书，也可供交通工程以及土木工程等有关专业的师生选用。此外，还可供从事公路工程和市政工程工作的技术人员参考使用。

图书在版编目(CIP)数据

公路工程 CAD 基础教程/郑益民主编. —2 版. —北京：人民交通出版社，2008. 4

全国交通土建高职高专规划教材

ISBN 978-7-114-07065-5

Ⅰ. 公… Ⅱ. 郑… Ⅲ. 道路工程—计算机辅助设计—应用软件，AutoCAD—高等学校：技术学校—教材 Ⅳ. U412. 6

中国版本图书馆 CIP 数据核字(2008)第 042555 号

书　　名：全国交通土建高职高专规划教材
公路工程 CAD 基础教程（第二版）
著 作 者：郑益民
责任编辑：卢仲贤
出版发行：人民交通出版社股份有限公司
地　　址：（100011）北京市朝阳区安定门外外馆斜街 3 号
网　　址：http://www.ccpress.com.cn
销售电话：（010）59757973
总 经 销：人民交通出版社股份有限公司发行部
经　　销：各地新华书店
印　　刷：北京市密东印刷有限公司
开　　本：787×1092　1/16
印　　张：15. 25
字　　数：379 千
版　　次：2001 年 9 月　第 1 版　2008 年 4 月　第 2 版
印　　次：2019 年 12 月　第 2 版　第 12 次印刷　总第 24 次印刷
书　　号：ISBN 978-7-114-07065-5
定　　价：35. 00 元

全国交通土建高职高专规划教材编审委员会

总　序

针对高职高专教材建设与发展问题，教育部在《关于加强高职高专教材建设的若干意见》中明确指出：先用2至3年时间，解决好高职高专教材的有无问题。再用2至3年时间，推出一批特色鲜明的高质量的高职高专教育教材，形成**一纲多本、优化配套**的高职高专教育教材体系。

2001年7月，由人民交通出版社发起组织，15所交通高职院校的路桥系主任和骨干教师相聚昆明，研讨交通土建高职高专教材的建设规划，提出了28种高职高专教材的编写与出版计划。后在交通部科教司路桥工程学科委员会的具体指导下，在人民交通出版社精心安排、精心组织下，于2002年7月前完成了28种路桥专业高职高专教材出版工作。

这套教材的出版发行首先解决了交通高职教育教材的有无问题，有力支持了路桥专业高职教育的顺利发展，也受到了全国各高职院校的普遍欢迎。

随着高职教育教学改革的深入发展、高职教学经验的丰富与积累，以及本行业有关技术标准规范的更新，本套教材在使用了2至3轮的基础上，对教材适时进行修订是十分必要的，时机也是成熟的。

2004年8月，人民交通出版社在新疆乌鲁木齐召开了有19所交通高职院校领导、系主任、骨干教师共41人参加的教材修订研讨会。会议商定了本套教材修订的基本原则、方法和具体要求。会议决定本套教材更名为"交通土建高职高专统编教材"，并成立了以吉林交通职业技术学院张洪滨为主任委员的"交通土建高职高专统编教材编审委员会"，全面负责本套教材的修订与后续补充教材的建设工作。

2005年6月，编委会在长春召开了同属交通土建大类、与路桥专业链接紧密的"工程监理专业、工程造价专业、高等级公路维护与管理专业"主干课程教材研讨会，正式规划和启动了这三个专业教材的编写出版工作。

2005年12月，教育部高等教育司发布了"关于申报普通高等教育'十一五'国家级规划教材"选题的通知(教高司函[2005]195号)，人民交通出版社积极推荐本套教材参加了"十一五"国家级规划教材选题的评选。

2006年6月，经教育部组织专家评选、网上公示，本套教材中有十五种入选为"十一五"国家级规划教材，标志着广大参与本套教材编写的教师的辛勤劳动得到了社会的认可、本套教材的编写质量得到了社会的认同。

2006年7月，交通土建高职高专统编教材编审委员会及时在银川召开会议，有24所各省区交通高职院校或开办有交通土建类专业的高等学校系部主任、专业带头人、骨干教师以及人民交通出版社领导共39位代表出席了本次会议。会议就全面落实教育部"十一五"国家级规划教材的编写工作进行了研讨。与会代表一致认为必须以入选的十五种国家级规划教材为基本标准，进一步全面提升本套教材的编写质量，编审委员会将严格按照国家级规划教材的要求审稿把关，并决定本套教材更名为**"全国交通土建高职高专规划教材"**，原编委会相应更名为**“全国交通土建高职高专规划教材编审委员会”**。以期在全国绝大多数交通高职院校和开办有交通土建类专业的高等院校的参与、统筹、规划下，本套教材中有更多的进入“十一五”国家级规划教材行列。

2007 年 5 月，编委会在湖南长沙召开工作会议，就“十一五”国家级规划教材主参编人员的确定和教材的编写原则做出了具体安排，全面启动“十一五”国家级规划教材的编写与出版工作。

本套高职高专规划教材具有以下特色：

——顺应交通高职院校人才培养模式和教学内容体系改革的要求，按照专业培养目标，进一步加强教材内容的针对性和实用性，适应学制转变，合理精简和完善内容，调整教材体系，贴近模块式教学的要求；

——实施开放式的教材编审模式，聘请高等院校知名教授和生产一线专家直接介入教材的编审工作，更加有利于对教材基本理论的严格把关，有利于反映科研生产一线的最新技术，也使得技能培训与实际密切结合；

——全面反映 2003 年以来的公路工程行业已颁布实施的新标准规范；

——服务于师生、服务于教学，重点突出，逐章均配有思考题或习题，并给出本教材的参考教学大纲；

——注重学生基本素质、基本能力的培养，教材从内容上、形式上力求更加贴近实际；

——为加强学生的实际动手能力，针对《工程测量》、《道路建筑材料》等课程，本套教材特别配套有实训类辅导教材；

——为方便教学，本套教材配套有《道路工程制图多媒体教材》、《公路工程试验实训多媒体教材》、《路基路面施工与养护技术多媒体教材》、《桥涵设计多媒体教材》等。

本套教材的出版与修订再版始终得到了交通部科教司路桥工程学科委员会和全国交通职教路桥专业委员会的指导与支持，凝聚了交通行业专家、教师群体的智慧和辛勤劳动。愿我们共同向精品教材的目标持续努力。

向所有关心、支持本套教材编写出版的各级领导、专家、教师、同学和朋友们致以敬意和谢意。

全国交通土建高职高专规划教材编审委员会

人民交通出版社

2007 年 7 月

第二版前言

随着计算机软硬件的快速发展，计算机技术日新月异，公路工程计算机辅助设计以崭新的面目进入了一个快速发展阶段。设计成果实现逐步优化，设计速度显著提高，设计手段更加完善。国内有关 CAD 方面的书籍尽管不少，但关于公路工程 CAD 方面的教材却较少，尤其是缺少基础教程及入门教材，在校生不能系统地学习公路工程计算机辅助设计的知识和技术，限制了计算机在公路工程应用方面的发展和推广。学生通过学习本教材可以较系统地掌握公路工程 CAD 的基本知识和技术、专业软件的二次开发及编程基础，为将来从事公路工程设计、施工和监理等工作打下一个良好的基础。

本教材是在《公路工程 CAD 基础教程》（第一版）的基础上进行修订的，在章节和内容上都有较大的改动和调整；在内容上突出实用易学，实例教学、深入浅出，适当提高。近几年来，随着 AutoCAD 应用技术的普及推广，在掌握计算机绘图基本方法的基础上，提高学生对 CAD 软件的应用能力，加强对 AutoCAD 二次开发技术的培养是 CAD 应用技术的发展趋势，本书在此方面有所加强。

本书分为四个部分。第一部分主要介绍公路 CAD 的基本概念、研究及应用现状、公路 CAD 基础知识等内容。第二部分介绍国际通用绘图软件 AutoCAD 2002 的二维绘图和编辑、三维建模的命令及方法，大部分绘图命令都配有详细的例题供学生练习用。学生在学习制图、计算机文化基础后，或在学习制图课程的同时，学习该部分内容，重点掌握计算机绘图的基础知识和方法。第三部分着重介绍公路 CAD 的基本原理、系统总体结构及路线平、纵、横设计方法等内容。第四部分介绍 AutoCAD 与 Windows 其他应用程序的数据交换和格式转换、AutoCAD 的第三代开发工具 Visual Basic for Application 及公路 CAD 二次开发技术。对于第三、四部分内容，学生必须在学完常用文字处理软件（如 Word、WPS）、公路勘测设计、桥梁工程等专业课程后，或在学习这些课程的同时学习。结合课程设计、毕业设计进行操作训练效果更好。

本教材适用于高职高专学校的公路与桥梁专业、公路与城市道路专业、公路工程监理专业；也可供交通工程以及土木工程等有关专业的师生选用。此外，还可供从事于公路工程和市政工程的技术人员参考应用。

本书由鲁东大学郑益民编写第一、二、六、七、八、九、十章；郭兰英编写第三章，刘智儒编写第四章、第五章；最后由郑益民统稿。华南理工大学符锌砂教授担任本书的主审。在编写过程中得到了人民交通出版社卢仲贤编审、西安立德公路工程咨询有限公司郭腾峰同志的帮助，特在此一并感谢。由于时间仓促，本人水平有限，书中难免有各种错误和疏漏，敬请广大读者批评指正，作者电子信箱为：zhym@1954yahoo.com.cn。

鲁东大学土木工程学院

郑益民

2008 年 4 月

第一版前言

随着计算机软硬件的快速发展，计算机技术日新月异，公路工程计算机辅助设计以崭新的面目进入了一个快速发展阶段。设计成果实现逐步优化，设计速度显著提高，设计手段更加完善。国内有关CAD方面的书籍尽管不少，但关于公路工程CAD方面的教材却较少，尤其是缺少基础教程及入门教材。在校生不能系统地学习公路工程计算机辅助设计的知识和技术，限制了计算机在公路工程应用方面的发展和推广。学生通过学习本教材可以较系统地掌握公路工程CAD的基本知识和技术、专业软件的应用及编程基础，为将来从事公路工程设计、施工和监理等工作打下一个良好的基础。

本书内容主要分为三个部分。第一部分介绍国际通用绘图软件Auto CAD R14的二维绘图和编辑、三维绘图的命令及绘图技巧，大部分绘图命令都配有详细的例题供学生练习之用。该部分从第一章到第十二章，学生在学习制图、计算机基础知识后，或在学习制图课程的同时，学习该部分内容，重点掌握计算机制图的基础知识和方法。第二部分介绍Auto CAD与Windows其他应用程序的格式及数据交换、Auto CAD的内嵌编程语言AutoLISP初步。该部分为第十四章和第十五章，学生必须在学完常用文字处理软件(Word、WPS)以及前十二章后，才可以学习该部分内容。第三部分是介绍公路工程专用软件的使用方法及技能，该部分内容为第十六章路线CAD和第十七章桥梁CAD。路线CAD主要介绍交通部工程设计计算机优秀软件“公路工程辅助设计系统HEAD Version4.0”的主要功能及使用方法。桥梁CAD主要介绍笔者近几年开发并应用于工程实践中的部分桥梁应用程序的功能及使用方法。学生应该在学完公路勘测、桥梁工程等专业课程后，或在学习这些课程的同时学习该部分内容，结合课程设计、毕业设计进行操作训练效果更好。

本教材适用于高等职业技术教育公路与桥梁专业、公路与城市道路专业、公路工程监理专业；也可供交通工程以及土建工程等有关专业的师生选用。此外，还可供从事公路工程和市政工程的技术人员参考使用。

本书由烟台师范学院交通学院郑益民编写，在定稿过程中得到了于敦荣、卢仲贤编审等同志的帮助，特于此一并感谢。由于本人水平有限，编写的时间也较紧迫，错误缺点在所难免，敬请读者批评指正。

编　者

2001年6月

目　录

第一章　公路 CAD 概述

第一节　CAD 基本概念

CAD 是计算机辅助设计(Computer Aided Design)的简称,是指以计算机为主要工具和手段进行产品或工程设计。它特别适用于承担设计过程中机械的、繁重的事务,使设计人员将更多的精力用于设计方案的比选和决策上,提高设计质量和设计效率,从而使设计工作从劳动密集型产业逐步转变成技术密集型产业。

CAD 技术是研究计算机在设计领域中应用的综合技术,它作为 20 世纪公认的重大技术成果之一,正在深刻地影响着当今工业界的各个行业和工程领域。它涉及计算机科学、计算数学、计算几何、计算机图形学、数据结构、数据库、软件工程、仿真技术、人工智能等专业应用的多学科多领域。CAD 技术具有高智力、知识密集、更新速度快、综合性强、投入高和效益大等特点,是国际上科技领域的前沿课题。

CAD 技术在发达国家已广泛应用于机械、电子、航空、汽车、船舶和土木工程等各个领域,成为改善产品质量与工程应用水平、降低成本、缩短工程建设周期和解放生产力的重要手段。迄今为止,CAD 技术已成为一个推动行业技术进步的、能够创造大量财富的、具有相当规模的新兴产业部门——软件产业,CAD 技术的开发与应用水平正逐步成为衡量一个国家科技现代化与工业现代化程度的重要标志之一。

CAD 系统由软件系统和硬件系统组成。一个理想的 CAD 软件系统应包括科学计算、图形系统和数据库三个方面。

科学计算包括通用数学库、系统数学库以及设计过程中的常规设计、优化设计等,它是实现相应专业工程设计、计算分析及绘图等专用功能的程序系统的计算基础。

图形系统包括集合建模、绘制工程设计图、绘制各种函数曲线、绘制各种数据表格、在图形显示器上进行图形变换以及分析和模拟等系统。图形系统是实现人和计算机进行信息交换的桥梁,也是 CAD 技术的基础。

数据库是一个通用的、综合性的以及减少数据重复存储的“数据集合”。它按照信息的自然联系来构成数据,即把数据本身和实体之间的描述都存入数据库,用各种方法来对数据进行各种组合,以满足各种需要,使设计所需要的数据便于提取,新的数据易于补充。它的内容包括设计原始资料、设计标准、规范、中间结果、图表和文件等。在一个完整的 CAD 系统中,需要对大量的数据资源进行组织和管理,从某种意义上讲,数据库在 CAD 系统中是基础。

公路 CAD 是公路设计领域中的计算机辅助设计系统,它是集数据采集、方案优化、设计计算、图表绘制和输出为一体的综合设计系统。其主要内容包括设计方案的构思和形成,方案比选,工程计算与优化、设计图表绘制与设计文件的输出等一系列工作。

第二节　公路 CAD 研究及应用现状

一、国外公路 CAD 的发展现状

国外在 20 世纪 60 年代就将计算机应用于公路设计中，但当时只是单纯解决一些计算上的问题。如平面和纵断面几何线形的计算、横断面和土石方的计算、结构计算以及输出数表等都编写有独立的程序。从而节省了计算时间，为多个方案的比较创造了条件。随着计算机设备的快速发展，英、美、法、德和丹麦等国家先后开发了路线纵断面优化设计系统，如英国的 HOPS 程序、德国的 EPOS 程序、法国的 Appolon 系统、丹麦哥本哈根工业大学的程序等。纵断面优化结果可使土石方节省 8% ~17%，平均 10% 左右。

20 世纪 70 年代，计算机硬件技术得到快速发展，大容量高速度的计算机开始应用于 CAD 系统，为数字地面模型（DTM）的应用提供了条件，道路路线优化技术拓宽到平面和空间三维选线。其代表性的软件有英国的 NOAN 程序、美国普渡大学的 GCARS 程序、前联邦德国的 EPOS-1 程序、美国麻省理工学院的 OPTLOG 公路路线三维空间优化程序。随着计算机绘图功能的进一步开发，计算机绘图、出图质量及速度得到明显提高，计算机绘图技术可直接提供设计和施工图纸。

20 世纪 80 年代，很多国家已建立了由航测设备、计算机（包括绘图机、数字化仪等外设）和专用软件包形成的公路 CAD 组合系统。软件包通常包括从数据采集、建立数字地面模型、优化技术以至全套计算机计算、绘图和报表的完整系统。例如美国的 CANDID 系统以阿波罗超级小型机为主，可用于公路、涵洞、桥梁、房屋建筑等方面的设计和绘图工作。

进入 20 世纪 90 年代以来，微型计算机技术的空前发展，为公路 CAD 技术的普及应用创造了良好的硬件环境，大多数运行于工作站上的优秀软件不失时机地移植到微机上，这极大地促进了公路 CAD 技术的推广应用。随着计算机容量和运行速度的不断快速提高，操作系统在操作界面、功能等方面的改善和提高，一批具有高交互性能的图形支撑软件的相继推出，进一步促进了公路 CAD 软件水平的提高。通过激烈的市场竞争，国外一些优秀道路 CAD 系统脱颖而出，为走向国际化，满足多元化设计标准，它们克服各国文字、测设方法、设计标准、技术规范等方面的差别，开发出能适应于不同国家的版本。目前进入中国市场应用比较广泛，具有代表性的软件有德国 Ingenieurbuero Basedow & Tornow 公司的 CARD/1 系统、英国 Infrasoft 公司的 MXRoad 软件（即前 MOSS 软件公司的 MOSS 系统）、美国 Intergraph 公司的 InRoads 系统。

最初的 CARD/1—V1.0 是一个专门适用于道路测量和设计的软件包，以后逐步向土木工程领域伸展，现在已推出的 CARD/1—7.7 版本已具备了测量、道路、铁路、排水 4 个子系统。该系统可以高效地完成从测量、数据采集、传输、处理、中线设计、纵断面设计和横断面设计、土石方计算、施工图纸绘制和文件的编制的全部任务。该系统采用模块化结构，各模块相对独立。道路的平、纵、横设计是 CARD/1 的核心部分，该核心部分由 9 个模块组成。

CARD/1 系统的特点主要反映在以下 4 个方面：CARD/1 软件自设图形平台，并建立独立完整的数据与图形编辑系统；勘测、设计和绘图的一体化；先进的设计思想和方法，可以获

得高效优质的设计成果；提供了各种标准程序和辅助工具。

英国 Infrasoft 公司于 1998 年推出新一代大型土木工程 MXRoad 软件，它为公路、铁路、水利工程、机场、场地工程以及露天矿山工程提供勘测设计一体化的解决方案。它的前身是 MOSS 软件公司的 MOSS 系统。MXRoad 软件系统采用了良好的用户界面；能适用于各级公路路线设计、城市道路设计、立交设计等多种项目；可动态进行平面选线、纵断面设计；动态显示横断面；可视化自动生成平面图、纵断面图和横断面图，可在 AutoCAD 或 MicroStation 平台上直接生成 DWG 或 DGN 图形文件。

InRoads 系统是美国 Intergraph 公司开发的基础设施的工程应用软件，它使交通规划和设计的全过程实现了自动化。InRoads 软件在 2D/3D 交互式图形软件 MicroStation32 支撑下提供了可以进行陆上、水上和空中的交通设计的手段，包括公路、铁路、机场、排水工程和其他相似建筑物的设计。

InRoads 软件的主要功能有：适应于各种数据输入手段；可在三维数字地面模型支持下进行三维交通基础设施设计；灵活多变的道路平面线形设计；可以展现多种形式的标准横断面和模式，并在任何时刻展示所需的横断面图。可以生成土石方计算表、土石方累计曲线和土石方运输图表。

二、国内公路 CAD 的发展现状

我国公路 CAD 的研究始于 20 世纪 70 年代后期，虽然起步较晚，但发展迅速。自 1979 年起，同济大学、西安公路学院、重庆交通学院与重庆公路研究所、交通部第二公路勘察设计院等单位先后对公路的纵断面优化技术、平面及空间线形优化技术等进行了研究，并开发了各自的优化设计程序。例如，同济大学采用随机搜索—动态规划法编制的纵断面优化、空间线形优化和山区地形的平面优化程序；重庆交通学院、上海铁道学院等采用动态规划法编制的纵断面优化程序；西安公路学院考虑了目标函数中包括道路建造费用的纵断面优化程序等。这些程序经试算，证明其优化效果是令人满意的。但至今还没有广泛地应用到实际的工程设计中，还有待于进一步的完善和研究开发。

20 世纪 80 年代以来，国内多所高等院校和交通设计院相继开发了公路路线微机辅助设计系统，涵洞 CAD 系统、立交 CAD 系统等公路设计软件，其中有些 CAD 系统已不同程度地在实际工程设计中得到应用，并在使用和推广过程中不断完善。例如，1985 年底鉴定的交通部第二公路勘察设计院所研制的公路航测和电算系统；同济大学开发的微机道路初步设计系统在多个省得到应用；西安公路学院的公路微机辅助设计系统也在一定的范围内使用。还通过引进国外一些辅助设计系统进行二次开发和工程设计应用。如 1984 年交通部公路规划设计院以中美合营方式成立“华杰工程咨询公司”，引进了美国路易斯·伯杰公司以 CANDID 为图形平台的 ESPADD 软件系统，从事道路 CAD 的二次开发工作，并进行实际的工程设计，并取得了良好的效果。

从 1989 年开始，由交通部组织实施的国家“七五”重点科技攻关项目“高等级公路路线综合优化和计算机辅助设计系统”（简称路线 CAD 系统 HICAD）和“高等级公路桥梁计算机辅助设计系统”（简称桥梁 CAD 系统 JT—HBCADS）的开发成功与推广应用，为我国公路行业大规模使用 CAD 技术作出了重大的贡献。

公路 CAD 系统(HICAD)的开发始于 1986 年,由交通部公路规划设计院、东南大学、西安公路交通大学、湖南省交通设院、交通部第一公路勘察设院、长沙交通学院等 6 家单位的 30 多位工程技术人员和教师组成的攻关队伍经过 3 年的努力而完成,并通过国家鉴定和验收。该系统以 APOLLO 图形工作站作为硬件平台,软件由数字地面模型子系统,路线平、纵断面优化子系统、路线设计子系统、立交设计子系统,公路中、小桥涵设计子系统、公路工程造价分析子系统等六大专业设计子系统组成。该系统覆盖了地形数据采集→建立数字地面模型→人机交互地进行路线平、纵横设计,优化设计和人工构造物的设计→图和表的屏幕编辑,并最终完成图纸的绘制以及工程造价分析等成套 CAD 技术。系统一经推出就在多项高等级公路建设中应用,并推广到 10 多个省部级公路设计院。

1998 年,交通部组织实施的国家“九五”重点科技攻关项目“GPS、航测遥感、公路 CAD 集成技术”由交通部第二公路勘察设计院、交通部公路研究所、交通部第一公路勘察设计院合作开发。这些开发工作将着重在地形数据采集、工程数据库、系统的集成化、可视化、智能化、三维设计、商品化等方面力争有所突破,使我国的公路 CAD 在理论和实际应用上有一个新的飞跃。

在目前的商品化软件中,有东南大学开发的可用于道路的三维设计和互通立交设计的 ICAD 及 DICAD 系统;交通部第一公路勘察设计院开发的可直接利用设计原始数据生成公路及其构造物的精确三维模型的纬地道路系统(HintCAD);海德公司开发的可用于道路勘测设计的 HEAD 系统。此外,还有各设计单位自行开发或借助 AutoCAD 图形平台进行二次开发的道路 CAD 软件等。这些软件的开发和应用,使道路 CAD 技术在国内进一步得到了推广,并培养了一大批道路 CAD 技术骨干,促使道路勘测设计手段从传统方法向现代化方向发展。

第三节　公路 CAD 发展趋势

当今计算机技术及相应支撑软件系统的发展日新月异、更新迅速,大大促进了 CAD 技术的发展。公路 CAD 技术在软件、系统方面的发展集中在可视化、集成化、智能化与网络化技术方面。其主要内容包括:图形仿真、多维空间显示模型、多媒体技术、CAD 虚拟环境、图形支撑系统(CAD、CAM 和 CAE)一体化信息集成、工程数据库、专家系统、遗传算法、人工神经网络模型和网络技术等。

可视化(Visualization in Scientific Computing,简称 VISC)技术是国际上于 20 世纪 80 年代末期提出并发展起来的一门新技术,它可将科学计算过程中及计算结果的数据和结论,转换为图像信息或几何图形,在计算机的图形显示器上实时显示出来,并进行交互处理。

集成化(Integration)技术主要是实现对系统中各应用程序所需要的信息及所产生的数据进行统一管理,达到软件资源和信息的高度共享和交换,避免不必要的重复和冗余,充分提高计算机资源的利用率。

智能化 CAD 系统是把人工智能的思想、方法和技术引进 CAD 领域而产生的。现有的传统 CAD 系统基本上都是采用基于算法的技术,这种方法比较简单,处理的费用比较低,但处理能力局限性较大,特别是缺乏综合和选择、判断的能力,系统使用时常常需要较高专业知识和较丰富实践经验的设计人员，通过人机交互手段才能完成设计。智能化CAD系统是具有某种程度人工智能的CAD系统，是基于知识的技术，目前主要通过在CAD系统中运用专家系统、人工神经网络等人工智能技术来实现。

网络化技术利用计算机网络资源共享的特点，可实现网络中的硬件、软件和数据共享，优化资源配置，从而达到用较低的开销获取较好效果。利用网络信息快速传输、远程通信的特点，它可将一个复杂的大型工程分成若干个较小的子工程，分散在几个不同地点的终端上同时进行设计，通过网络将各子工程数据和结果进行传输、交换、更新和汇总，最后完成全部设计任务，从而可以加快设计进度，提高设计效率。

从公路CAD系统对设计的支持来看，其发展方向主要是向实现设计全过程的整体自动化方面发展。将先进的测试方法、设计理论与CAD技术融为一体，从有效数据的自动采集，到设计、分析计算与优化直至最终输出设计成果，形成覆盖设计全过程的自动化设计系统是公路CAD系统的主要发展方向。

在应用范围方面，除了传统道路路线、互通立交等方面继续发展外，还将在以下各方面有较大的发展空间：如道路三维造型和动画技术、计算机局域网建设和应用、数据和信息采集新技术和GPS与GIS的应用、道路工程库和道路信息系统的建立，包括开发由高速公路安全、监控、通信、计费等子系统组成的交通工程CAD系统、工程项目管理系统和计算机在道路施工管理与营运等方面的应用等。

在道路CAD软件开发方面，应继续贯彻自力更生为主，努力吸取国外先进经验，进一步提高开发软件的水平和能力。

第二章　公路工程 CAD 基础

CAD 技术是以计算机硬、软件为基础，并随之改进而快速发展起来的一门新技术。随着计算机各种新技术的开发和应用，公路 CAD 系统经过了 40 多年的发展，从最初的仅能满足单一功能的简单系统，已发展成为能够完成多种设计任务、兼有各种功能的综合设计系统。目前，公路 CAD 技术已逐步成为一种先进的、成熟的、实用的技术，也是衡量公路测设现代化程度的重要标志之一。掌握公路 CAD 技术的基础理论，对公路 CAD 系统的开发、维护、扩充及应用具有重要的意义。

第一节　公路工程 CAD 系统的硬、软件环境

公路工程 CAD 系统由硬件、软件两大部分组成。一个完整的公路 CAD 系统的硬件部分包括主机、图形输入设备、图形显示及输出等设备，软件部分通常由系统软件、支撑软件和应用软件 3 个层次组成。

一、公路 CAD 系统的硬件环境

在 20 世纪 80 年代交通部组织专家论证时，曾选用 VAX－II 中型机，或 Apollo 小型机来配置公路 CAD 系统。自从 80 年代微型计算机的快速发展以来，原来要在中、小型计算机上才能实现的技术都已逐步引入微机领域。90 年代，出现了奔腾 586 机型，其性能完全可以代替小型机。到目前为止，微型计算机系统几乎可以胜任公路 CAD 领域内的所有工作。

所谓硬件是指计算机系统实际存在的物理设备，包括计算机本身及其外围设备。通常工程 CAD 微机系统的计算机配置由主机、外存储器、输出设备和输入设备 4 部分组成，如图 2-1 所示。

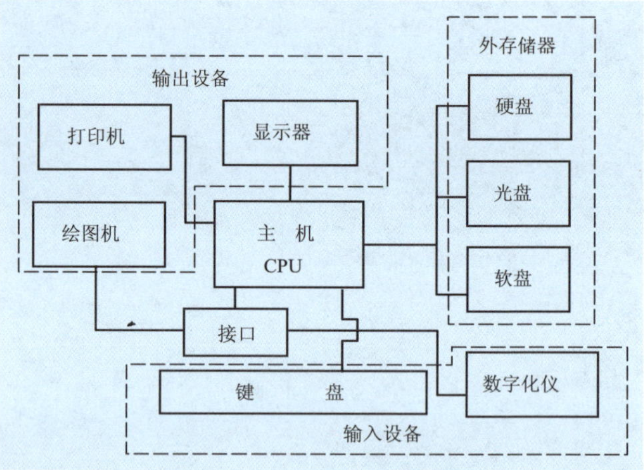

图 2-1　CAD 系统计算机配置

1. 主机

主机主要由中央处理器及内存储器两部分组成。中央处理器简称 CPU，它是计算机系统的核心，其主要功能是控制程序的执行，完成数据的处理和对输入输出设备的控制。CPU 主要由运算器和控制器组成。运算器负责对数据的加工处理，包括对数据的算术和逻辑的运算。控制器是指挥与控制计算机各功能部件协同动作、自动执行计算机程序的部件。它把运算器、存储器以及输入输出设备组成一个有机的整体，其基本功能是解释指令的执行。内存储器是 CPU 可以直接访问的存储器，它用来容纳当前正在使用的或者经常要使用的程序和数据。衡量主机的指标主要有 3 项：运算速度、字长和内存容量。

1）运算速度

以CPU每秒钟可执行的指令数目或可进行浮点运算次数表示，常以MIPS为单位，即每秒可执行100万条指令，或用时钟频率（主频）来表示运算速度。目前美国英特尔公司生产的Inter Core 2双核处理器的主频已达到2.0～3.0GB。

2）字长

CPU在一个指令周期内能从内存提取并进行处理的数据位数称为字长。字长越大，则计算机速度越快，计算精度也越高。字长取决于计算机芯片的类型，目前一般微机的CPU为32位。最近美国英特尔公司推出了64位的处理器，用于服务器和工作站。

3）内存容量

能够存放信息的总数量，通常以为字节（Byte）为单位，内存容量的大小要受CPU地址总线位数的限制。例如某微机的内存容量为64MB，即65536KB，其中1KB＝1024个字节。通常，机器能提供的寻址范围要大于机器实际所安装的存储器容量。例如某微机CPU的地址总线为32位，所能提供的寻址范围可达2^{32}＝4GB，主板可支持512MB～1GB的内存，但一般实际只安装32～256MB的内存。目前生产的台式微机内存容量可达1.0GB。

2．外存储器

计算机的外存储器是区别于内存储器由操作系统控制的存储设备，它可以弥补内存储器容量的不足。在CAD作业中，将那些暂时不用的应用程序、数据和图像存贮在外存储器中，待需要时调入内存。

微机系统常用的外存储器主要有软盘、可移动盘、硬盘和光盘存储器等4种。

1）软盘

软盘是计算机广泛配置的外设之一，其特点是容量小价格便宜。常用的软盘有5.25in、3.5in和2.5in等几种类型。由于软盘存在容量小，读盘速度慢，数据保存时间短等缺点，目前正被优盘和活动硬盘所替代。

2）可移动盘

可移动盘包括优盘和活动硬盘，是一种可移动外存储器，与主机的USB插口连接，在Windows 2000以上系统中使用，无需驱动程序可即插即用。优盘也称闪存盘，其常用的容量有64MB、128MB、256MB、512MB、1.0GB。活动硬盘也是一种即插即用的可移动外存储器，可达到160GB的存储量。

3）硬盘

硬盘是计算机系统中重要的外存储器，固定安装在计算机主机机箱内，其特点是存储数据量大，读盘速度快，使用频率高。硬盘的容量和性能是影响计算机系统的两个重要因素，目前硬盘容量发展迅速，从几GB至160GB，硬盘的旋转速度已经超过10000r/min。目前市面上流行的硬盘种类繁多，主要有希捷、迈扩、钻石、昆腾、西部数据、三星、日立等硬盘。

4）光盘

光盘是一种采用激光技术制作的存储器，其特点是存储数据量大，价格便宜，携带方便。现在流行的光盘存储器主要分两类：CD（Compact Disk）—ROM和DVD（Digital Versatile Disk）—ROM。CD—ROM光盘大致可分成只读光盘、只写一次光盘和可读写光盘3种。DVD—ROM光盘也称数字视频光碟，是利用MPEG2的压缩技术来存储影像，具有高密度、高兼容性和高可靠性等特点。目前光盘的旋转速度已达10000r/min惊人速度。

3. 输入设备

用于CAD系统的输入设备主要有:键盘、鼠标器、扫描仪、数字化仪等。

1)键盘

键盘是计算机中不可缺少的输入设备,其使用频率最高。通常微机键盘有83、84、101、102、104个按键,分为功能键、符号数字键、控制键和编辑键等。微机键盘与主机机箱分离,通过PS/2插头或USB插头与主机主板相连,二者之间实行半双工串行通信。

2)鼠标器

鼠标器是计算机中重要的输入设备,分为光电式和机电式两种。其控制光标移动的原理是把鼠标器的移动距离和方向变位脉冲信号送给计算机,再由计算机把信号转换成显示器光标的坐标,从而达到指示位置的目的。鼠标器按计算机通信方式又可分为有线鼠标和无线鼠标两种。无线鼠标包括红外线型和无线电型。

3)扫描仪和数字化仪

(1)扫描仪。

扫描仪有如下3种,手持式扫描仪、平板式扫描仪和滚筒式扫描仪。用于CAD系统的扫描仪多为滚筒式扫描仪,也称图形扫描仪。扫描仪有3个主要指标:

①扫描幅面:A0、A1、A2、A3、A4等。

②扫描速度:约1分钟输入1张A0图纸。

③扫描分辨率:用每英寸生成的像素数目DPI(Dots Per Inch)来表示。普通扫描仪的分辨率为300~1200DPI。适用于图像扫描的小型扫描仪其分辨率可达5347DPI,如日本生产的SMART 720扫描仪。

由于扫描仪分辨率高,扫描图幅大,每个彩色像素需用3个字节表示,一幅A0图纸扫描后生成的数字信息高达800MB,因此在扫描仪输出信号之前总要先进行压缩,然后再输入计算机。通常的压缩比为20。信息还要经过矢量化处理后才能输入到计算机系统内,输入计算机内后,还要经由专门软件对其进行各种校正和平滑处理,以提高图形图像的质量。

(2)数字化仪。

数字化仪是读取图形信息的输入设备,其主要功能是将图形转换成坐标数据并输入到计算机中。数字化仪按操作方式可分为自动式和非自动式(手扶跟踪式)两大类,人们通常所指的是手扶式跟踪数字化仪。数字化仪主要由数字化平面板(也称感应板)和定点设备(也称定标器、游标、鼠标)两大部分组成。其图形数字化的工作原理是,在感应板内印刷着正交两个方向格网阵列的等距平行线路,当定标器在感应板上移动时,定标器线圈发射正弦交流信号,它被格网阵列接收而产生电磁耦合,据此可以检测出定标器的相位变化,计算出定标器的相对位置,并将这种位置信息以数字信号形式通过计算机接口送入计算机,从而实现对图形的数字化。

数字化仪的种类繁多,一般有点方式、开关流方式、步进方式、连续式、增量式等几种。数字化幅面有A0~A4几种。对地形图进行数字化时,主要采用点方式和开关流方式。点方式每次数字化一个点,其精度高而速度慢。开关流方式是一种动态数据采样方法,适用于对等高线的数字化,其数据采样是连续、动态的,数据量大,但数据采集精度偏低。

4. 输出设备

公路 CAD 系统的输出设备主要有:显示器、打印机、绘图机。

1）显示器

显示器分 3 种类型:CRT 阴极射线管、液晶显示器和等离子显示器。CRT 主要用于台式机,后两种可用于台式,也用于笔记本电脑。

显示器的主要性能指标有屏幕尺寸、点间距、灰度等级或彩色数量、对比度、行频、帧频、扫描方式和分辨率等。

屏幕尺寸:用显示器的对角线长度表示,单位是英寸。

点间距:显示器屏幕上像素间的距离。目前常用的有 0.28mm,0.25mm 和 0.22mm。

颜色数:每个像素可以显示出的颜色总数,颜色数越多,显示色彩越真实。对于单色显示器,用灰度等级表示,即像素的亮暗程度。

对比度:又称反差,是指图像和背景的浓度差,对比度越大则清晰度越高。

行频:单位时间内电子束从屏幕左边扫到右边的扫描次数,即扫描频率。

帧频:也称刷新频率,是指字符或图像每秒钟在屏幕上出现的次数,即画面更新次数。频率越高,屏幕闪烁越少。一般在 75Hz 以上。

扫描方式:分为逐行扫描和隔行扫描。采用逐行扫描方式图像比较稳定。

分辨率:是指显示器上光栅的行数和列数。例如,分辨率为 640×480 就是指横向可 640 个光点,纵向可分辨出 480 个光点。光点也称像素。

2）打印机

从打印方式上分打印机可分为击打式和非击打式。非击打式打印机主要有激光打印机和喷墨打印机两种。

(1) 激光打印机:由激光机头和打印控制器组成。其中激光机头由激光光源、旋转反射镜、聚焦透镜、感光鼓等几部分组成。控制器的主要功能是接受主机传来的数据与控制码,经过处理后交给激光机输出。激光打印机是页输出设备,每次印刷一页,以每分钟输出的页数来确定打印速度(ppm),一般每分钟能印刷 8~12 页。

(2) 喷墨打印机。喷墨打印机是墨水通过精细的喷头喷到纸面而产生图像。由于各著名生产厂所掌握的喷墨专利技术各不相同,喷墨打印机可分为如下 3 类产品:

①HP 喷墨打印机:采用喷嘴后方加热设计,使在喷嘴管内的墨水能经由加热过程的体积变化所产生的推力而自喷嘴喷出。

②CANON 喷墨打印机:采取气泡喷墨原理,经由在喷嘴管壁上的加热器加热产生气泡,使气泡前端的墨水被气泡膨胀挤出喷嘴。

③EPSON 喷墨打印机:采取电压式喷嘴技术,它以薄膜压电振荡器产生高频振荡,激发墨水自喷嘴喷出。

以 HP 喷墨打印机为例,它采用热敏喷墨技术,墨水与打印头集成为一体。喷头底部有 50 个细微的小孔,分成两列,每个小孔的直径仅为头发丝直径的一半。墨水从这些小孔中以每秒近万次的高频喷射,它具有 300DPI 的输出效果,对打印纸没有特殊要求。

喷墨打印机的不足是耗材成本约为激光打印机的一倍以上。近年来国内外开始使用填充式墨水,用户将用完的墨盒重灌墨水即可再次使用。

3）绘图机

绘图机可分为两大类:笔式绘图机和无笔绘图机。

（1）笔式绘图机:也称为向量绘图机,它由控制器和插补器组成。控制器主要承担与主机交换信息、解释绘图命令、处理加工绘图数据等功能,插补器则完成直线补插、速度和加速控制。控制器与插补器之间的信息交换,采用内存共享方法实现。

（2）无笔绘图机:也称为点阵绘图机,它包括静电绘图机、喷墨绘图机、热敏绘图机、激光绘图机等多种。

绘图机的主要性能参数有:

①最大绘图幅面:国内标号一般用 A0 ~ A4 表示,欧洲标号则采用 A、B、C、D、E。

②最大绘图速度:指绘图机的最大轴向速度,通常在 1.5m/s 以下。

③绘图分辨率:绘图机驱动的最小步长,其选则范围从 0.01mm ~ 0.1mm。选用的分辨率越高,绘出的曲线越平滑,但绘图速度越慢。

④适用的绘图纸类型:指能实现最大绘图速度和最高分辨率时所要求的绘图用纸。静电式、热敏式绘图机均要求使用特殊的专用绘图纸。对喷墨式绘图机也有一定的要求,否则不能保证图形质量。

⑤接口标准:指与计算机进行连接时的接口选择类型。一般绘图机都有 RS-232C、DB-25P 等多种接口,可以方便地与计算机连接。

二、公路 CAD 系统的软件环境

计算机软件是指计算机程序、方法、规则和相关的文档资料以及在计算机上运行时所必需的数据。在 CAD 系统中,硬件是系统的物质基础,而软件则是 CAD 系统核心。一个完整的 CAD 系统软件应包括:系统软件、支撑软件和应用软件等 3 个部分。

1. 系统软件

系统软件通常是与计算机硬件密切相关的那些比较底层的支持软件,起着扩充计算机功能、合理调度与正常运行计算机的作用。它包括:操作系统、各种设备驱动程序、高级语言编译系统和网络通信软件等。系统软件具有两个明显的特点:一是公用性,在任何应用中都是不可缺少的;二是基础性,系统软件是一些底层支持软件,支撑软件和应用软件都需要在系统软件的支持下才能运行。

1）操作系统

操作系统负责协调、统一管理和分配计算机资源,并控制用户在各个阶段对计算机硬件的使用。操作系统种类很多,在微机上常用的操作系统有 DOS 系统和 Windows 系统。DOS 系统是早期的磁盘操作系统,现几乎被 Windows 操作系统淘汰。Windows 操作系统由 Microsoft公司于 1985 年发布以来(Ver1.0),迅速在整个计算机领域内扩展,1992 年发布了 16 位的 Windows(Ver3.1),现已发展到 32 位的 Windows XP 系统、Vista 系统,其性能更加优越、运算速度更快。为保证开发出的 CAD 系统能够在尽可能长的时间内维持其先进性和通用性,公路 CAD 系统可以采用微软公司的 Windows 2000 以上作为操作系统。它是在 Windows NT4.0 的基础上加以创新的 32 位操作系统,其操作简便,运行更加稳定、快速、可靠。Windows 2000 主要有以下特点:

● 符合SAA规范的一致的用户界面。Windows 2000与以前的Windows 9X、Windows NT等版本相比,具有简单易用、相同的用户界面元素。

● 多任务处理。支持多任务、多进程、多线程操作,这是发挥高性能计算机潜力的重要手段。

● 硬件独立性。在Windows环境下,利用应用程序编程接口(API),可使用应用程序而不受任何硬件设备型号的约束。API是动态链接库(DLL)和静态链接库(Lib)中各种函数的集合,它在应用程序和硬件之间提供接口程序,使程序员不必理会应用程序将运行在何种硬件环境下,也就不必编写各种硬件驱动程序,从而提高了工作效率。

● 事件驱动性。事件驱动思想符合人们的日常习惯,并与硬件设计思想一致,使在Windows平台上开发的系统具有开放式结构,为系统的功能扩充和升级换代提供了极大的便利。在Windows操作系统下,不同的应用程序之间可以相互通信,交换数据。应用程序之间的数据交换可通过系统消息、动态数据交换、动态链接等方式实现。

● 可视化集成开发工具。Windows平台提供了可视化集成开发工具,使用户能够快速开发出功能强大的标准Windows应用程序。

2)编译系统和程序设计语言

简单地说编译系统是把用高级语言编写的程序翻译成机器指令,并由计算机执行这些指令,而程序设计语言是用于编写计算机程序的计算机语言。随着计算机硬件的发展,计算机语言经历了机器语言、汇编语言、高级程序设计语言3个过程。机器语言是用二进制代码指令(0,1)来表示的计算机能直接识别和操作的机器指令;汇编语言是以符号指令来替代机器指令的符号程序,符号指令不能直接被计算机识别和执行,必须将它翻译成机器语言后才能执行,这个翻译工作由汇编程序来完成;高级语言比较接近于人类自然语言和数学语言,它独立于机器,通用性强。用高级语言编写的源程序,机器是不能直接识别和执行的,必须通过编译系统将它翻译成机器语言才能执行。适用于微机公路CAD系统的程序设计语言有C++、Basic、Pascal、Fortran和适用于Windows操作系统下的可视化编程软件Visual Basic、Visual C++等。

2. 支撑软件

支撑软件是CAD软件系统的核心,它是为满足CAD工作中一些用户共同需要而开发的通用软件。它主要包括:计算机分析软件、图形支撑软件、数据库管理系统和网络通信系统等。

1)计算机分析软件

它用于解决工程设计中各种数值计算问题,主要有:

(1)常用数学方法程序库。它提供了诸如解微分方程、线性代数方程、数值微分、有限差分,以及曲线曲面拟合等数学问题的计算机程序。

(2)有限元结构分析。目前有限元在理论上和方法上均已比较成熟,而且求解的范围也日益扩大,除了固体及流体力学问题外,还应用于金属及塑料成型、电磁场分析、无损探伤等领域,在工程设计上应用也十分广泛。商品化的有限元分析软件很多,其中有国外开发的如SAP、ADINA、NASTRAN、ANSYS和国内开发的DDJ、TBSA等,它们均有较强的前后处理功能,能满足各种不同工程领域的需求。其中,由美国ANSYS公司开发的大型有限元分析软件 ANSYS 已广泛用于我国工程设计领域，解决结构分析问题。该软件可运行于 PC 机、NT 工作站、UNIX 工作站及巨型机的各类计算机和操作系统。

(3) 优化设计软件。优化设计是在最优化数学理论和现代计算技术的基础上，运用计算机寻求设计的最优方案。常用于解决结构优化设计、规划、决策等问题。随着优化技术的发展，国内外已有许多成熟的算法和相应的计算机程序。

2）图形支撑软件

作为 CAD 系统的图形支撑软件，应该满足交互绘图功能和开放性两个方面的要求。绘图功能可通过人机交互方式进行图形绘制、编辑、尺寸标注、文本标注、三维建模等操作；开放性包括：良好的二次开发能力、方便的开发工具、实体扩充机制、数据交换和数据库操纵能力。

目前，国际上比较流行的通用图形系统件有 AutoCAD、CADkey、Microstation、3D-DCM、ironCAD 等。比较流行的三维实体建模软件有 CATIA、ICEM、EUCLID、IDEAS 等。此外还有著名的机械设计和制造领域内的软件 UG、Pro/Engineer、SolidWorks、SolidEdge 等。

获取图形支撑软件的方式有两种：一种是开发有自主产权的图形支撑系统，这种方法需要投入大量的人力资源，研制周期长，需要很高的开发水平，实力雄厚的软件公司可以采用这种方法，例如德国的 IB&T 软件公司开发的土木工程设计软件 CARD/1，具有独自的图形平台；另一种是选用已有的功能强大、性能稳定、具有开放功能的交互式绘图软件，这种方法可以充分发挥人力资源，将主要开发力量投入在研制 CAD 应用软件上，国内外许多优秀 CAD 应用软件均采用这种方式，如美国的 Eagle Point 软件是基于 AutoCAD 平台的，挪威的 NovaCAD 软件是在 Microstation 上开发的。

在基于 PC 平台的图形系统中，美国 Autodesk 公司的 AutocAD 系统因其功能强大、性能价格比高、易学易用而被广泛应用。此外 AutoCAD 还具有开放的体系结构，允许用户和开发者在几乎所有方面对其进行扩充和修改，即进行二次开发，能最大限度满足用户的特殊要求。特别是该软件提供的各种编程工具和接口，为用户的二次开发创造了十分便利的条件。AutoCAD 程序开发是通过 AutoCAD 应用程序接口(API)来实现的，AutoCAD 提供的 API 方式主要有 4 种：AutoLISP、ADS、ARX、ActiveX Automation。Activex Automation 是从 R14 起，AutoCAD 提供的全新开发技术。借助 ActiveX Automation 的强大功能，开发者可以在自己的程序中控制和访问 AutoCAD 中实现的对象，可以最大限度地利用以前和其他厂商的控件，用 Visual Basic、Visual C ++ 等进行系统集成和软件开发。选择 AutoCAD 作为公路工程 CAD 集成系统的图形支撑，不仅具有广泛的应用基础和广阔的推广前景，而且系统本身具备良好的开放性，能够满足公路 CAD 的要求。

3）数据库管理系统

公路 CAD 系统要处理大量的设计数据和建立设计模型，为保证这些信息的一致性、完整性、安全性和实现多用户共享等，公路 CAD 系统必须具备数据库管理能力。采用数据库管理系统的主要目的是有效地在各功能模块之间进行数据交换和信息管理，为用户与数据之间提供接口。采用核心数据库支撑，系统从数据库中读取前面模块生成的各种数据和信息，通过分析、处理后又将结果保存到数据库中，供后面模块和其他软件访问。它不用编制数据转换程序，这样可以减少数据冗余，实现数据共享，使维护和扩充工作变得相对简单。

数据库模型主要有：层次模型、网状模型、关系模型、对象—关系模型和面向对象模型等。目前，关系型数据库产品可分为两大类，即桌面数据库和大型数据库。国内外比较流行的桌面数据库产品有 Borland 公司的 DBase 和 Paradox、微软公司的 Foxbase/Foxpro、Visual FoxPro、Access、IBM 公司的 Approach。常见的大型数据库有 Oracle、Sybase、Informix、Microsoft SQl Server、IBM DB2 等。

适用于 CAD 系统的工程数据库系统，要求数据量大，数据类型和关系复杂。选择数据库支撑系统的是 CAD 系统研制开发中的重要问题。长期以来，一直存在着自主研制开发专用数据库系统和使用商品化数据库系统两种不同看法。商品化数据库系统以各个领域通用为目标，功能强但庞大的系统规模不仅对平台要求高，而且也影响整个 CAD 系统的性能。研制专用数据库系统，针对性强，对平台要求低，进一步开发潜力大。但开发一个实用的数据库系统需要大量的投入和较长的开发周期，需要多学科领域的交叉，具有相当大的难度。

对于小型 CAD 系统而言，由于无需跨平台操作数据库，可以采用桌面数据库系统作为系统数据库，如较为流行的 Access 等。

3. CAD 应用软件

这类软件是以系统软件、支撑软件为依托，针对专门应用领域中全部设计工作而研制的 CAD 软件。应用软件开发也称“二次开发”，目前国际上应用 AutoCAD 二次开发技术开发的产品有数千种之多，例如基于 Windows 95 和 AutoCAD 上开发的有美国的 Eagle Point 软件，基于 Microstation 上开发的有挪威的 NovaCAD 软件、加拿大的 GWN-ROAD 软件。

在面向对象的软件开发模式下，系统的集成是开发 CAD 应用软件的重要方法，它包括界面集成、工具集成和数据集成 3 个方面。界面是 CAD 系统直接与用户交流的部分，用户界面集成化可方便人机交互，一个界面一致、操作灵活的操作环境能充分发挥用户技能，减少操作困惑，保证设计过程自然流畅。工具集成就是把各种功能不同的软件系统按不同用途有机的结合，各系统功能内聚，系统间松散耦联，保证模块可动态移除和扩充，用统一控制程序组织各种信息的传递，保证系统内信息流畅通，协调各子系统有效运行。数据集成是系统集成的根本，紧密连接各个工具模块，实现 CAD 系统整体动态协作，采用标准化接口实现程序内部维护和功能扩充。

第二节　软件工程概要

一、软件、软件危机与软件工程

1. 软件定义与特点

在 20 世纪 80 年代之前，软件往往被看成是源程序的代名词，1983 年 IEEE 为软件下的定义是：计算机程序、方法、规则和相关的文档资料以及在计算机上运行时所需要的数据。目前对软件比较公认的解释为：软件是程序、支持程序运行的数据以及与程序有关的文档资料的完整集合。其中文档是与程序开发、维护和使用有关的图文资料。软件具有如下特点：

(1) 软件是一种逻辑实体，具有抽象性。软件是脑力劳动的产物，它没有颜色和形状，无法看到软件本身的形态，也无法从表面上判断它的正确与否，质量好坏。必须在计算机上运行软件后，经过观察、分析和判断才能了解它的功能和性能，这就给软件开发和管理带来许多困难。

（2）软件维护方式不同。软件在使用过程中虽没有磨损、老化的问题，但在使用中往往会发现有缺陷，这就需要进行修改。而伴随着修改可能会引入一些新的缺陷，因而使软件故障率增高，品质变坏，所以软件的维护比硬件复杂得多。随着计算机技术的发展，计算机硬件和支撑环境不断升级，为了适应运行环境的变化，软件也需要不断升级和维护，并且维护成本通常比开发成本高许多。

（3）软件生产方式不同。由于软件是逻辑产品，软件的开发与人的智力活动密切相关，在很多人共同完成一个软件项目时，需要人与人之间进行思想沟通，这种沟通更多地体现在对软件功能和需求的理解上，开发者之间理解的差异会使软件出现错误的几率增大。软件至今尚未摆脱手工方式，虽然现在软件市场上出现一些辅助开发工具，可以辅助生产代码框架、生产开发文档等，但是最终的核心代码仍然需要程序员手工编写和组织。随着软件功能的不断增加，软件规模也随之扩大，导致软件开发人员的工作压力也越来越大。

（4）软件的生产过程的不同。软件开发成功后的批量生产是一种简单的复制过程，其过程简单，设备单一，时间短暂，在软件复制低投入高利润的诱惑下，不可避免地会出现侵犯知识产权的盗版行为，必然会出现保护软件产品的版权问题。

2. 软件危机

由于软件的这些特点，以致长期以来始终没有发明一种高效的开发方法，摆脱开发效率低下的困境，使交付期一拖再拖，最终交付的软件产品在质量上很难保证。计算机专家把软件开发和维护过程中遇到的一系列严重问题和困难统称为“软件危机”。它具体表现为：

（1）对软件开发成本的估计不正确，造成开发成本超出预算。

（2）开发进度不能保证，交付期一拖再拖。

（3）软件功能不能满足用户的需求。

（4）软件产品质量没有保证，运算结果出错，操作死机等现象屡有发生。

（5）软件通常没有适当的文档资料或文档与软件产品不符，软件可维护程度低。

（6）软件开发生产滞后于硬件的发展和不能满足用户需求的增长。

软件的特点是导致软件危机的客观因素，而软件开发和维护过程中的不正确方法是主观因素。其主要表现为忽视软件开发前期的调研和分析工作；没有统一的规范的方法指导，文档资料不齐全，忽视人与人之间的交流；忽视测试阶段的工作；轻视软件的维护等。为克服软件危机和避免上述现象出现，通过较长时间的研究、实践和总结经验，逐步形成了软件工程学。

3. 软件工程概念

那么到底什么是软件工程呢？软件工程是一门旨在生产无故障、及时交付、在预算之内的并满足用户需求的软件的学科。实质上，软件工程就是采用工程的概念、原理、技术和方法来开发与维护软件，把经过时间考验而证明正确的管理方法和最先进的软件开发技术结合起来，应用到软件开发和维护过程中，来解决软件危机问题。1993 年，IEEE 为软件工程下的定义是：

“软件工程是将系统化的、规范的、可度量的方法应用于软件的开发、运行和维护过程，即将工程化应用于软件中的方法的研究"

软件工程研究所依据的基础理论极为丰富，主要有数学、计算机科学、经济学、工程学、管理学和心理学等其他学科。

二、软件的分类

1. 按软件功能划分

按照软件的功能可以将软件划分为系统软件、支撑软件、应用软件。

系统软件通常是与计算机硬件密切相关的那些比较底层的支持软件，这些软件的规模通常比较大，并且与硬件的结构和性能密切相关，例如，操作系统、设备驱动软件、网络通信软件等。

支撑软件是支持软件开发和运行的工具性软件。其中包括数据库管理系统、软件开发环境、软件辅助设计工具、软件辅助测试工具、中间件、程序库等。

应用软件是为特定应用目的而开发、提供某些特定服务的软件。应用软件可以说是规模各异种类繁多，例如字处理软件、计算机辅助设计与制造软件、军事指挥系统、导弹防御系统等。

2. 按软件规模划分

根据软件开发所投入的人力和时间等资源，以及软件交付的文档和源程序的数量，软件可划分为微型软件、小型软件、中型软件、大型软件、超大型软件和巨型软件，具体划分标准见表2-1。

软 件 的 规 模　　表2-1

软件规模	投入人数	开发时间	源程序行数	特　征
微型	1	1~4周	500	没有严格的设计和测试文档
小型	1~2	1~6月	2000	通常没有与其他程序的接口
中型	3~5	1~2年	0.5~5万	需要有严格的文档和设计规范
大型	5~20	2~3年	5~10万	需要按照软件工程方法进行管理
超大型	100~1000	4~5年	约100万	必须按照软件工程开发，有严格的质量管理措施
巨型	2000~5000	5~10年	约1000万	必须按照软件工程开发，有严格的质量管理措施

三、软件开发模型和软件过程

1. 软件开发模型

软件开发过程模型反映的是从软件需求定义到软件交付使用，报废为止，在这整个生命期中的系统开发、运行、维护所实施的全部策略。到目前为止，软件专家已经提出了多种模型，主要有瀑布模型、原型模型、螺旋模型、构件组装模型、统一过程模型等。下面介绍几种典型的模型。

1）瀑布模型

瀑布模型规定了软件生命周期的各项活动：问题定义、需求分析、软件设计、编码、测试、运行和维护，各项活动自顶向下、相互衔接如同瀑布一样。这里的形容词"瀑布"非常贴切，明确了一个活动结束,进入到下一个活动后,很难再回到前一个活动中去,也就是工作的不可逆转性,正是这个特点为瀑布模型带来了致命的问题。

2）原型模型

事实证明,一旦用户开始实际使用了为其开发的系统,便会对系统的功能、界面、操作方式等提出许多建议,而且这些建议通常都非常合理,让人无法拒绝。为此,经过长期的实践总结人们提出了原型模型。

原型模型的基本思想是:在与用户进行需求分析的同时,以比较小的代价建立一个能够反映用户主要需求的原型系统。用户在原型上提出改进意见,分析人员根据用户的意见,补充完善原型,然后再由用户评价提出建议。如此往复,直到开发的原型系统满足了用户的需求为止。原型模型包括抛弃型和演化型两种。

3）螺旋模型

螺旋模型是一种特殊的原型方法,适用于规模较大的复杂系统。螺旋模型一般被划分为2~6个框架活动,沿着顺时针方向旋转,如图2-2所示,可分别表示为:

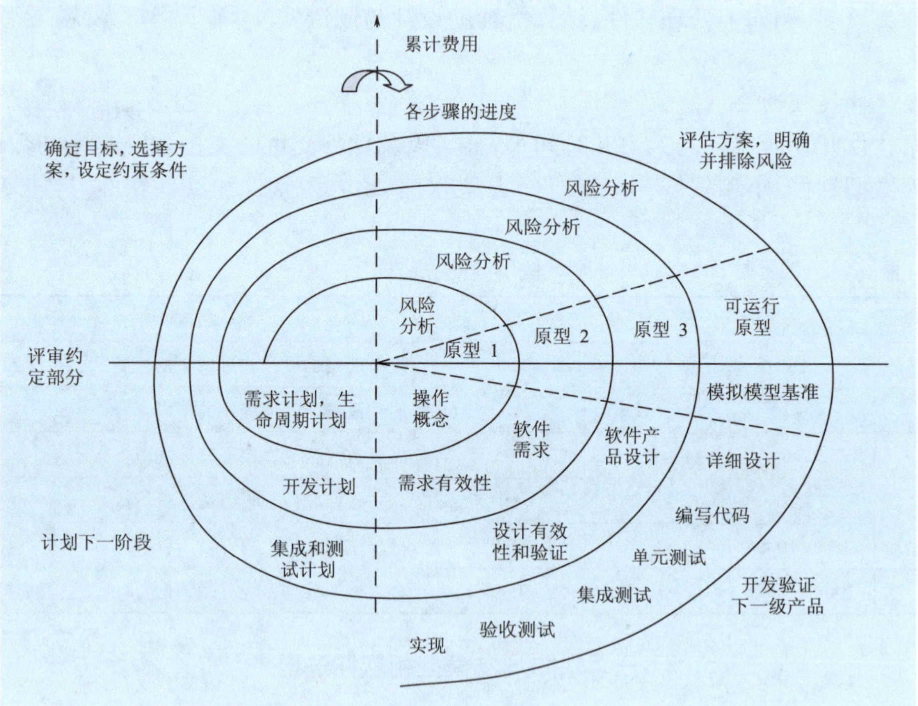

图2-2 螺旋模型图

(1) 确定要求:选择方案,设定约束条件。

(2) 制订计划:定义资源、进度等其他相关任务。

(3) 风险分析:评价方案、识别风险、制订控制风险的措施。

(4) 构造原型:有些难以确定的因素,可以通过构造原型最终确定下来。

(5) 实施工程:如果风险都能够排除,则可以确定这个过程实际上是一个瀑布模型,从而实施软件开发。

(6) 发布:安装和提供用户支持。

（7）客户评估：评估开发工作、提出修正建议。

沿螺旋线自内向外每一圈开发一个新的软件版本。首先，与用户交谈确定软件部分需求，根据需求制订计划和实施方案，分析实施方案的风险。然后开发实施、测试、集成，对用户进行培训听取用户评价，并提出修改建议。到此完成了螺旋最内层的部分，相当于系统的一个完整子集。根据用户提出的建议进入螺旋的第二层，又与用户交谈，制订新的计划和实施方案，然后再一次分析实施的风险，如果风险过大，项目可以就此终止。否则进入实施部分，最后用户评价这一轮的实施结果，并提出修改建议，然后进入第二层螺旋。如此下去，最终用户获得完整的系统、在风险评估和实施之间，一般要建立原型，这样最外层螺旋对应的原型是可运行的系统。

4）构件组装模型

面向对象方法强调将数据与操作该数据的算法封装在一个类中，并将一个或多个相关类的组合称为一个构件。构件模型融合了螺旋模型的特征，以前项目中创建的类被存储在一个类库中，一旦经过与用户交谈，确定软件目标和方案，就可以标识出候选类。首先搜索已有的类库，如果需要的类已存在，就从库中提取出来复用。如果不存在，就采用面向对象方法开发它，然后用从库中提取的类和新开发的类组织一个完整的软件版本，通过用户评价。由此完成了螺旋的一个周期。

构件组装模型导致软件复用，如果软件业会在若干年内逐步建立完善构件标准，那么构件组装模型将是实现软件生产规模化、工程化的一个最有前途的模型。据 QSM 联合报告的公司称：构件组装可缩短 70% 的开发周期，降低 84% 的项目成本。

5）统一过程模型

Rational 统一过程（Rational Unified Process），即 RUP 是由 Rational 公司开发的一种软件过程，它是开发组织用以分配管理任务和职责的一种规范化方法。目的是在预定的进度和预算的经费内，开发出满足最终用户需求的高质量软件。该开发过程有 3 个主要特点：

（1）是一种用例（Use-case）驱动的软件开发过程。

（2）以体系结构（Architecture）为中心的过程。

（3）迭代（Iterative）开发与增量（Incremental）开发相结合的过程。

2. 软件过程（软件生命期）

进入 20 世纪 90 年代以来，软件工程领域提出了软件过程的概念、软件过程是生产软件的途径，是为了获得软件产品而需要完成的一系列有关软件工程的活动、它与软件生存期模型、软件开发工具和参与开发的人员等多方面因素有关。不同的开发机构有不同的软件过程。1995 年，国际标准化组织公布了新的国际标准《ISO/IEC 12207 信息技术—软件生存期过程》，该标准定义了 17 个过程，包括主要过程、支持过程和组织过程。

主要过程分为：获取、供应、开发、运行和维护；支持过程分为：文档编制、配置管理、质量保证、验证、确认、联合评审、审核检验和问题解决；组织过程分为：管理、基础设施、改进和培训。

四、软件开发方法

1. Parnas 方法

D. L. Parnas 在 1972 年提出了 Parnas 方法，这个方法有两个特点：信息隐蔽技术和错误预防措施。

信息隐蔽技术的主要目的是提高软件的可维护性,减少模块之间的相互影响,提高软件的可靠性。错误预防措施的主要内容是在每个可能产生的错误之前,增加一些判断,防止软件出现不可预料的结果。

2. Yourdon 方法

1978 年,E. Yourdon 和 L. Constantine 提出了 Yourdon 方法,即 SA/SD 方法,也可称为结构化设计方法或面向功能的软件开发方法,或面向数据流的方法。1979 年,Tom DeMarco 对此方法作了进一步的完善。其基本思想是:把计算机作为一个信息处理系统,通过对系统自上而下地不断分解、细化,得到各层数据流图(DFD),用结构化分析技术对软件进行需求分析,然后用结构化设计技术进行总体设计和详细设计,最后是结构化编程。

3. 面向数据结构的方法

面向数据结构的软件开发方法有两种:一种是 Warnier 方法,由 J. D. Warnier 于 1974 年提出;另一种是 Jackson 方法,由 M. A. Jackson 于 1975 年提出。其基本思想是:从目标系统的输入/输出数据结构入手,导出程序框架结构,再补充其他细节,得到完整的程序结构图。

面向数据结构的方法可以看成是结构化方法与面向对象方法之间的一种方法。它是以数据结构为研究的起始点,针对不同的数据结构分配相应的处理,只是处理上没有将数据结构与处理算法封装在一起。

4. 问题分析法

问题分析法(Problem Analysis Method,PAM)是 20 世纪 80 年代末由日立(HITACHI)公司提出的一种软件开发方法。它的基本思想是由输入、输出数据结构指导系统的分解,然后站在整个系统的角度再逐步综合。

5. 面向对象的方法

面向对象的软件开发方法的研究,始于 1966 年,当时 Kisten Nygaard 和 Ole-Johan Dahl 开发了具有更高级抽象机制的 Simula 语言,Simula 提供了比子程序更高一级的抽象和封装。20 世纪 70 年代初期,Alan Kay 加入了 Palo Alto 研究中心(PARC),他引用了 Simula 中关于类的概念,开发出 Smalltalk 语言。1972 年 PARC 发布了 Smalltalk 的第一个版本,同时,“面向对象”这一术语正式确定,Smalltak 被认为是第一种真正的面向对象语言。1981 年 8 月的 BYTE 杂志公布了 Smalltalk 开发组的研究结果,Smalltalk 关于开发环境的研究导致了后来的一系列进展:窗口(Window)、图标(Icon)、鼠标(Mouse)环境。之后出现了许多面向对象语言。自 20 世纪 80 年代到 90 年代初,面向对象研究从编程语言向着软件生命期的前期阶段发展。也就是说,人们对面向对象方法的研究与运用,不再局限于编程语言,而是从系统分析和系统设计阶段就开始采用面向对象方法。这标志着面向对象方法已经发展成一种完整的方法论和系统化的技术体系。

Booch 是面向对象方法最早的倡导者之一,他提出了面向对象软件工程的概念。1991 年,他将以前针对 Àda 语言所做的工作扩展到整个面向对象设计领域,他发明了 Booch 方法,其中 Booch 93 比较适合干系统的设计和构造。

Rumbaugh 等人提出了面向对象的建模技术(Object-Oriented Medeling Technique,OMT)。这种方法用对象模型、动态模型、功能模型,共同完成对整个系统的建模,除了采用面向对象的概念外,还引入了独立于语言的符号集,所定义的概念和符号可用于软件分析、设计和实现的全过程,软件开发人员不必在开发过程的不同阶段进行概念和符号的转换。OMT-2 特别适用于分析和描述以数据为中心的信息系统。

Jacobson 于 1994 年提出 OOSE(Object-oriented Software Engineering,面向对象的软件工程)方法,其最大特点是面向用例(Use-case),并在用例的描述中引入了外部角色的概念、用例的概念是精确描述需求的重要武器。用例贯穿于整个开发过程,包括对系统的测试和验证。OOSE 比较适合需求分析。

1994 年 10 月 Grady Booch 和 Jim Rumbaugh 合作首先将 BOOCh 93 和 OMT-2 统一起来,并于 1995 年 10 月发布了第一个公开版本,称之为统一方法(Unitled Method)UM0.8。1995 年秋,OOSE 的创始人 Ivar Jacobson 加盟到这一工作。经过 Booch、Rumbaugh 和 Jacobson 三人的共同努力于 1996 年 6 月和 10 月分别发布了两个新版本,即 UML0.9 和 UML0.91,并将 UM 重新命名为 UML(Unified Modeling Language)。这里将统一方法(UM)改为统一建模语言(UML),因为它只提供了建模的语言,没有包括建模的方法。由于 Booch Runbaugh 和 Jacobson三人都加盟了 Rational 公司,使得 Rational 公司迅速成为世界上软件工程方法和技术研究的著名公司。几年来,Rational 公司收购和兼并了一些软件公司,每个公司都带来了一些专门的技术。因此,Rational 公司推出了一系列面向对象的软件工程工具。

目前,UML 得到了诸多大公司的支持,如 IBM、HP、Oracle、Microsoft 等,以成为面向对象技术领域内占主导地位的标准建模语言。

五、软件工程的主要内容

1. 系统定义

系统定义是计划阶段的第一步,它的任务是为整个系统提供总体概貌,根据需求的初步理解,把功能分配给硬件、软件及其他系统部分。

2. 可行性研究

可行性研究的目的是以最小代价在尽可能短的时间内确定问题是否值得去解决、是否能够解决。它主要包括经济可行性研究、技术可行性研究和社会可行性研究 3 个方面。

经济可行性研究的目的是希望以最小的开发成本取得具有最佳经济效益的软件产品。它除了研究开发与维护新系统所需的费用是否能够可靠地提供外,主要是研究新系统将带来的经济效益是否超过其开发与维护所需的费用。经济可行性研究主要包括:估计投资,即对开发中所需人员、硬、软件支持或其他费用进行估算;效益分析,是对所开发的软件投入使用后带来的经济效益进行估算。

技术可行性研究是根据用户提出的系统功能、性能及实现系统的各项约束条件,从技术角度研究实现系统的可行性。它包括风险分析、资源分析和技术分析。风险分析是在给定约束条件下,判断能否设计并实现系统所需的功能和性能。资源分析是论证是否具备系统开发所需的各类人员、软件、硬件资源和工作环境。技术分析是分析当前的科学技术是否支持系统开发的全过程。

社会可行性研究是指所开发的软件项目是否涉及知识产权纠纷等法律问题,这样的软件产品投入运行后,对生产、管理或经营体制带来变革的社会影响。

3. 需求分析

需求分析的基本任务是确定系统的目标和范围,调查用户的需求,分析系统必须做什么,编写需求规格说明书等其他相关文档,以及需求工程审查。除此之外,还包括需求变更控制、需求风险控制、制订需求过程的基本计划等工作。这些需求最终要在开发的软件产品中体现出来,或得到一定程度的满足。这些需求通常包括:功能需求、性能需求、可靠性需求、安全性需求、成本消耗需求、开发进度需求、资源需求和用户接口需求。

在 CAD 软件系统开发时,需求分析的第一个具体任务是:分析当前旧系统的功能,要开发的新系统要解决哪些问题,新旧系统的运行环境是否一致,在哪些方面可以继承旧系统的功能,需要开发哪些新功能等。当前旧系统是指正在使用的 CAD 软件系统,如果还没有 CAD 软件系统,则前旧系统是指手工设计系统。

需求分析的第二个具体任务是:分析和提出系统的数据要求,它包括对输入、输出数据的存储媒体、格式、定义域、精度等,分析结果在“软件数据要求说明书”中以数据字典和数据结构的方式给出。

需求分析的第三个具体任务是:提出目标系统的逻辑模型。根据系统功能、技术性能要求分析和数据分析的结果,初步确定目标系统的逻辑模型。逻辑模型是系统设计的依据和基础,通常用数据流图(Data Flow Diagram,简称 DFD 图)或输入/处理/输出图(Input/Process/Output,简称 IPO 图)和数据字典表示。

需求分析的最后任务是:定义目标系统“必须做什么”,对系统提出完整、准确、清晰、具体的要求。它包括对上述数据流图和数据字典的补充、修改和具体化,编写需求分析文档等。

需求分析阶段的工作分为下面 4 个方面:需求获取、需求分析、编写需求分析文档和需求审查。

4. 总体设计

总体设计的主要目的是从全局的高度,确定系统的总体实现方案和整体框架。其任务是划分出组成软件的软件元素——程序、文件、数据库、人工过程和文档等,确定组成软件系统的各个模块以及各模块之间的关系。

总体设计的过程是从能满足用户需求的各种可能的方案中,在系统分析人员与用户的决策机构共同充分研究各个解决方案的基础上,从中确定出一个最佳方案。总体设计具体要完成的任务有下面 7 个方面:

(1) 制定规范。根据开发组织的具体情况和开发软件的特点,制定出适合于项目开发的规范。

(2) 总体结构设计。分析系统的功能和实现层次,画出软件总体结构图。确定每个模块的功能,建立功能与需求的对应关系,确定模块之间的调用关系和传递的参数结构;最后检查软件模块划分的合理性,优化软件结构。

(3) 处理方式设计。分析实现功能需求所需要的算法,对这些算法和技术手段进行评估。

(4) 数据设计。包括数据结构设计、文件设计和数据库设计。首先分析软件的功能需求,确定实现功能需求的最佳数据结构,然后确定文件系统的结构以及数据库的模式、子模式,进行数据完整性和安全性的设计。

(5) 质量设计。软件质量的指标有可理解性、可维护性、可靠性、可移植性和安全性等。

(6) 文档设计。软件文档包括:概要设计说明书、数据库设计说明书、用户手册和软件测试计划。在概要设计说明书中主要描述系统目标、总体设计、数据设计、处理方式设计、运行设计、出错设计等;在数据库设计说明书中描述数据模式设计、物理设计等;在用户手册中描述系统的功能、性能要求、操作方式、运行环境等;软件测试计划包括测试的策略、方法和步骤。

(7) 评审概要设计。为了使用户能够参与设计方案的评价,概要设计应该以用户能够理解的语言描述。评审内容包括:可回溯性、接口定义是否清晰、检查模块的内聚力、风险性、实用性、质量属性、各种方案选择和软件限制等。

5. 详细设计

在总体设计建立了软件的模块结构之后,需要通过详细设计来设计出全部必要的过程细节,即每个模块内部的执行过程,为编程指定一个周密的计划。

详细设计的第一项工作是将总体设计中已经确定各个功能感模块逐级细化成多级、多个子模块,直到在细化就要考虑如何编程而不是考虑功能问题的时候为止。详细设计的第二项工作是对每个程序模块进行内部过程的描述,包括:各输入、输出项、算法、过程描述等。输入输出项均应确定所有的变量名;算法应包括计算步骤、计算公式、值域和定义域;过程描述应当用自然语言来表达,常用的描述方式可分为3类:图形描述、语言描述、表格描述。图形描述包括程序流程图、盒图和问题分析图;语言描述主要是程序设计语言;表格描述包括判定表。第三项工作是确定个模块之间的详细接口信息,接口设计包括所设计的模块与上一级模块的接口设计和调用子程序或函数的接口设计。

6. 编码

编码是软件设计的一个重要工作阶段,其主要工作是选用一定程序设计语言将详细设计的内容表达为可运行的程序。程序设计语言的特性和编码水平对程序的可靠性、可读性、可试性和维护性影响很大,因此,编码之前选择一种适当的程序设计语言就显得尤为重要。

在选择程序设计语言时,要从技术角度、工程角度、心理角度等方面评价和比较各种程序设计语言的适用程度。通常要考虑的主要因素有:

(1) 编程人员的水平和编程经历;

(2) 待开发软件的类型;

(3) 算法和计算的复杂性;

(4) 数据结构的复杂性;

(5) 软件开发成本和时间要求;

(6) 软件的可移植性。

在公路CAD系统软件开发中,由于受到软件技术的限制,以前都选择Fortran、True Basic、Pascal等语言,这些软件在可移植性和可视化方面存在较大缺陷。现代化公路CAD系统宜选择VB、VC++等面向对象的编程语言来开发。

7. 软件测试

软件测试是检查错误、提高软件质量的重要手段和步骤,测试的目的是设计测试用例,以最小的代价、在最短的时间内系统地发现各种不同类型的错误。测试技术可分为静态测试和动态测试两类，静态测试包括代码审查和静态分析；动态测试包括白盒测试和黑盒测试。

软件测试步骤如下：

（1）单元测试。将每个模块作为一个独立的实体进行测试，可以发现编码和详细设计的错误。

（2）子系统测试。把经过单元测试的模块放在一起形成一个子系统来测试，主要检查各模块之间的接口错误。

（3）系统测试。把经过测试的子系统装配成一个完整的系统来测试，主要发现软件设计中的错误。

（4）验收测试。这是以用户为主的系统测试，通常是使用实际数据进行测试，主要目的是验证系统是否能够满足用户的需要，这阶段的测试主要发现需求规格说明书中的错误。

（5）平行运行。某些重要软件在验收测试后需要与原系统进行一段时间的平行运行，用原系统的结果检验新系统的正确性。

8. 软件维护

软件维护是在软件投入使用后，为满足新的需要或修改错误而进行的一系列修改过程。导致软件维护的原因主要有：

（1）改正性维护。软件在交付使用后，用户发现新的错误。

（2）适应性维护。为适应软件运行环境变化而对软件所做的修改，主要包括：影响系统的规定、法律和规则发生了变化；系统运行的硬、软件环境的变化等。

（3）完善性维护。软件使用过程中，用户往往会对软件提出新的功能要求和性能要求，为了适应这些变化，软件原来的功能和性能需要扩充和增强。

（4）预防性维护。为了提高软件的可靠性和可维护性，维护人员主动对软件进行修改。

第三节　工程数据库概述

一、数据库系统的特点

1. 数据、数据处理与数据管理

数据是描述事物的符号，被人们赋予了特定的含义。从已有的数据出发，根据事物之间的联系，经过一定的处理步骤，就可以产生出新的数据，这新的数据又表示了新的信息，通常用来作为决策的依据。这种从已知的、原始的或杂乱无章中的数据中推导出对人们有用的数据或信息的过程称为数据处理。

数据处理是指对数据进行收集、组织、加工、存储、抽取和传播，而数据管理是指对数据的组织、存储、检索和维护，很显然数据管理是数据处理的核心。

人类处理数据的历史由来已久，从最初的“结绳记事”到现在的“管理信息系统”，可以说数据处理技术伴随着整个人类社会的发展。当历史的车轮驶进20世纪的中晚期，人类进入了信息社会，用“信息爆炸”来反映这个社会的信息之多并不过分，数据处理比任何历史阶段显得更为重要。数据库（Data Base，DB）技术也正是在这种背景下发展起来的一种数据管理技术。

2. 数据库管理技术发展

用计算机进行数据管理由来已久，其发展经历了 3 个阶段：

1）人工管理阶段

20 世纪 50 年代中期以前，计算机提供给人们的硬件系统比较完善，而软件则十分有限。因此程序员在进行数据处理时，不但要设计数据的表现形式，而且还要设计数据的物理存放形式及输入、输出方式。其特点是数据文件与应用程序一一对应，数据独立性差，无法实现共享，数据冗余度大。

2）文件管理阶段

20 世纪 60、70 年代，出现了简单的数据文件管理系统管理数据文件，用户对数据文件的存取部通过文件系统来进行的，用户存取数据只需通过应用程序与文件管理系统之间的接口来进行。其特点是数据文件可以重复利用，不再与某个应用程序绑在一起。数据文件存放在外存储器上，由文件管理系统进行统一管理，应用程序不需了解数据文件的实际地址和存放形式。

3）数据库系统管理阶段

数据库技术是近 20 年发展起来的一门新兴学科，它克服了程序与文件之间相互依存的缺点，增强了数据之间的联系，解决了数据冗余、安全性和完整性等问题。它与文件方式根本区别在于，数据库是面向系统的，而文件方式是面向具体应用的。数据库把一个组织中公用的数据综合在一起，放在一个公用的数据库中，并将各项数据按照一定的逻辑关系构造在一起，使数据不仅存在于数据库中而且还能反映各类数据之间的复杂关系。如图 2-3 所示组织中的用户要访问数据时，可通过某种软件向数据库调用，形成逻辑文件。可见用户处理自己业务时，不是建立文件，而是从事先经过严密设计的数据库中导出所需要的部分作为应用程序使用的文件，该文件并非独立存在，而是数据库的一个子集，该子集是通过从数据库中映射得到。由于各部门公用的数据存放在一个公共的数据库中，数据只有一个版本，从而尽可能地消除了数据冗余。

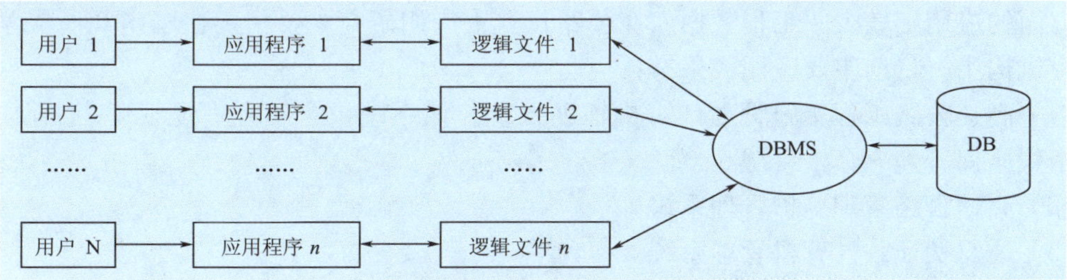

图 2-3　数据库管理方式

二、工程数据库的发展和特点

工程设计需要大量的原始数据和信息，随着设计工作的逐步深入，每个设计过程中都会产生大量的中间数据，为下阶段的设计工作提供数据。设计结束后，需要为工程施工和管理工作提供大量的成果资料，如各种工程设计图纸、表格、设计文档等。传统的文件管理方式已无法对这些类型多样、结构复杂的海量数据进行处理和管理，随着 CAD 技术在工程设计领域中的广泛应用，数据库管理系统正逐步替代原来的文件管理系统。工程数据库管理已成为工程 CAD 集成系统的基础，也是衡量工程 CAD 系统现代化的一个重要标志。

1. 工程数据库的发展

工程领域对数据组织的要求并非现在才有，早在计算机时代之前，工程师已经系统地使用组表、图表和工程图来描述整个系统的流程和结构。20 世纪 50 年代中期有限元法和现代数字计算机的发展，使分析和设计大型系统成为可能，这些发展产生了用有限的计算机内存处理大型矩阵问题，大量的有限元数据迫使工程师面临着正确地管理数据问题。此外，设计优化算法的发展也向设计者提出了组织大量设计数据的严峻问题。同时在其他工程学科也面临着大量的数据管理问题（如机械、电子、汽车、飞机、公路、桥梁等）。

20 世纪 70 年代初，数据管理用于事务处理、商业、会计、生产调度等方面，并积累了大量的知识和经验，形成了复杂的数据库管理系统。然而，在工程领域中引入数据库管理还是最近几年的事。由于工程应用中信息的复杂性，数据库管理系统的发展还达不到事务应用中那样的程度。

计算机辅助设计（CAD）的出现，产生了对大量数据管理两个方面的迫切需求：一方面是工程用的计算机程序；另一方面是 CAD 在大型系统中的应用。

1975 年美国的 Eastman 首先描述了一个可用于 CAD 的数据库，对 CAD 领域产生了重大影响。之后，各国研究机构、大学和公司都竞相研究，数据库技术开始向 CAD/CAM 方向渗透。

1985 年第四届国际工程软件会议上，详细讨论了工程数据库在集成工程设计中的显著作用、工程数据管理系统的特点、工程数据库管理的类型以及它们的术语。对图形数据关系组织、关系信息管理系统设计中关于 CAD 和交互数据处理的一些方面提出了类型（Type）、对象（Object）与关系（Relation）和函数概念的一个 CAD 数据模型。

国内工程数据库技术在公路工程领域内的应用起步较晚，1985 年我国从英国引进沥青路面管理系统，经过移植用于路面管理系统。我国自行开发的应用于公路数据库管理系统，主要在 20 世纪 90 年代后期。工程数据库技术主要应用在公路管理领域方面，在公路设计领域方面的应用则较少。工程数据库在公路行业上应用研究主要集中在国内几所大学及某些研究机构中。目前主要应用成果有：

（1）高速公路工程实施管理计算机辅助系统。该系统包含工程进度管理、工程质量管理和工程质保管理 3 个子系统。

（2）高速公路管理养护管理系统。

（3）通行费征收计算机管理系统。

（4）公路工程监理管理系统。

（5）公路隧道景观设计数据库系统。

（6）Bridge Master（桥梁大师）系统。

（7）公路涵洞工程数据库系统。

公路工程数据库发展在工程设计方面应用要落后于工程管理方面，这主要有两方面的原因，一是工程设计的复杂性，多变性和不可预测性；二是目前关系型数据库对数据的描述还不能完全表达工程设计中复杂数据、复杂对象。

因为公路CAD系统缺乏强有力的工程数据库的支持，使现有的公路CAD系统各自为政，相互之间没有联系，限制了公路设计向智能化、集成化和网络化方向发展。工程数据库是公路CAD系统的基础，工程数据库研究是公路工程设计的重要研究课题之一。

2. 公路工程数据库特点

在过去的十几年中，计算机技术应用空前发展，推动了各种应用领域中使用数据库管理系统的飞速发展，尤其重要的是，数据库管理在工程系统的计算机辅助设计中的应用。公路工程数据管理有其特殊的要求，其特点主要有：复杂实体的处理；变长数据实体的处理；动态模式的修改与扩展；可扩展数据类型；图形数据的处理；数据库版本的管理；长事务及并发控制。

1）复杂实体的处理

现实世界中的一个工程对象往往由几十个甚至上百个简单实体所组成，所以在工程应用中需要有对这种实体的描述能力。构成复杂实体的诸子实体中，有的是与其他复杂实体共享的，有的是相互嵌套的，有的是相互依存的，所以对复杂实体的定义和操纵的支持，是工程数据库管理系统具有的一个重要功能。

2）变长数据实体的处理

在关系型数据库中，每个数据项是定长的，而在工程设计环境中，公路工程数据一般不是定长的。工程数据本身包含了不等长的标准数据（如各种不同质的材料数据），设计准则（可长可短）；同时工程数据还是动态数据，预先并不了解它们，在设计过程中才被确定下来。因此在工程设计环境中，使用的工程数据库管理系统，必须能够处理可变长度的非结构性数据。例如注记、规格说明等这类数据项就是一种变长的字符串。

3）动态模式的修改和可扩展数据类型

数据库模式决定了数据库中实体的描述以及实体之间的联系，根据模式生成相应的视图以满足应用程序的要求。在公路工程设计环境中，必须不断地接受用户的反馈信息，逐步地修改模式和视图，这就构成了动态地修改模式和子模式，而且这种动态模式的修改是以不要求模式重新编译和数据重新装入为前提来完成的。目前的商用数据库要对模式进行修改和扩展是特别困难的。

可扩展数据类型在工程领域中也是很必要的，因为工程领域中的数据类型是复杂多样的，如果要求一个系统能包含所有工程应用中所用到的数据类型，这样做既不经济也不现实。

4）图形数据和数据库版本的管理

在公路工程设计领域，图形数据占有重要的位置。一个实体图形最底层是由点、线、面所组成，而一个工程对象往往是由成百上千个实体所组成，其数据量非常庞大。此时传统的商用数据库管理系统在图形数据处理领域中就变得无能为力。

工程设计是一个试探性的过程，不可能一次设计就能得到满意的方案，有时需要返回到原来认为不可行的某一步继续进行设计。因此，保留设计过程是很有必要的，反映在数据库系统上就是要具有多版本管理能力。

5）长事务及并发控制

在公路工程设计环境中，工程师时常需要在交互状态下使用一组数据工作数小时，甚至数天，这是常有的事，结果造成了不适用于通常的并发控制机理的长事务。一种处理这种长事务的机理是，取出被封锁部分的副本，把这些数据传送到设计者的专用工作区，建立专用数据库，并在主数据库中给对应的数据做出标志。这样，其他的应用策划能够允许仍然可以对主数据库中的数据进行存取。专用数据库中已被修改的数据在它被送回到主数据库时必须使其保持一致。

三、公路工程数据库的实现途径

通过对公路设计过程中的数据分析得知，适用于 CAD 系统的工程数据库系统，要求数据量大，数据类型和关系复杂。如何实现工程数据库，一直存在着改造商业数据库系统和自主研发专用数据库系统两种不同看法。

1）改造商业数据库管理系统

商业数据库系统以各个领域通用为目标，其特点是系统功能强大、适用面广，但针对性较差。公路设计对数据库有特殊要求，因此不能将商业数据库直接用于公路 CAD 系统。可以根据 CAD 系统的特点，对目前比较流行的商业数据库进行改造，如 Visual FoxPro、Access 等桌面数据库，Microsoft SQL Server、Sybase 等大型数据库。

对于像涵洞、挡墙设计等的小型 CAD 系统而言，通常无需跨平台操作数据库，可以直接采用 Access 等桌面数据库系统作为系统数据库。

2）开发专用的工程数据库管理系统

研制专用数据库系统，针对性强，对平台要求低，进一步开发潜力大。但开发一个实用的数据库系统需要大量的投入和较长的开发周期，需要多学科领域的交叉，具有相当大的难度。

第三章 AutoCAD 基础知识

第一节 AutoCAD 概述

AutoCAD 是美国 Autodesk 公司研制的计算机辅助绘图和设计软件，从 1982 年推出 AutoCAD v1.0 版起，经过 20 多年的不断发展和完善，现在已经发展到 AutoCAD 2008。AutoCAD是目前微机系统应用最广泛的通用图形软件，它具有以下 3 个基本功能：绘图和编辑功能、设计分析与计算能力、事后处理能力。随着版本的不断升级和更新，其功能和内容不断增加和丰富。归纳起来主要包括如下几个方面：

（1）绘图功能。利用 AutoCAD 的基本绘图功能，如绘直线，多边形、圆、弧、椭圆、多义线、样条曲线、云线等，可以绘制各类工程设计图。

（2）编辑和修改功能。利用 AutoCAD 的编辑功能可以对图形进行删除、移动、缩放、旋转、镜像、复制、拉伸等操作，使图形按需要进行编辑和修改。

（3）标注尺寸和文字。利用 AutoCAD 的标注功能可以对图形中的各种尺寸和角度进行标注，对需要的地方进行文字标注。

（4）图形参数的测试和计算。计算图形的面积、体积、周长、距离、及点的坐标等。

（5）设置图层、线形、线宽、颜色和字体。

（6）填充图案功能。AutoCAD 提供了数十种图案，用户可以在封闭或未封闭的区域内任意选择图案进行填充。

（7）图形的输出和输入功能。AutoCAD 支持多种外围设备，如打字机、打印机、数字化仪等。

（8）强大的三维作图和编辑功能，形象逼真的图形渲染。

（9）完善的数据交换功能。用户可以十分方便地在 AutoCAD 和 Windows 其他应用软件及 Windows 剪贴板之间进行文件、数据的共享和交换，也可以和 3DS 等软件进行数据交换。

（10）几乎完全开放的体系结构，强大的二次开发工具，使用户可以使用多种高级语言对 AutoCAD 进行专业应用开发。其二次开发工具已发展到第三代，如具有 C 语言开发环境的 ObjectARX、具有 VB 语言开发环境的 VBA、AutoCAD 本身内嵌的 AutoLISP 语言和 Visual LISP 环境。

（11）用户可通过 AutoCAD 2002 直接进入 Internet，在因特网上与远程用户进行文件传输和通信。

自 20 世纪 80 年代末 AutoCAD 作为通用图形软件引入我国后，因其强大的功能、易学易用的特点和良好的二次开发环境，而被广泛应用于航空、汽车、机械、电子、建筑、公路、桥梁等工程设计和制造领域。

AutoCAD 是我国公路设计和管理领域内应用最广泛的图形软件，拥有众多的用户，已成为公路设计中最主要的图形操作技术。AutoCAD 强大的二次开发工具已成为开发公路专业设计软件的主要手段，大多数公路设计应用软件也以 AutoCAD 作为图形支撑系统。

鉴于上述 AutoCAD 在我国公路行业内的普遍应用情况，并考虑目前许多学校 CAD 教学设备配置和 AutoCAD 软件版本使用情况，本教程选择 AutoCAD 2002 英文版为教学内容。介绍 AutoCAD 的基本操作内容,包括操作基础、二维绘制和图形编辑、文字和尺寸标注、三维绘图功能等。在本书的编写上,笔者尽可能做到通俗易懂,简单易行,深入浅出,循序渐进。使用户通过学习可以轻松掌握 AutoCAD 的基本操作命令、方法和操作技巧。

第二节 AutoCAD 2002 的用户界面

启动 AutoCAD 2002 后,将看到如图 3-1 的用户界面,这就是您的绘图环境——AutoCAD 2002 应用程序窗口。

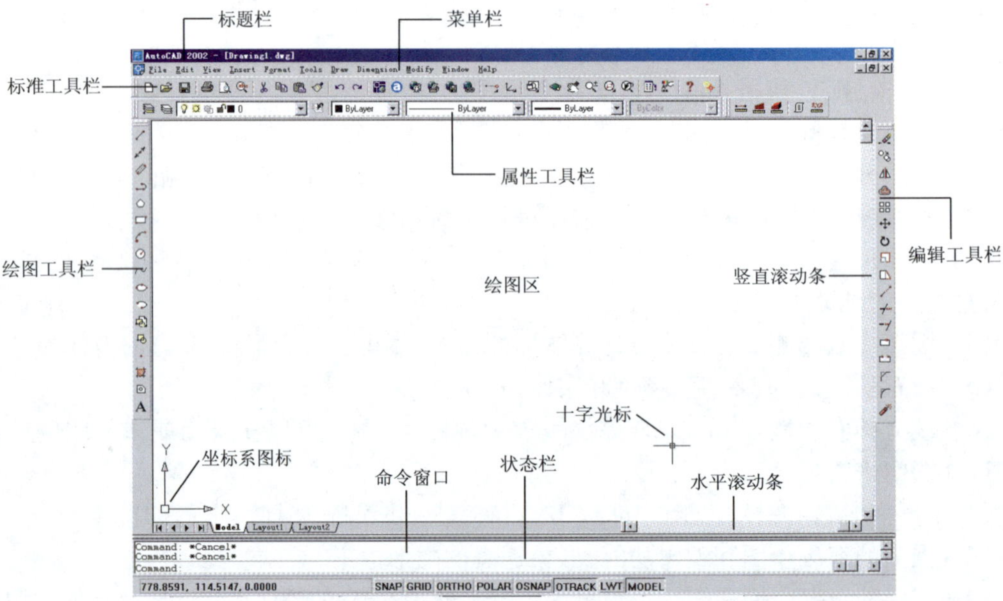

图 3-1 AutoCAD 2002 用户界面

用户界面主要分为标题栏、菜单栏、工具栏、绘图区、命令窗口和状态栏等 6 个区域。

一、标题栏和菜单栏

标题栏位于屏幕的最顶部,它的左侧显示了软件的名称和图形文件的名称,右侧有一个"缩小窗口按钮"、一个"还原窗口按钮"和一个"关闭应用程序按钮"。

标题栏的下面是菜单栏(Menu bar),AutoCAD 2002 提供了 11 项下拉菜单,包括 File(文件)、Edit(编辑)、View(视图)、Insert(插入)、Format(格式)、Tools(工具)、Draw(绘图)、Dimension(标注)、Modify(修改)、Window(窗口)、Help(帮助)。

二、标准(Stardand)工具栏和其他工具栏

AutoCAD 2002 设置了 20 多条工具栏,工具栏中包含了最常用的 AutoCAD 2002 命令,使用工具栏操作 AutoCAD 命令是主要的操作方法之一。为了使操作界面清晰简洁,系统通常只显示一些最常用的工具栏,如标准工具栏、属性工具栏、绘图工具栏和编辑工具栏。图 3-2 显示的是标准工具栏。

标准工具栏内包含两类 AutoCAD 的命令，第一类用于 AutoCAD 与 Windows 之间的传递和共享数据，如创建、打开、保存和打印图形等，第二类命令是用户经常要用到的操作命令，如缩放、平移、捕捉等。

图 3-2 标准工具栏

除标准工具栏之外，还有属性工具栏，如图 3-3 所示。它位于 AutoCAD 2002 的初始界面上标准工具栏下面，利用该工具栏可以设置图层、线型、线宽、颜色等属性。

图 3-3 对象特性工具栏

在 AutoCAD 2002 的初始界面左侧的是绘图工具栏，右侧的是图形编辑工具栏，如图 3-4 所示。利用这两个工具栏可以绘制和编辑图形。

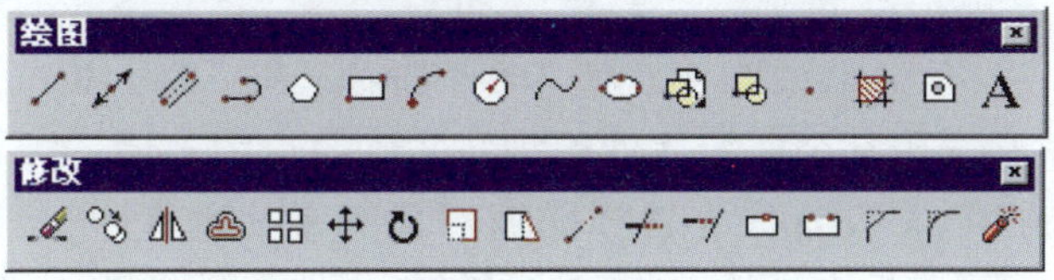

图 3-4 绘图工具栏和编辑工具栏

三、绘 图 区

绘图区也称视图窗口，它是用户绘图的工作区域。视图的右边和下边分别是两个滚动条，可使窗口上下或左右移动，便于观看绘图区中的图形。

绘图区的左下角，有两个互相垂直的箭头的图形，它是 AutoCAD 2002 坐标系的标志（WCS）或用户坐标（UCS）标志。

四、命令窗口（信息栏）

在绘图区的下方是命令行或文本窗口，用户可以通过鼠标放大或缩小。用户从键盘上输入的命令及系统提示信息全部在该窗口内，可用滚动条上下翻看。命令窗口是用户和AutoCAD进行对话的窗口，用户可以在此窗口内发出任何绘图命令，与菜单和图标的操作完全等效。当出现错误操作时，此窗口内会及时发出错误信息提示用户，用户应时时注意AutoCAD发出的信息。按 F2 键将命令窗口放大充满屏幕，通过该窗口用户可以查看前面操作过的命令和执行过程。

五、状 态 栏

界面的最底部是状态栏（Status bar），状态栏的左侧数字动态显示当前十字光标的三维坐标，右半部的英文字母表明了绘图辅助工具的运行状态，如捕捉（SNAP）、栅格（GRID）、正交（ORTHO）、极轴（POLAR）、对象捕捉（OSNAP）、对象追踪（OTRACK）、线宽（LWT）和模型（MODEL）等。显示区域即是开关切换按钮，单击这些按钮可以切换成打开（ON）或关闭

(OFF)的状态,如图 3-5 所示。

图 3-5 状态栏

第三节 AutoCAD 的文件操作

1. 新建图形文件

在对 AutoCAD 2002 的绘图环境有了基本的了解之后并不马上绘图,因为计算机绘图与手工作图一样,绘图前要准备好纸张和绘图工具,即新建图形文件。

在 AutoCAD 2002 中,创建新图有 3 种方法:

- 打开“File(文件)”菜单,单击“New(新建)”子菜单;
- 单击标准工具栏中的  图标;
- 在“Command:”提示符下,输入“New”并回车。

上述操作后,屏幕上会弹出如图 3-6 所示的“Create New Drawing(创建新图形)”对话框。在 AutoCAD 中总是选用某个样板文件作为新文件的绘图环境,其默认的样板图形文件是 Acadiso.dwt。在“Select a Template(选择样板)”的列表文本框中,系统列出了全部 54 个样板文件供用户选择。列表框右边的白色区域是样板文件的预览区,按下“Browse(浏览)”按钮,可以选择其他文件夹内存在的样板文件。按“OK”按钮进入选择的样板文件绘图环境。

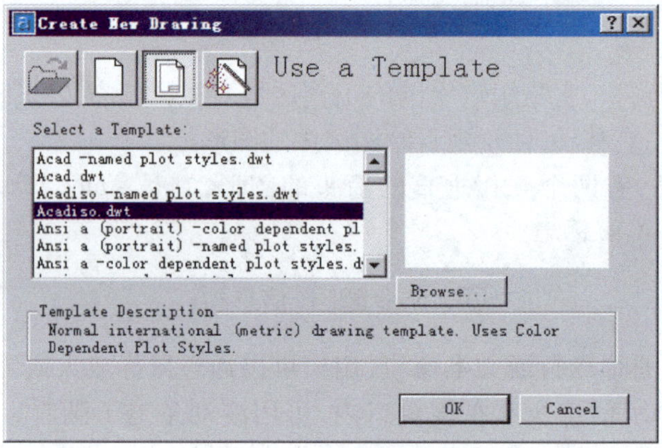

图 3-6 “创建新图形”窗口

2. 打开已有图形文件

打开已有图形文件可采用如下 3 种方法之一:

- 打开“File(文件)”菜单,单击“Open(打开)”子菜单项;
- 单击标准工具栏上的  图标;
- 在“Command:”提示符下,输入“Open”并回车。

进行以上操作后,屏幕上会弹出如图 3-7 所示的“Select File(选择文件)”对话框。在该对话框内,用户可以在“文件名(File):”文本框中直接输入已存在的文件名,按“Open(打开)”按钮打开已有文件,也可在选择框中双击需打开的文件。

“Look in(查找范围)”下拉式文本框,用于手工搜寻其他文件夹下的图形文件。选择复选框“Select initial view(以只读方式打开)”后,打开后的文件不能被修改。

在右边的“Priview(图形预览区)”中,用户可以对准备要打开的图形文件进行预览,找到所需的文件。

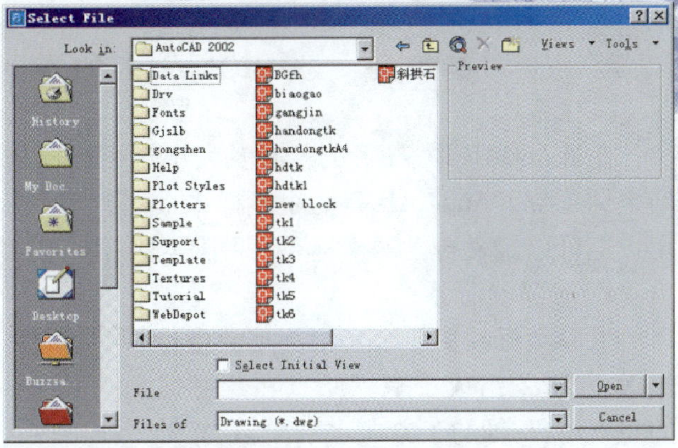

图 3-7 “选择文件”对话框

3. 保存图形文件

用户在绘图结束后,或在绘图过程中需要将所绘制的图形保存在磁盘中。将当前的图形文件存盘,可以采用如下 3 种方法之一:

- 打开“File(文件)”菜单,单击“Save(保存)”子菜单项;
- 单击标准工具栏上的  图标;
- 在“Command:”提示符下,输入“Save”并回车。

如果当前图形文件尚未命名,在执行存盘命令后,会弹出如图 3-8 所示的“Save Drawing As(图形另存为)”对话框,在对话框中选择存盘的文件夹及图形文件名,然后按“Save(保存)”按钮存盘。如果当前的文件已被命名,则 AutoCAD 会以此名存盘,并不弹出此对话框。图形文件的类型其后缀名为. dwg。如图 3-9 所示,选择“Files of(文件类型)”选项,可以将文件保存为后缀名为(. dwg)、(. dwt)、(. dxf)的文件,其中(. dwg)文件是 AutoCAD 的图形文件,允许保存为 AutoCAD R13/R14/2000 等版本文件。

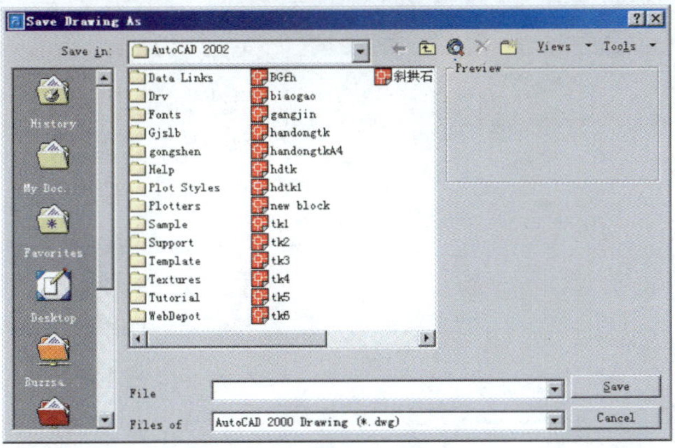

图 3-8 “图形另存为”对话框

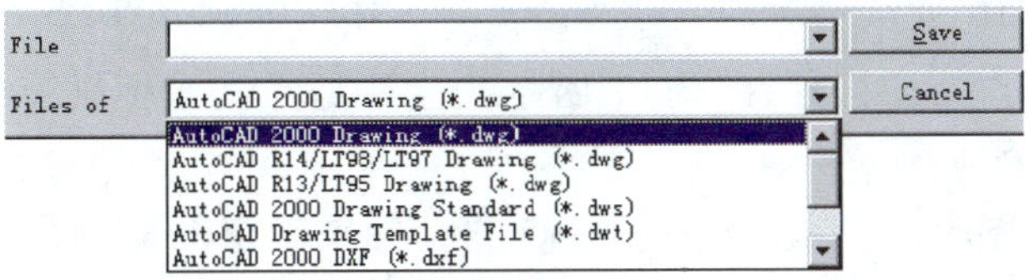

图 3-9 文件类型

第四节　AutoCAD 的坐标系及坐标点选取

在 AutoCAD 中，图形的位置及大小是用坐标来确定的，因此用户必须首先了解 AutoCAD 的坐标系统。AutoCAD 有两个坐标系，缺省坐标系是世界坐标系，用 WCS 表示。除此之外用户也可以定义自己的坐标系，即用户坐标系，用 UCS 来表示。

1. 世界坐标系

世界坐标系由 3 个互相垂直的坐标轴 X、Y 和 Z 组成。坐标原点在绘图区的左下角，X 轴的正方向水平向右，Y 轴的正方向垂直向上，Z 轴的正方向垂直屏幕向外，指向用户。图纸上的任意一点都可以用从原点的位移来表示。比如某点的坐标是(2,3,0)表示该点距离原点在 X 方向上 2 个单位，在 Y 方向上 3 个单位，在 Z 方向上 0 个单位。用户在绘制二维图形时，只需输入 X 轴，Y 轴坐标，Z 轴坐标由 AutoCAD 自动赋值为 0。为了使用户能够方便地区分位于何种坐标系下，AutoCAD 在图形窗口左下角处显示出世界坐标系 WCS 的图标(图 3-10)。此图标中除了表明了 X 轴和 Y 轴的正方向外，还有一个明显的“□”符号。

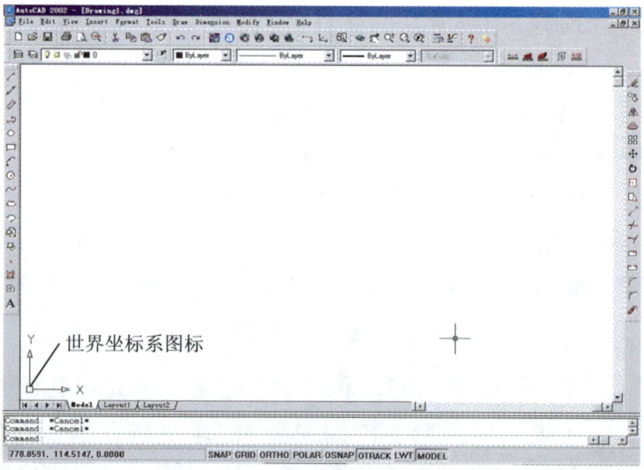

图 3-10　世界坐标系图标

2. 用户坐标系

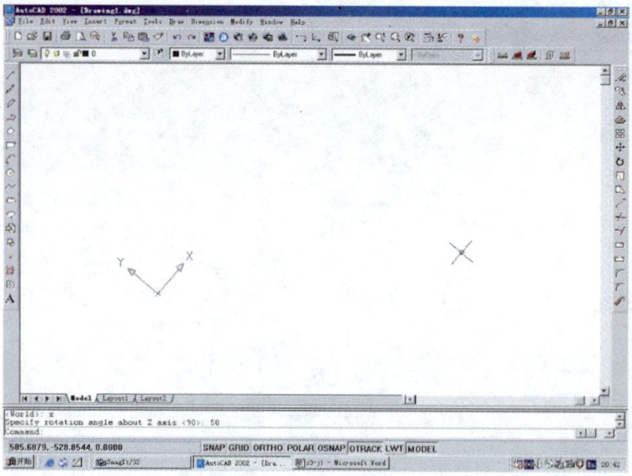

图 3-11　用户坐标系

用户为了方便绘图，经常需要变换坐标系的原点和坐标轴的方向，称为用户坐标系，用 UCS 来表示。在 AutoCAD 中，用户可以用 UCS 命令来定义用户坐标系。用户坐标系的 3 个轴之间是相互垂直的，3 个轴之间的关系服从右手规则(即伸出右手，大拇指与食指相互垂直，中指与手掌垂直，大拇指指向 X 方向，食指指向 Y 方向，中指指向 Z 方向)。但坐标轴的原点和方向由用户根据需要来确定具有较大的灵活性。用户坐标系 UCS 的图标和 WCS 的图标基本相同，只是少了“□”符号，图 3-11 所示为坐标原点和坐标轴变化后的用户坐标系。

3. 坐标点选取

用户在绘制工程图时，需要输入图形各点的坐标来确定图形的位置和大小。AutoCAD 中有四种表示坐标的方法，它们分别是绝对坐标、相对坐标、绝对极坐标和相对极坐标。下面分别介绍：

1）绝对坐标

绝对坐标是以原点(0,0,0)为基点来定义所有的点的方法。AutoACD 缺省的坐标原点在绘图区的左下角。在绝对坐标中，X 轴和 Y 轴在原点(0,0)处相交。任意一点的位置都可以用(x,y,z)来表示，二维点用(x,y)来表示。

2）相对坐标

相对坐标是相对于某点的相对位置，比如 A 点相对于 B 点的位置在 X 方向上为 3 个绘图单位，在 Y 方向上为 4 个绘图单位。用户可以用(@3,4)来表示，通式为(@x,y)。在大多数的情况下用相对坐标来绘图比用绝对坐标要方便得多。

绝对坐标与相对坐标的关系如图 3-12 所示。图中直线端点 A 点的绝对坐标为(200,150,0)，另一端点 B 点的绝对坐标为(350,250,0)，而 B 点相对 A 点的相对坐标为(@150,100)。

3）绝对极坐标

绝对极坐标是通过相对于坐标原点的距离和角度来定义任意一点的位置的。AutoCAD 默认的角度是以逆时针方向来测量角度。水平向右是起始方向定为 0°，垂直向上为 90°，水平向左为 180°，垂直向下为 270°。用户也可以通过 AutoCAD 的系统变量设置来定义角度的起始方向。绝对极坐标用一个极长距离后跟一个“<”符号和一个角度值来指明点的位置。比如 200<30，则表示该点离原点的极长距离为 200 个绘图单位，而该点的连线与 0°方向之间的夹角为 30°，如图 3-13 所示。

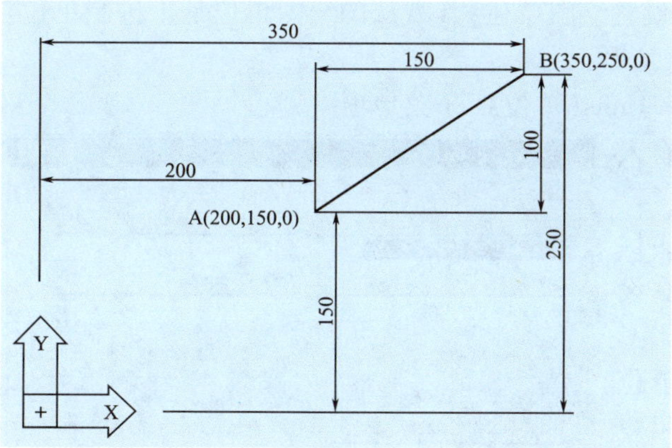

图 3-12 绝对坐标与相对坐标的关系

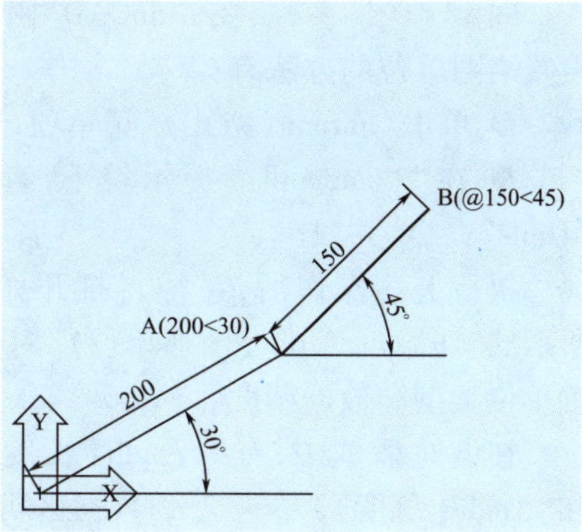

图 3-13 绝对极坐标和相对极坐标

4）相对极坐标

相对极坐标通过相对与某一点的极长距离和角度来定义点的位置，通常的情况下是以前点为基点。用“@l<a”的形式来表示，其中 l 表示极长距离，a 表示角度。如“@20<30”表示的意思是相对于某一点 20 个单位的极长距离与水平线的夹角为 30°。

在图 3-13 中，直线端点 A 用绝对极坐标表示(200<30)，而另一端点 B 则用相对与 A 的相对极坐标来表示(@150<45)。

第五节　设置 AutoCAD 的绘图环境

在绘图之前应设置好 AutoCAD 的绘图环境，主要包括设置绘图范围、绘图单位、绘图比例和捕捉模式等内容。

1. 设置绘图范围

绘图范围也称绘图界限，它限定了用户的绘图工作区和图纸的边界。其目的是为了避免用户所绘制的图形超出了绘图边界。

用户可以用下面两种方法之一设置绘图范围：

- 在“Command:”提示符下，直接输入“Limits”命令，并回车。
- 单击“Format(格式)”菜单项中的“DrawingLimits(图形界限)”子菜单项。

执行如上操作后，在命令行出现如下提示：

Reset Model space limits:

Specify lower left corner or[ON/OFF]〈0.0000,0.0000〉:

该提示请用户设置绘图范围的左下角，尖扩号中的坐标值为系统默认值为〈0.0000, 0.0000〉。如果用户接受此默认值用回车来响应，或输入新值再回车。

系统会继续提示用户设置绘图范围的右上角的位置：

Specify upper right corner 〈420.0000,297.0000〉:

用户可以用回车来响应接受默认值，或输入一个新值。

2. 设置绘图单位

同手工绘图一样，在 AutoCAD 中需要设置绘图单位，其默认的绘图单位是十进制单位。设置绘图单位的方法有：

- 单击“Farmat(格式)”菜单项，选择“Units(单位)”子菜单项。
- 在“Command:”提示符下，直接输入“Units”命令，并回车。

执行上述操作后，系统将打开如图 3-14 所示的“Drawing Units(图形单位)”对话框，设置单位类型和数据精度。

在该对话框中，有“Length(长度)”单位和“Angle(角度)”单位 2 个数据区可供用户选择。用户单击“Length”框中的“Type(类型)”下拉框，将显示长度单位的 5 个类型供用户选择，如图 3-15 所示。它们分别是：

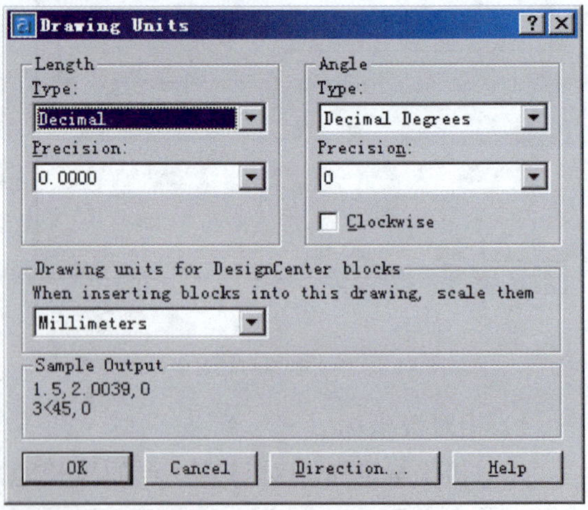

图 3-14　“图形单位”对话框

- Scientific：科学十进制。
- Decimal：十进制。
- Engineering：工程单位。数值单位为英尺、英寸，但英寸用小数表示。
- Architectural：建筑单位。数值单位为英尺、英寸，但英寸用分数表示。
- Fractional：分数单位。小数部分用分数表示。

Precision 是精度选择框，用户可以根据需要选择长度精度和角度精度。

在“Angle”框的“type”下拉框中有如下 5 个角度单位可供用户选择：

- Decimal Degrees：十进制角度。默认单位。
- Deg/Min/Sec：度/分/秒，按 60 进制划分。
- Grads：梯度。
- Radians：弧度，180 度为 π。
- Surveyor's Units：勘测单位。角度从北南线开始量测。

按下“Direction”按钮将弹出“Direction Control”对话框，如图 3-16 所示。该对话框用于角度测量的起始位置和方向。系统默认是水平向右为角度测量的起始位置，逆时针方向为正值，顺时针方向为正值。

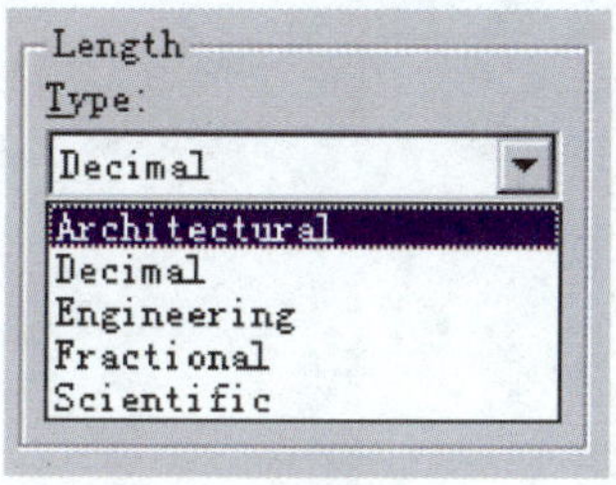

图 3-15　长度单位类型

图 3-16　“Direction Control”对话框

3. 绘图比例

图形中构件要素的线性尺寸与实际构件相应要素的线性尺寸之比称为比例。国标规定绘制图样时一般应采用表 3-1 中规定的比例。

表 3-1

与实物相同	1:1
缩小的比例	2:1、2.5:1、4:1、(10×n):1
放大的比例	1:1.5、1:2、1:2.5、1:3、1:4、1:5、1:10n、1:1.5×10n、1:2×10n、1:2.5×10n、1:5×10n

注：n 为正整数。

图形不论放大或缩小，在标注尺寸时，应按构件的实际尺寸标注。每张图样上均应在标题栏的“比例”一栏填写比例，如“1:100”或“1:500”等。

计算机绘制图形时，应尽可能按构件的实际大小（1:1）画出，以便直接从图形上看出构件的真实大小。由于构件的大小及其结构复杂程度不同，对大而简单的构件可采用缩小的比例，对小而复杂的构件则可采用放大的比例。

如果用户希望按 1:n 的比例出图，那么比例因子就是 n。比例因子的确定要考虑所绘构件的尺寸大小以及所采用的图纸幅面两个因素。现在假定要绘制一座桥长为 100m 桥梁布置图，使用的图纸为 A3（297mm×420mm）。根据道路工程制图规定，A3 图纸留出边框后实际绘图区域为 277mm×385mm，按长度方向布置计算，100000÷385 = 259.7，则取比例因子为大于该值的整百数 300。

4. 正交方式（Ortho）

用户在绘图中经常要绘制水平线和垂直线，用坐标来控制固然可行，但需要输入坐标。

AutoCAD 提供了一个正交功能,利用此功能绘制水平线和垂直线就会变得简单快捷。用户可以选择下面任一方式来打开或关闭正交功能。

- 在状态栏上单击左键,按下“Ortho”按钮。
- 按下 F8 键,建议用此方法比较方便。

5. 栅格显示与捕捉

栅格是由一系列排列规则的点组成,它类似于方格纸上的交叉点,帮助用户定位。如果栅格与捕捉配合使用时,能大大提高绘图的效率。用户可以采用以下任一操作来显示栅格:

- 在状态栏上单击“GRID”按钮(此按钮为切换按钮)。
- 按下键盘上的 F7 键。

执行上面操作后,在绘图区将显示出如图 3-17 所示的栅格。图中栅格点按一定间隔均匀排列在绘图界限内。

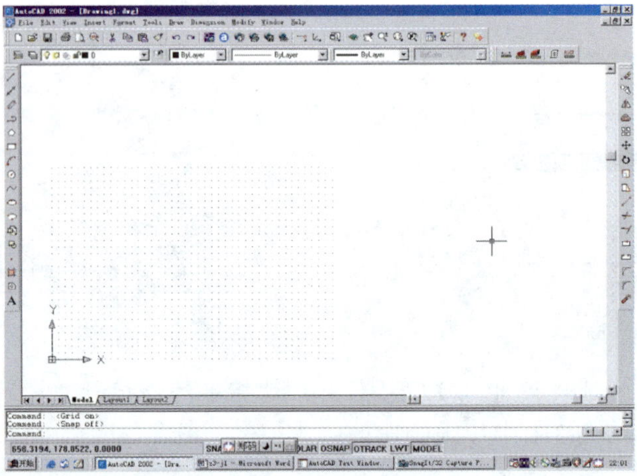

图 3-17 显示栅格

栅格只是定位图形的一种辅助工具,不是图形文件的一部分,因而不能被打印输出。

栅格捕捉是 AutoCAD 用鼠标绘图的一种快速工具,打开栅格捕捉功能后,鼠标在栅格区内移动能够自动捕捉到各个栅格点,利用此功能用户可以实现输入点的准确定位。栅格点的密度可以设置。用户可以在状态栏上单击捕捉 SNAP 按钮来打开和关闭栅格捕捉功能。栅格捕捉只能在栅格的范围内有效,栅格捕捉功能在显示栅格和未显示栅格的两种状况下同样有效。

第六节 图层、线型、线宽及颜色控制

一、图层控制

1. 图层的基本概念

在 AutoCAD 中图形是绘制在被称为图层的某一层面上的,一个图层就像一张透明的图片,可以在不同的图层上绘制不同的实体,然后将这些透明图片叠加起来,就得到最终的图形;也可以抽掉其中一些透明图片,组成另外一幅图形。AutoCAD 理论上允许有无限多个图层,用户根据需要建立若干个图层,并为每一个图层取不同的名称、线型、颜色以示区别。熟

练地应用图层技术可以大大提高绘图效率和图形的清晰度。在 AutoCAD 中,把当前正在使用的图层称为当前层。AutoCAD 缺省的图层为“0”层,用户可以用图层命令建立其他图层,也可以删除用户建立的图层,但不能删除“0”层。

2. 新建图层

用户可以采用下面两种方法之一打开“Layer Properties Manager(图层特性管理器)”对话框:

● 单击属性工具栏上图标;

● 在“Command:”提示符下,输入“Layer”,并回车。

打开的“Layer Properties Manager”对话框如图 3-18 所示。

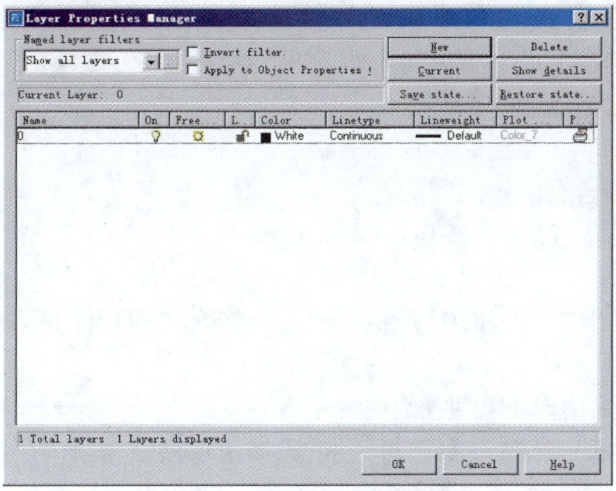

图 3-18 “Layer Properties Manager”对话框

用户可以用此对话框创建新图层,操作步骤如下:

(1) 单击该对话框中按钮。系统会自动生成一个名叫“Layer1”的图层,以后每按一下便会依次自动生成“Layer2”、“Layer3”等。用户也可以更改为自己需要的图层名称,如将“Layer4”改名为“TC4”。如图 3-19 所示,该图中已经创建了 4 个新图层,其中当前层为“图层 1”。

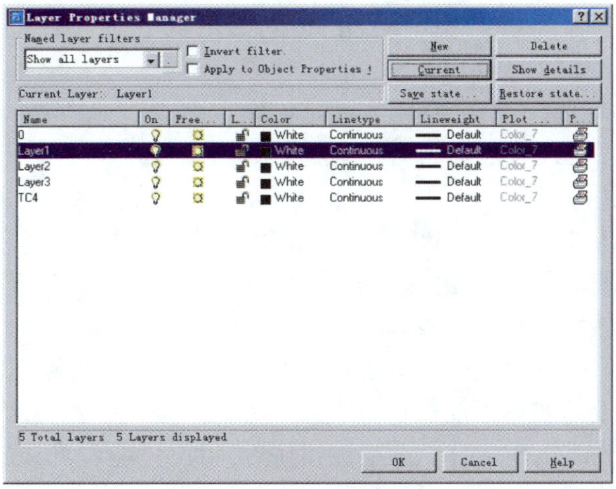

图 3-19 创建了 4 个新图层

(2) 在对话框内任一空白处单击左键,或按回车键可结束此操作。

图层名必须是独一无二的,不能有重名,否则系统不予承认。图层名最长可达 31 个字符,可以是数字、字母和 $(美元符号)、“ - ”和“_”,但不允许出现空格和逗号。

3. 删除图层

在 AutoCAD 中对一些不用的图层应及时删除,少占空间。用户可以用“Layer Properties Manager”对话框来达到此目的。操作步骤如下:

(1) 在“Layer Properties Manager”对话框中单击要删除的图层。选中的图层名称呈高亮度显示。

(2) 单击 Delete 按钮,即可删除刚才被选中的图层。

注意:①不能用键盘上的 Delete 键来删除图层。

②下列图层不能删除:

a. 0 层和 Defpoint 层;

b. 当前层和含有实体的图层;

c. 外部应用依赖层(Xref-Dependent Layers)。

4. 设置当前层

所谓当前层就是用户当前使用的图层,绘图只能在当前层上进行。当前层的层名和属性状态都显示属性工具栏上。

设置当前层可以采用以下 4 种方法之一:

(1) 在“Layer Properties Manager”对话框,选择用户欲设为当前层的图层名称,使其呈高亮度显示,然后单击 Current 按钮,单击“确认”按钮。

(2) 单击属性工具栏上的工具按钮,然后在绘图区选择某个实体,系统即将该实体所在的图层设置为当前层。

(3) 单击属性工具栏上的 Layer3 下拉式列表框,单击下拉箭头,选择某一图层呈高亮度,单击鼠标左键,新选的当前层即出现在 Layer Control 区内,如图 3-20 所示。

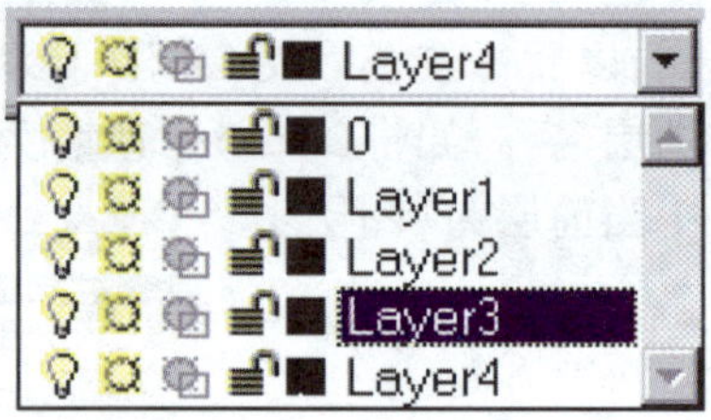

图 3-20

(4) 在命令提示符下,输入“CLayer”并回车,会出现下列提示:

输入 CLAYER 的新值〈“TC4”〉:输入新选的图层名,并回车。尖括号中“TC4”是设置之前的当前图层名。

5. 图层状态控制

在 AutoCAD 中图层状态由状态开关来控制,状态开关有:

(1) ON/OFF(打开/关闭)。图层关闭后,该层上的实体不能在屏幕上显示也不能由打印机输出。层上的实体可以被重生成。

(2) Freeze/Thaw(冻结/解冻)。图层被冻结后,该层上的实体不能在屏幕上显示也不能由打印机输出。层上的实体不能被重生成。

(3) Lock/Unlock(锁住/解锁)。图层被锁住后,用户只能看见该层上的实体,而不能对这些实体进行编辑和修改,但实体可以显示和打印。

图层状态是相互切换的,用户在"Layer Properties Manager"对话框中,选择图层,单击相应的图像按钮,按"OK"按钮,如图 3-21 所示。

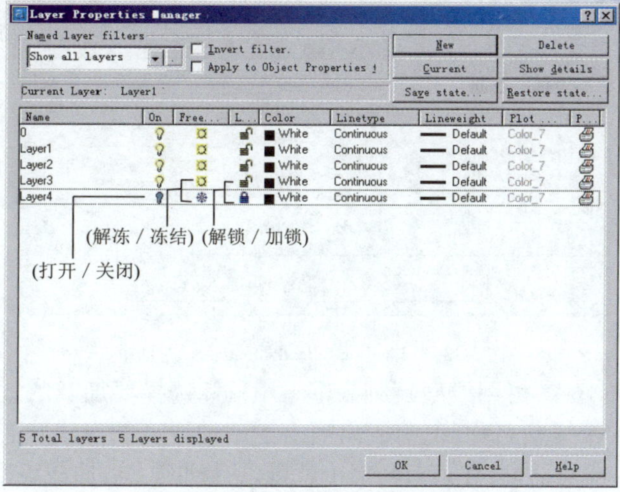

图 3-21 Layer4 被关闭、冻结、加锁

二、图层线型控制

AutoCAD 中有多种线型供用户选用,但每一个图层只能有一种线型,在缺省的情况下为实线(Continuous)。用户可以根据需要为不同的图层设置不同的线型。

1. 加载线型

AutoCAD 的所有线型都放在 ACAD. LIN 和 ACADISO. LIN 线型文件库中。在设置线型之前,必须把它加载到当前图形中。用户可以通过以下方法之一来加载线型:

- 单击属性工具栏中的 ByLayer 线型下拉框。
- 打开"Format(格式)"菜单项,单击"Linetype(线型)"子菜单项。
- 在命令:提示符下输入"Linetype"并回车。

执行上面操作后会打开"Linetype Manager(线型管理器)"对话框,如图 3-22 所示。该对话框中已显示出当前层的线型名称,单击 Load... 按钮后,将打开"Load or Reload Linetypes(加载或重载线型)"对话框,如图 3-23 所示,然后按以下操作步骤来加载线型。

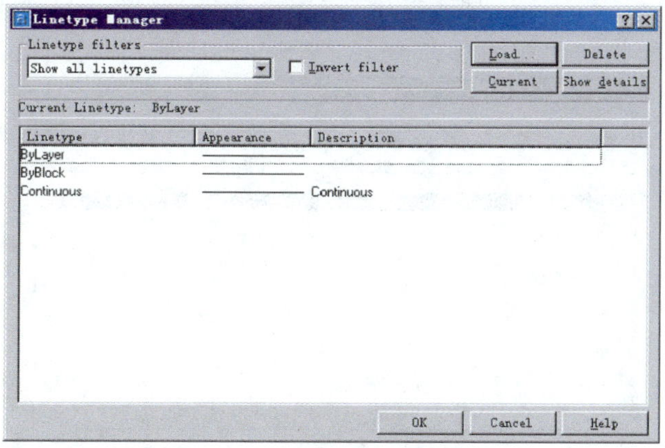

图 3-22 "Linetype Manager"对话框

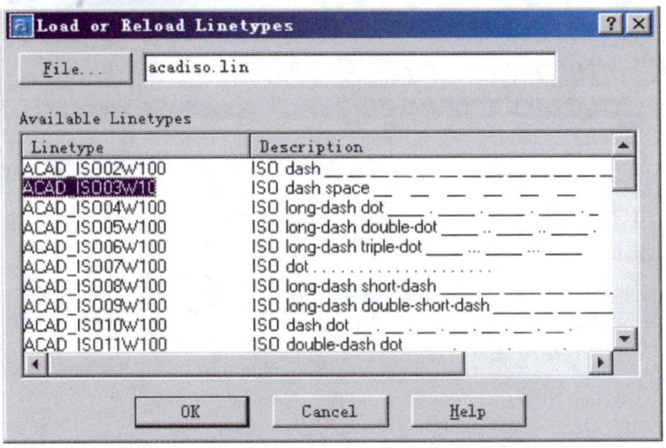

图 3-23 “Load or Reload Linetypes”对话框

在“Available Linetypes(可用线型)”列表框中用鼠标选择要加载的线型，选中的线型成高亮度，每种线型都有一个线型名称，说明栏内列出了该种线型的点线状态，再单击“OK”按钮，返回“Linetype Manager”对话框，在该对话框中就可以看到刚才被加载线型，如图 3-24 所示。

单击“OK”按钮，退出该对话框，结束加载线型。

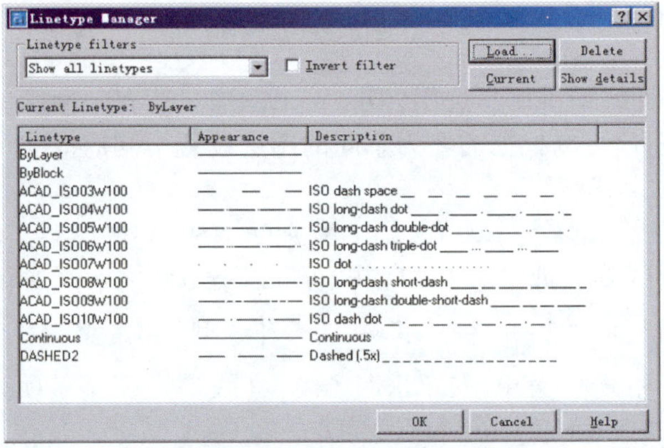

图 3-24 刚才被加载的线型

2. 设置线型

加载了线型后，就可以将某一线型配置给某个图层。具体操作步骤如下：

在“Layer Properties Manager”对话框中，选中某个图层，单击线型栏内某一线型名称，(如“Continuous”)系统将弹出如图 3-25 所示的“Select Linetype(选择线型)”对话框。该对

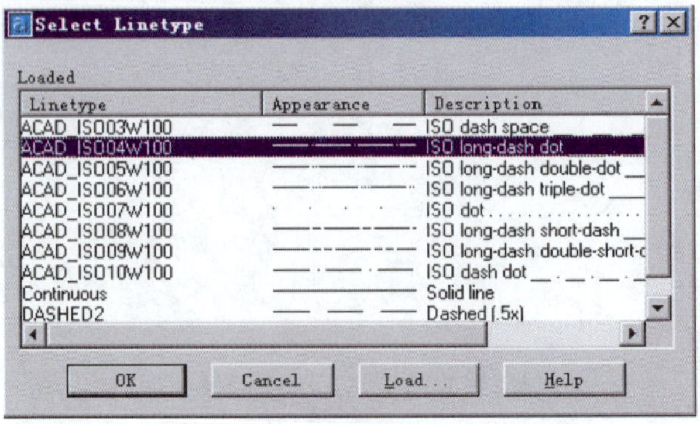

图 3-25 “Select Linetype”对话框

话框中列出了所有已加载的线型，选择需要的线型后，单击“OK”按钮，返回“Layer Properties Manager”对话框，此时就会发现线型已被重新设置。图 3-25 所示为选择了 ACAD iso004w100 线型。

3. 设置线型比例(Ltscale)

在众多的线型中除连续实线外，其余线型均由一系列不同长度的短线、空格和点组成。用户可以用 Ltscale 命令来调试线型的比例。线型比例的缺省值为 1:1。

线型比例是一个全局的系统变量值，它的改变将会影响到所有线型的比例。用户在设置线型比例的时应考虑比例因子的影响，选择正确的线型比例值，使图形的线条符合专业制图的规范。

用户可以在命令提示符下输入“Ltscale”(或 Lts)并回车，出现“LTSCALE〈1. 0000〉:”提示后输入新的线型比例。改变线型比例后，系统会重新生成图形。

三、图层线宽控制

在 AutoCAD 2002 中用户可以根据需要设置不同的线宽，以满足工程制图的要求。系统规定一个图层只能有一种线型及线宽，具体操作如下：

打开“Layer Properties Manager”对话框，设置若干新图层。单击某一图层的线宽栏，将弹出如图 3-26 所示的“Lineweight(线宽)”对话框，在线宽列表框内选择需要的线宽，然后单击“OK”按钮，返回前面对话框。

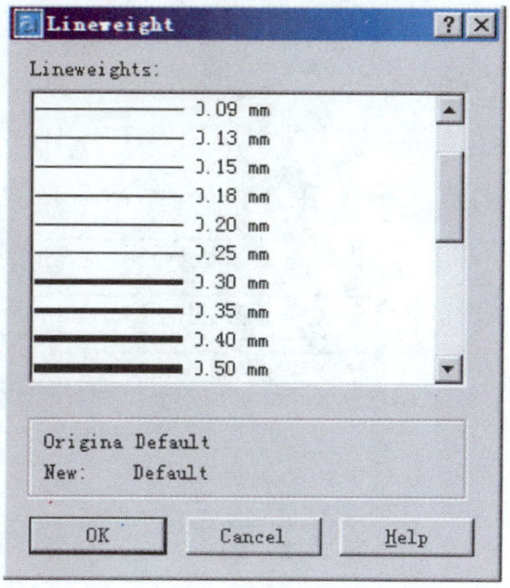

图 3-26 “Lineweight”对话框

四、图层颜色控制

为了区分不同的图层，对不同图层采用不同的颜色是行之有效的方法之一。在 AutoCAD 中有 256 种不同的颜色，用户可以按如下的方法来选择：

● 在“Layer Properties Manager”对话框中，单击某一图层下的颜色栏，系统将弹出如图 3-27 所示的“Select Color(选择颜色)”对话框。

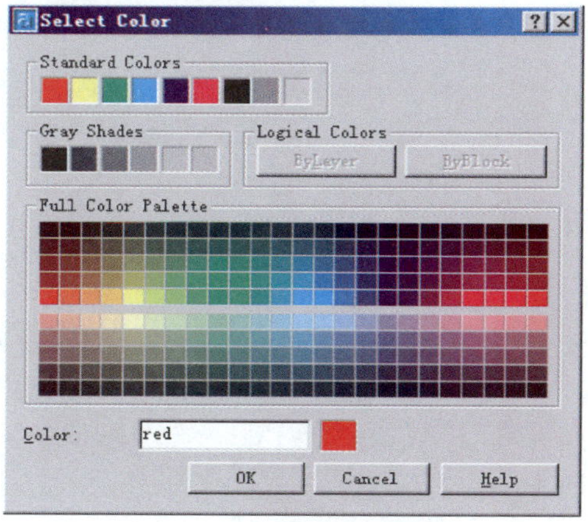

图 3-27 “Select Color”对话框

- 在该对话框中选择一种颜色，单击“OK”按钮。
- 返回前面对话框，单击“确认按钮，结束颜色设置。

五、随层(Bylayer)颜色、线型和线宽

经过前面的学习，就可以为每一个图层设置不同的颜色、线型和线宽。当用属性工具栏改变当前层时，比如将图层2设置为当前层，工具栏的中颜色、线型和线宽栏内容也随之改变，但是颜色、线型和线宽的名称缺还是“Bylayer”。我们将这种颜色、线型和线宽称为随层颜色、随层线型和随层线宽。在图3-28中，我们已经设置了“Layer1”、“Layer 2”和“Layer 3”，并为每个图层设置了不同的颜色、线型和线宽。当前层分别为“Layer 1”、“Layer 2”和“Layer 3”时，其所对应的颜色、线型和线宽的名称均为“Bylayer”。但当前层为“Layer 1”时的颜色为蓝色，线型为“ACAD iso03w100”，线宽为“0.4mm”；当前层为“Layer 3”时的颜色为红色，线型为“ACAD iso09w100”，线宽为“0.2mm”。由此可见，“Bylayer”是随图层而变化的。

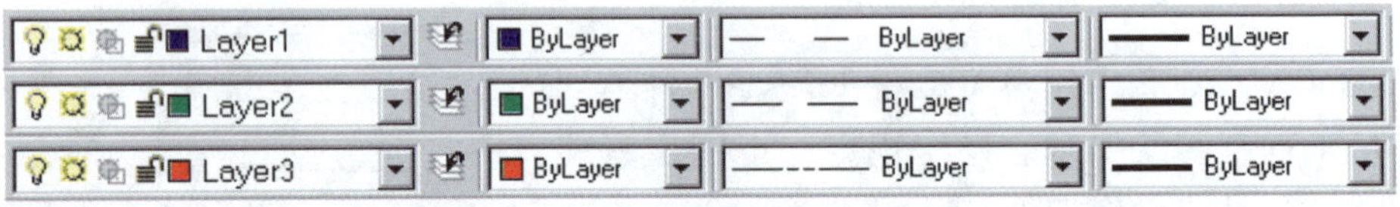

图3-28　不同图层下的“随层”

第四章　二维图形的绘制和编辑

第一节　绘制二维图形

由于任何一幅图形都是由一些最基本的元素组成,如点、圆、直线、多边形、椭圆、多义线和图案填充等。因此,熟练掌握各种基本图形的绘制方法是绘制复杂的图形的基础。本节中将介绍 AutoCAD 的二维图形绘制命令和操作方法。

一、绘制直线

在 AutoCAD 中绘制直线段是最常见、最简单的操作。绘制直线的命令是 Line,执行一次 Line 命令画一条线段,也可以连续画多条线段,但每一线段都彼此相互独立。直线段是由起点和终点来确定的。用户可以通过鼠标或键盘来确定其起点或终点。

用户可以采用下列 3 种方法之一来启动命令 Line:

- 在"Draw"工具栏上,选择工具按钮;
- 在"Command:"提示符下,键入"Line"并回车;
- 打开"Draw(绘图)"下拉菜单,单击"Line(直线)"菜单项。

提示:在"Command:"提示符下,输入简捷命令 L 并回车,也可以启动画线命令 Line。

启动命令 Line 后,会出现以下提示,其含义是:

Specify first point:指定线段的起始点位置。

Specify next point or[Undo]:指定线段的另一端点位置[放弃]。

如果想结束画线操作,则在下次出现"Specify next point or[Close/Undo]:"时单击鼠标右键或 Enter(回车),即可结束画线操作。若还想画多条线段,可在上面的提示下继续输入端点。如果想使所画图形为一个闭和折线形,可键入"Close"或"C"。

提示:(1) 在直线绘制过程中,有时可能出现错误,需要删除这些线段并重新绘制。这时不必退出命令 Line,可在"Specify next point or[Close/Undo]:"提示下键入"undo"或"u",可取消上次确定的端点或起点。

(2) 输入线段起点和终点有两种方法,一种是在命令中使用键盘输入坐标值,另一种是用鼠标在屏幕上直接点取。在 AutoCAD 中作图,几乎所有点的输入都可采用这两种方式。

例 4-1　用 Line 命令绘制如图 4-1 所示的六边形。

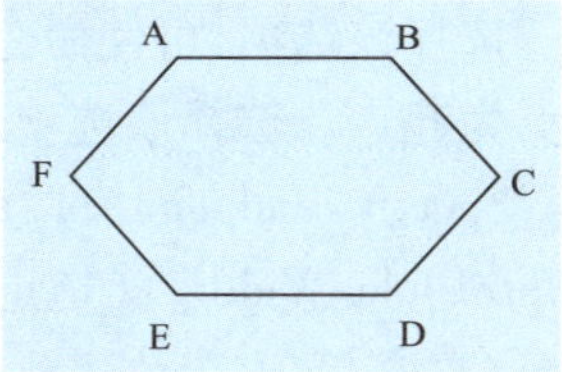

图 4-1　用"Line"命令绘制六边形

(1) 在"Draw"工具栏上单击"Line"工具按钮;

(2) Specify first point:在绘图区用鼠标确定一点 A。

(3) Specify next point or [Undo]:@10,0(输入下一点 B)

(4) Specify next point or [Undo]:@5,-5(输入下一点 C)

(5) Specify next point or [Close/Undo]:@-5,-5(输入下一点 D)

(6) Specify next point or [Close/Undo]:@-10,0(输入下一点 E)

(7) Specify next point or [Close/Undo]:@-5,5(输入下一点 F)

(8) Specify next point or [Close/Undo]:c(使其与 A 点闭合。)

二、绘制多义线

AutoCAD 有一种非常有用的线段对象——多义线,它是由各种直线段或者圆弧段组成的单一的实体对象。该实体对象可以由不同宽度、不同线型的线段或圆弧连续构成,是一个整体对象,并且可以作为一个实体进行各种编辑,既可以整体编辑,也可以分别编辑,在绘制复杂图形中,多义线也是一种经常使用的基本图形。

绘制多义线的命令是 Pline,它可以利用指定的参数绘制不同形式的多义线。除了可以用通用的编辑命令对多义线进行修改外,还可以用专用的编辑命令 Pedit 进行编辑和修改。启动 Pline 命令有下面 3 种方法:

- 打开“绘图(Draw)”下拉菜单,选择 Polyline(多段线)选项。
- 在命令行“Command:”提示符下,输入“Pline”或“pl”并回车。
- 在绘图工具栏上选择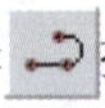按钮。

具体操作步骤:

Command:Pline

Specify start point:(指定起点)

指定了多义线的起点后,系统接着提示:

Current line-width is 0.0000(当前线宽为 0.0000)

Specify next point or[Arc/Halfwidth/Length/Undo/Width]:

(指定下一个点或[圆弧/半宽/长度/放弃/宽度])

上述提示中,“当前线宽为 0.0000”说明当前所绘制的多义线的宽度,下面说明其他各选项的含义和功能。

(1) Specify next point(指定下一个点)

这是默认项,指定多义线另一个端点的位置。指定了另一个端点后,AutoCAD 会以当前的多义线设置从起点到终点绘制出一条多义线,然后又重复出现前面的提示。

在给定了第二个点以后,系统的提示如下:

Specify next point or [Arc/Close/Halfwidth/Length/Undo/Width]:

这里多了“Close(闭合)”选项,允许键入“C”,以封闭多义线并结束命令。

(2) Arc(圆弧)

选择该选项,可使命令 Pline 由绘制直线方式改为绘制圆弧方式。绘制的圆弧以直线的终点为起点。选择该选项后,系统接着提示:

Specify endpoint of arc or [Angle/Center/Close/Direction/Halfwidth/Line/Radius/Secondpt/Undo/Width]:(指定圆弧的端点或[角度/圆心/闭合/方向/半宽/直线/半径/第二点/放弃/宽度])

如果在上述提示中执行默认项,即直接指定圆弧的端点,AutoCAD 将以前一点和该点作为两个端点,以上一次所绘制的直线方向或者圆弧的终点切线方向作为起始方向,绘制一个圆弧。响应默认项后,AutoCAD 返回到前面的提示:

Specify endpoint of arc or [Angle/Center/Close/Direction/Halfwidth/Line/Radius/Second pt/Undo/Width]：

至此，又可以接着绘制圆弧。提示中其他各选项的含义和功能如下：

● Angle(角度)：该选项将根据指定的圆弧中心角绘制圆弧。选择该选项后，系统会接着提示：

Specify included angle：(指定圆弧的包含角)

这时，需要在该提示下输入圆弧的包含角。圆弧的方向与角度的正负值有关，同时也与当前角度的测量方向有关。确定了包含角度后，系统会接着提示：

Specify endpoint of arc or [Center/Radius]：(指定另一个端点或[圆心/半径])

在该提示下，可以通过指定圆弧的另一个端点输入圆心坐标或圆弧半径值来绘制圆弧。

● Center(圆心)：该选项用于根据给出的圆弧中心绘制圆弧。选择该选项后，系统接着提示：

Specif ycenter point of arc：

这时需要在该提示下指定圆弧的圆心。确定圆弧的圆心后，系统会接着提示：

Specify endpoint of arc or [Angle/Length]：

在该选项提示下，可以通过输入圆弧的另一个端点指定圆弧的角度或圆弧弦长来绘制圆弧。

● CLose(闭合)：以最后确定的点和多义线的起点为圆弧的两个端点绘制一个圆弧，以封闭多义线。闭合后，AutoCAD 结束命令。

● Direction(方向)：该选项用于通过确定圆弧在起始点的切线方向来绘制圆弧。选择该选项后，系统接着提示：

Specify the tangent direction for the start point of arc：(指定圆弧的起点的切线方向)

此时，可以通过输入起始点方向与水平方向的夹角来确定圆弧的起点的切线方向。也可以在该提示下确定一点，AutoCAD 将以圆弧的起点与该点的连线作为圆弧的起点的切线方向。确定了起点的切线方向后，系统将接着提示：

Specify endpoint of the arc：(指定圆弧的端点)

在该提示下指定圆弧的另一个端点即可绘制圆弧。

● Halfwidth(半宽)：该选项用来设置圆弧起点的半宽和终点的半宽。选择该选项后，系统会接着提示：

Specify starting half-width〈0.0000〉：(指定起点半宽)

Specify ending half-width〈0.0000〉：(指定端点半宽)

设置好多义线的起点和终点半宽后，系统返回提示：

Specify endpoint of arc or [Angle/Center/Close/Direction/Halfwidth/Line/Radius/Second pt/Undo/Width]：

● Line(直线)：该选项用于使 Pline 命令从绘制圆弧方式改为绘制直线方式。

● Radius(半径)：该选项用于根据指定的圆弧半径绘制圆弧。选择该选项后，接着提示：

Specify radius of arc：(指定圆弧的半径)

输入圆弧的半径值后，系统会接着提示：

Specify endpoint of arc or [Angle]:

在该提示下,输入圆弧的角度值或圆弧的另一个端点,即可绘制圆弧。

● Second pt(第二点):该选项是根据指定的3个点来绘制圆弧。选择该选项后统接着提示:

Specify second point on arc:(指定圆弧上的第二个点)

Specify end point of arc:(指定圆弧的端点)

命令执行结果是系统以指定的3个点来绘制圆弧。

● Undo(放弃):该选项用于取消上一次所绘制的圆弧。

● Width(宽度):该选项用来设置圆弧的起点和终点线宽。选择该选项后,系统会依次提示:

Specify starting width 〈0.0000〉:(指定起点宽度)

Specify ending width 〈0.0000〉:(指定终点宽度)

输入了多义线的起点和终点线宽后,系统返回提示:

Specify endpoint of arc or [Angle/Center/Close/Direction/Halfwidth/Line/Radius/Second pt/Undo/Width]:

(3) Halfwidth(半宽)

该选项用来设置多义线的半宽度。选择该选项后,系统会接着提示:

Specify starting half-width 〈0.0000〉:(指定起点半宽)

Specify ending half-width 〈0.0000〉:(指定端点半宽)

设置好多义线的起点和终点半宽后,系统又返回到提示:

Specify next point or[Arc/Halfwidth/Length/Undo/Width]:

(4) Length(长度)

该选项用来按指定的长度绘制一段直线。选择该选项后,系统接着提示:

Specify length of line:(指定直线的长度)

此提示下输入长度值,AutoCAD将以该长度沿着上一段直线的方向来绘制直线段。如果前一段是圆弧,则该段直线的方向为上一段圆弧端点的切线方向。输入长度值后,系统又返回到提示:

Specify next point or [Arc/Halfwidth/Length/Undo/Width]:

(5) Undo(放弃)

该选项用于删除多义线上的上一段直线段或者圆弧段,以及时修改在绘制多义线过程中出现的错误。

(6) Width(宽度)

该选项用来确定当前所绘复合线段的起点与终点的线宽。选择该选项,系统会依次提示:

Specify starting width 〈0.0000〉:(指定起点宽度)

Specify ending width 〈0.0000〉:(指定端点宽度)

输入了多义线的起点和终点线宽后,系统将返回提示:

Specify next point or [Arc/Halfwidth/Length/Undo/Width]

注意：带宽度的多义线填充与否，可以通过 Fill 命令来设置。如果 Fill 命令被设置为 on，则系统对多义线填充；如果设置为 off，则多义线仅显示填充对象的轮廓线。系统默认设置为 on。

例 4-2　绘制如图 4-2 所示的多义线。

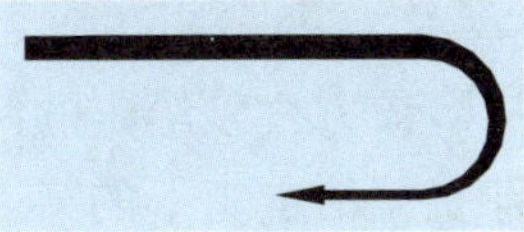

图 4-2　绘制多义线

(1) Command: Pline

(2) Specify start point:(输入多义线起点)

(3) Specify next point or [Arc/Halfwidth/Length/Undo/Width]: w

(4) Specify starting width 〈0. 0000〉:0. 5

(5) Specify ending width 〈0. 5000〉:

(6) Specify next point or [Arc/Halfwidth/Length/Undo/Width]: @8,0

(7) Specify next point or [Arc/Close/Halfwidth/Length/Undo/Width]: a

(8) [Angle/Center/Close/Direction/Halfwidth/Line/Radius/Second pt/Undo/Width]: w

(9) Specify starting width 〈0. 5000〉:回车

(10) Specify ending width 〈0. 5000〉: 0. 2

(11) [Angle/Center/Close/Direction/Halfwidth/Line/Radius/Secondpt/Undo/Width]: @0, -3

(12) [Angle/Center/Close/Direction/Halfwidth/Line/Radius/Secondpt/Undo/Width]: l

(13) Specify next point or [Arc/Close/Halfwidth/Length/Undo/Width]: w

(14) Specify starting width 〈0. 2000〉:回车

(15) Specify ending width 〈0. 2000〉:回车

(16) Specify next point or [Arc/Close/Halfwidth/Length/Undo/Width]: @-2,0

(17) Specify next point or [Arc/Close/Halfwidth/Length/Undo/Width]: w

(18) Specify starting width 〈0. 2000〉: 0. 4

(19) Specify ending width 〈0. 4000〉: 0

(20) Specify next point or [Arc/Close/Halfwidth/Length/Undo/Width]: @-1,0

三、绘制多边形

多边形是组成各种复杂图形的重要图形元素之一，也是 AutoCAD 绘图过程中最常用的图形元素，因此熟练掌握多边形的绘制方法是很重要的。在 AutoCAD 2002 中，多边形包括矩形和正多边形。

1. 绘制矩形

绘制平面图形时，矩形是最常用的图形元素。在 AutoCAD 2002 中绘制矩形的命令是 Rectang。启动 Pline 命令有下面 3 种方法：

- 打开“绘图(Draw)”下拉菜单，选择“Rectang(矩形)”选项。
- 在命令行“Command:”提示符下，输入“Rectang(或 rec)”并回车。
- 在绘图工具栏上选择按钮。

操作步骤：

Command:Rectang，回车

Specify first corner point or [Chamfer/Elevation/Fillet/Thickness/Width]:(指定第一个角点或[倒角/标高/圆角/厚度/宽度])

下面说明上述提示中各选项的含义和功能。

(1) Specify first corner point(指定第一个角点)

该方式以给定的两个点作为矩形的两个对角点来绘制矩形,这是默认项。选择该选项,即直接给定矩形的第一个角点位置,系统会接着提示:

Specify other corner point or [Dimensions]:(指定另一个角点或[标注])

在此提示下,如果直接给定一个点,系统就以这两个给定的点作为对角点来绘制矩形。如果选择“Dimensions(标注)”选项,系统将接着提示:

Specify length for rectangles 〈0.0000〉:(给定矩形的长度,默认值为上一个矩形的长度)

Specify width for rectangles 〈0.0000〉:(给定矩形的宽度,默认值为上一个矩形的宽度)

给定了矩形长度和宽度后,系统会接着提示:

Specify other corner point or [Dimensions]:

这时候可以继续选择“Dimensions(标注)”选项来修改矩形的大小,如果直接给定一个点,则将以该点所在方向作为矩形另一个角点的方向,以设定的长度和宽度绘制矩形。

(2) Chamfer(倒角)

该选项绘制一个带倒角的矩形。选择该选项,系统接着提示:

Specify first chamfer distance for rectangles 〈0.0000〉:(指定矩形的第一个倒角距离)

Specify second chamfer distance for rectangles 〈0.0000〉:(指定矩形的第二个倒角距离)

设定了倒角距离后,系统返回最初的提示:

Specify first corner point or [Chamfer/Elevation/Fillet/Thicknes/Width]:

根据提示继续完成矩形的绘制。

(3) Elevation(标高)

以指定的标高绘制矩形,该选项一般用于三维绘图。选择该选项,系统接着提示:

Specify the elevation for rectangles 〈0.0000〉:(指定矩形的标高)

输入高度值后,系统返回最初的提示,根据提示继续完成矩形的绘制。

(4) Fillet(圆角)

该选项绘制一个带圆角的矩形。选择该选项后,系统会接着提示:

Specify fillet radius for rectangles 〈0.0000〉:(指定矩形的圆角半径)

输入半径值后,系统返回最初的提示,根据提示继续完成矩形的绘制。

(5) Thickness(厚度)

以设定的厚度绘制矩形,此选项一般用于三维绘图。选择该选项,系统将接着提示:

Specify thickness for rectangles 〈0.0000〉:(指定矩形的厚度)

输入厚度值后,系统返回最初的提示,根据提示继续完成矩形的绘制。

(6) Width(宽度)

以指定的线宽绘制矩形。选择该选项后,系统会接着提示:

Specify line width for rectangles 〈0.0000〉:(指定矩形的线宽)

输入宽度值后,系统返回最初的提示,根据提示继续完成矩形的绘制。

例 4-3　绘制如图 4-3 所示的带倒角的矩形。

(1) Command: rectang,回车

(2) Specify first corner point or [Chamfer/Elevation/Fillet/Thickness/Width]: c

(3) Specify first chamfer distance for rectangles 〈0.0000〉: 5

(4) Specify second chamfer distance for rectangles 〈5.0000〉: 5

(5) Specify first corner point or [Chamfer/Elevation/Fillet/Thickness/Width]: 200,100

(6) Specify other corner point or [Dimensions]: 300,50

例 4-4　绘制如图 4-4 所示的带宽度的矩形。

(1) Command: rectang

(2) Current rectangle modes: Chamfer = 5.0000 x 5.0000 Width = 10.0000

(3) Specify first corner point or [Chamfer/Elevation/Fillet/Thickness/Width]: c

(4) Specify first chamfer distance for rectangles 〈5.0000〉: 5

(5) Specify second chamfer distance for rectangles 〈5.0000〉: 5

(6) Specify first corner point or [Chamfer/Elevation/Fillet/Thickness/Width]: w

(7) Specify line width for rectangles 〈10.0000〉: 5

(8) Specify first corner point or [Chamfer/Elevation/Fillet/Thickness/Width]:200,100

(9) Specify other corner point or [Dimensions]: 300,50

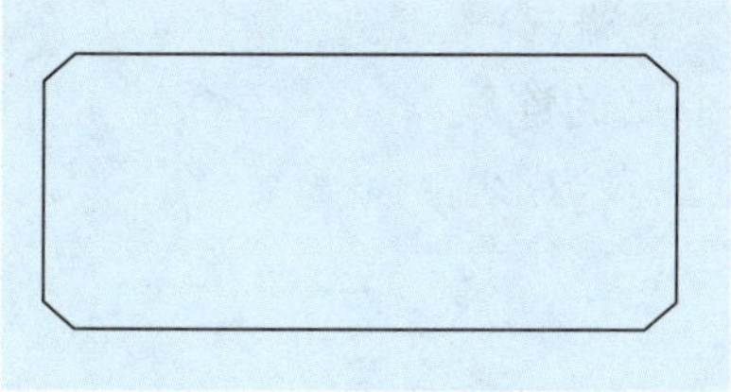

图 4-3　带倒角的矩形

图 4-4　带宽度的矩形

2. 绘制正多边形

AutoCAD 2002 的正多边形功能可以绘制边数等于或者大于 3 的正多边形,绘制正多边形的命令是 Polygon,启动该命令有下面 3 种方法:

- 打开"绘图(Draw)"下拉菜单,选择"Polygon(正多边形)"选项。
- 在命令行"Command:"提示符下,输入"Polygon(或 pol)"并回车。
- 在绘图工具栏上选择  按钮。

操作步骤:

Command:Polygon

Enter number of sides〈4〉:(确定多边形的边数)

Specify center of polygon or[Edge]:(指定正多边形的中心点或[边])

在上述提示中包含两个选项,下面说明各选项的含义和功能。

(1) Specify center of polygon(指定正多边形的中心点)

该选项用正多边形的假想外接圆或者内切圆来绘制多边形。选择该选项,即直接给定正多边形的中心点,系统会接着提示:

Enter an option[Inscribed in circle/Circumscribed about circle]〈I〉:

(选择[内接于圆/外切于圆])缺省为内接于圆。

该提示中包含两个选项,下面说明它们的含义和功能。

● Inscribed in circle(内接于圆):该选项表示所绘制的正多边形将内接于假想的圆。

选择该选项,系统会接着提示:

Specify radius of circle:(指定圆的半径)

输入圆的半径后,系统会假设有一个半径为输入值、圆心位于多边形中心的圆,所绘制的多边形与该圆相内接。

● Circumscribed about circle(外切于圆):该选项表示所绘制的正多边形将外切于假想的圆。选择该选项,系统会接着提示:

Specify radius of circle:(指定圆的半径)

输入圆的半径后,系统会假设有一个半径为输入值、圆心位于多边形中心的圆,所绘制的多边形与该圆相外切。

(2) Edge(边)

该选项以给定的两个点作为正多边形一条边的两个端点来绘制正多边形。选择该选项,系统会依次提示:

Specify first endpoint of edge:(指定边的第一个端点)

Specify second endpoint of edge:(指定边的第二个端点)

依次指定两个端点的坐标后,系统将以这两个点的连线作为正多边形的一条边,而且按指定的正边数绘制正多边形。

例 4-5 绘制如图 4-5 所示的内接正七边形。

(1) Command:Polygon

(2) Enter number of sides〈4〉:7

(3) Specify center of polygon or[Edge]:指定多边形中心。

(4) Enter an option [Inscribed in circle/Circumscribed about circle]〈I〉:i

(5) Specify radius of circle:20

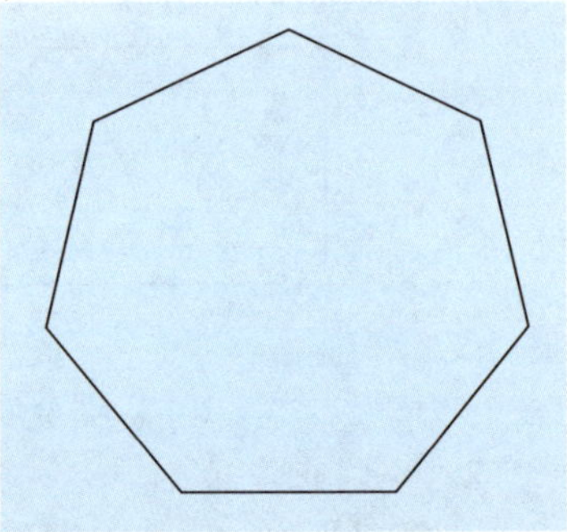

图 4-5 内接正多边形

四、绘制圆、圆环和圆弧

在绘制图形的过程中,圆是一种基本的图形元素。圆、圆环和圆弧对象都具有相似的特征。

1. 绘制圆

绘制圆的命令是 Circle,启动 Circle 命令有下面 3 种方法:

● 打开“绘图(Draw)”下拉菜单,选择“Circle”选项,并单击下级子菜单。

● 在命令行“Command:”提示符下,输入“Circle”(或 c)并回车。

● 在绘图工具栏上选择  按钮。

操作步骤:

Command:Circle

Specify center point for circle or[3P/2P/Ttr(tan tan radius)]:
(指定圆的圆心或[三点/两点/相切])
各选项对应着不同的绘制圆的方法,下面说明它们的含义和功能。
1) 指定半径和直径画圆
Command:Circle
Specify center point for circle:(指定圆心)
这是默认选项,即根据圆心位置和圆的半径(或直径)来绘制圆。选择该选项,即给定圆的圆心位置后,系统会接着提示:
Specify radius of circle or [Diameter]:(指定圆的半径或[直径])
若在此提示下直接输入值,AutoCAD 则以输入值为半径以给定的点为圆心绘制一个圆。如果用户这时候输入"D"响应,AutoCAD 会接着提示:
Specify diameter of circle〈200.0000〉:(指定圆的直径)
在该提示下输入值,AutoCAD 将以该输入值为直径、以给定的点为圆心绘制一个圆。
例 4-6　指定半径和直径画圆。
(1) Command:Circle
(2) Specify center point for circle or [3P/2P/Ttr (tan tan radius)]:指定圆心。
(3) Specify radius of circle or [Diameter]: 15(输入半径)
(4) Command:Circle
(5) Specify center point for circle or [3P/2P/Ttr (tan tan radius)]:(指定圆心)
(6) Specify radius of circle or [Diameter]〈15.0000〉:d
(7) Specify diameter of circle〈30.0000〉:40(输入直径)
操作结果如图 4-6 所示。

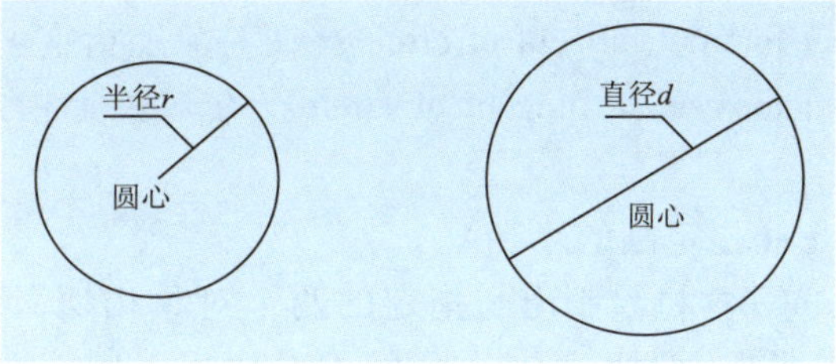

图 4-6　指定半径、直径绘圆

2) 3P(三点)绘圆
该方式通过指定 3 个点来绘制圆。选择该选项,AutoCAD 依次提示:
Specify first point on circle:(指定圆上的第一个点)
Specify second point on circle:(指定圆上的第二个点)
Specify third point on circle:(指定圆上的第三个点)
3) 2P(两点)绘圆
该方式通过指定的两个点来绘制圆。选择该选项,AutoCAD 会依次提示:
Specify first end point of circle's diameter:(指定圆直径的第一个端点)
Specify second end point of circle's diameter:(指定圆直径的第二个端点)

例 4-7 用 2 点、3 点方法绘圆。

(1) Command:Circle

(2) Specify center point for circle or[3P/2P/Ttr (tan tan radius)]:2p

(3) Specify first end point of circle's diameter:

(4) Specify second end point of circle's diameter:

(5) Command:Circle

(6) Specify center point for circle or [3P/2P/Ttr (tan tan radius)]:3p

(7) Specify first point on circle:

(8) Specify second point on circle:

(9) Specify third point on circle:

操作结束后结果如图 4-7 所示。

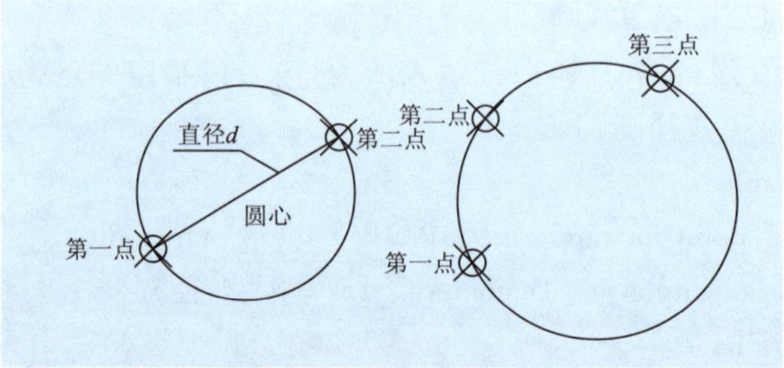

图 4-7 2 点、3 点绘图

4) 用 Ttr(tan tan radius)(相切,相切,半径)方法绘圆

以给定的值为半径,绘制一个与指定的两个对象相切的圆。选择该选项,AutoCAD 依次提示:

Specify point on object for first tangent of circle:(在对象上指定一点作圆的第一条切线)

Specify point on object for second tangent of circle:(在对象上指定一点作圆的第二条切线)

Specify radius of circle:(指定圆的半径)

依次作出响应后,AutoCAD 将绘制出与指定的两个对象相切,且以指定值为半径的圆。通过下拉菜单中的"绘图→圆→相切,相切,半径"命令也可以用该方式绘制圆。

5) Tan,Tan,Tan(三切点)方法绘制圆

除了可以用上述方法绘制圆外,还可以用 3 个切点来绘制圆。该方式只能从下拉菜单中的"绘图→圆→相切,相切,相切"命令来实现。

选择"绘图→圆→相切,相切,相切"命令,系统接着提示:

Specify first point on circle:tan to:(选择第一个相切对象)

Specify second point on circle:tan to:(选择第二个相切对象)

Specify third point on circle:tan to:(选择第三个相切对象)

依次给定与之相切的对象后,AutoCAD 将绘制一个与指定的 3 个对象都相切的圆。

例 4-8 用 TTR 方法绘圆。

先绘制两条直线,再启动绘圆命令。

(1) Command:Circle

(2) Specify center point for circle or [3P/2P/Ttr (tan tan radius)]: ttr

(3) Specify point on object for first tangent of circle:(选择第一条直线)

(4) Specify point on object for second tangent of circle:(选择另一条直线)

(5) Specify radius of circle ⟨20.0000⟩: 30

操作结束后的结果如图 4-8 所示。

例 4-9　用 TTT 方法绘圆。

先绘制 3 条直线,再单击"Draw/Circle/Tan,Tan,Tan"子菜单。

(1) Command: Circle

(2) Specify center point for circle or [3P/2P/Ttr (tan tan radius)]: 3p

(3) Specify first point on circle: tan to:(选择第一条直线)

(4) Specify second point on circle: tan to:(选择第二条直线)

(5) Specify third point on circle: tan to:(选择第三条直线)

操作结束后的结果如图 4-9 所示。

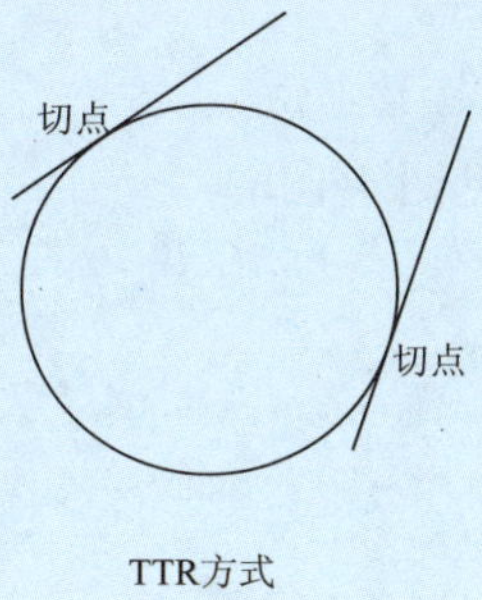

图　4-8

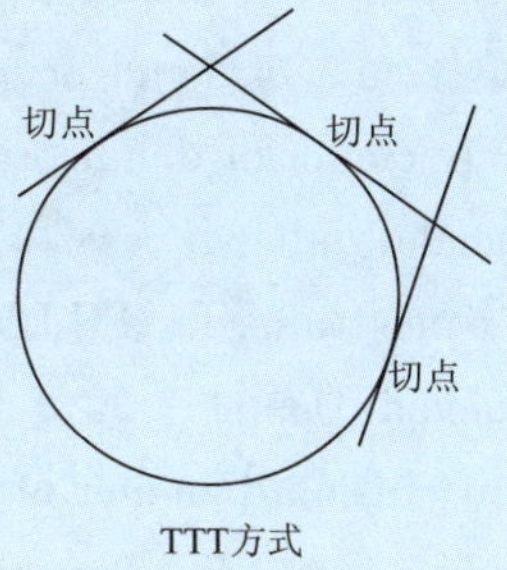

图　4-9

2. 绘制圆环

圆环由内外两个圆组成,在工程制图中有特殊用途。AutoCAD 中绘制圆环的命令是 Donut,用户只需指定圆环的内径和外径,便可连续选取圆心绘出多个圆环。当内径为 0 时,可绘出实心圆,利用此特点可以绘制点钢筋。启动 Donut 命令可通过下面两种方法:

- 在"Command:"提示符下输入"Donut"(或 do)。
- 打开下拉菜单"Draw(绘图)"→"Donut(圆环)"。

操作步骤:

1) 绘制圆环

Command:Donut

Specify inside diameter of donut⟨0.0000⟩:(指定圆环的内径)

Specify outside diameter of donut⟨20.0000⟩:(指定圆环的外径)

Specify center of donut or⟨exit⟩:(指定圆环的中心点)

2) 绘制填充圆

绘制填充圆的命令也是 Donut,只是在提示"Specify inside diameter of donut⟨10.0000⟩:(指定圆环的内径)"时输入 0,则可绘制填充的圆。工程制图中用它可绘制点钢筋。

注意:圆环或圆填充与否,可以通过 Fill 命令来控制。该命令的提示如下:

Command:Fill

Enter mode [ON/OFF]〈ON〉:(输入模式[开/关])

其中 ON(开)选项表示填充,是系统默认选项;OFF(关)选项则表示不填充。

AutoCAD 规定系统变量 FILLMODE = 1 或 0,用来控制所绘制的圆环是否为实心或空心。

例 4-10 用 Donut 命令绘制圆环。

(1) Command:Donut

(2) Specify inside diameter of donut〈10.0000〉:30

(3) Specify outside diameter of donut〈20.0000〉:40

(4) Specify center of donut or〈exit〉:用鼠标左键在屏幕上确定。

(5) Specify center of donut or〈exit〉:回车(实心圆环,见图 4-10a)

(6) Command:Donut

(7) Specify inside diameter of donut〈10.0000〉:0

(8) Specify outside diameter of donut〈20.0000〉:40

(9) Specify center of donut or〈exit〉:用鼠标左键在屏幕上确定。

(10) Specify center of donut or〈exit〉:回车(实心圆,见图 4-10b)

(11) Command:fillmode

(12) Enter new value for FILLMODE〈1〉:0(1 为实心)

(13) Command:Donut

(14) Specify inside diameter of donut〈20.0000〉:0

(15) Specify outside diameter of donut〈30.0000〉:40

(16) Specify center of donut or〈exit〉:在屏幕上确定位置。

(17) Specify center of donut or〈exit〉:回车结束(空心圆环,见图 4-10c)

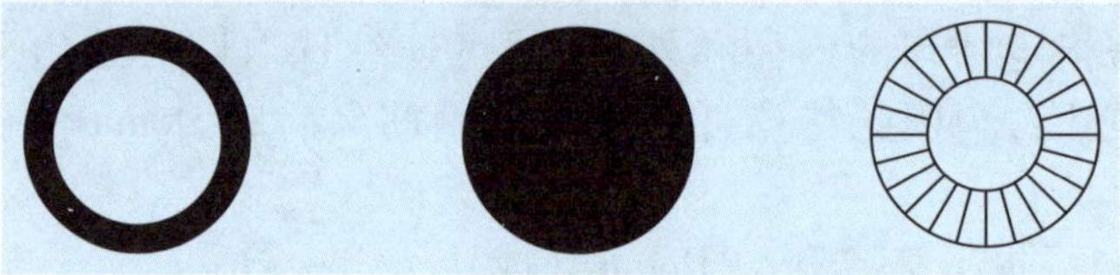

a) b) c)

图 4-10 用 Donut 命令绘制圆环

a)实心圆环;b)实心圆;c)空心圆环

3. 绘制圆弧

在绘制圆弧对象时,可以有 10 种方式来确定它的形状。AutoCAD 绘弧的命令是 Arc,启动该命令可通过下面 3 种方式:

- 打开“绘图(Draw)”下拉菜单,选择“Arc”选项,并单击下级子菜单。
- 在命令行“Command:”提示符下,输入“Arc(或 a)”并回车。
- 在绘图工具栏上选择按钮。

操作步骤:

1）3P（三点）绘制圆弧

调用绘制圆弧的命令，AutoCAD 提示如下：

Command：Arc

Specify start point of arc or ［Center］：（指定圆弧的起点）

Specify second point of arc or ［Center/End］：（指定圆弧的第二个点）

Specify end point of arc：（指定圆弧端点）

执行结果如图 4-11 所示。

2）Start，Center，End（起点、圆心、端点）绘制圆弧

调用绘制圆弧的命令，AutoCAD 提示如下：

Command：Arc

Specify start point of arc or ［Center］：（指定圆弧的起点）

Specify second point of arc or ［Center/End］：C

Specify center point of arc：（指定圆弧的圆心）

Specify end point of arc or ［Angle/chord Length］：（指定圆弧的端点）

执行结果如图 4-12 所示。

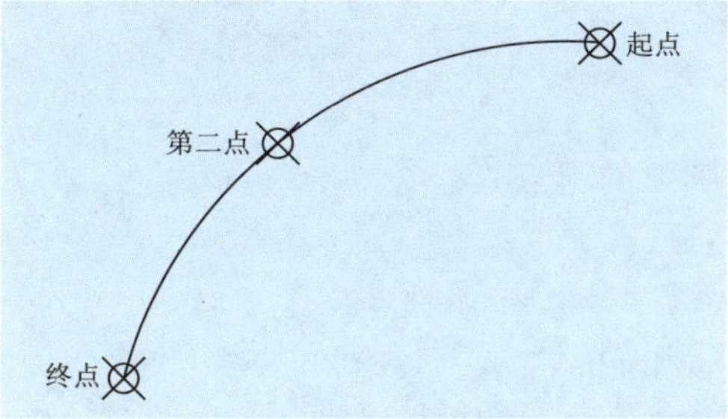

图 4-11　3Point 方式绘弧

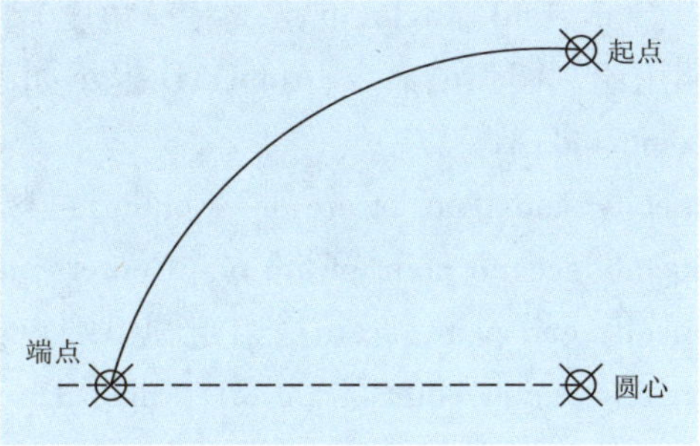

图 4-12　SCE 方式绘弧

3）Start，Center，Angle（起点、圆心、角度）绘制圆弧

调用绘制圆弧的命令，AutoCAD 提示如下：

Command：Arc

Specify start point of arc or ［Center］：（指定圆弧的起点）

Specify second point of arc or ［Center/End］：C

Specify center point of arc：（指定圆弧的圆心）

Specify end point of arc or ［Angle/chord Length］：A

Specify included angle：（给定圆弧的包含角，即圆弧对应的圆心角）

执行结果如图 4-13 所示。

4）Start，Center，Length（起点、圆心、长度）绘制圆弧

调用绘制圆弧的命令，AutoCAD 提示如下：

Command：Arc

Specify start point of arc or ［Center］：（指定圆弧的起点）

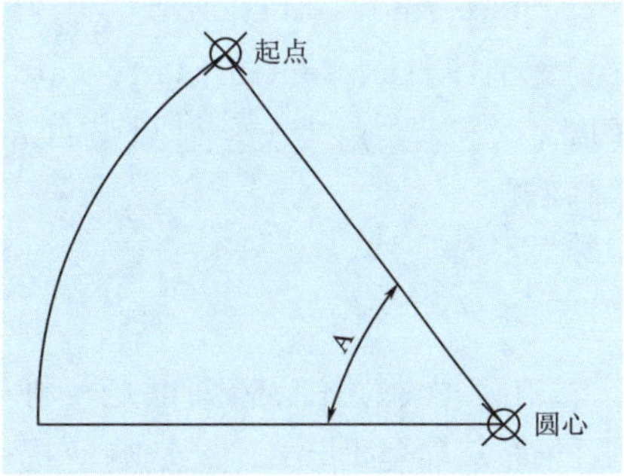

图 4-13　SCA 方式绘弧

Specify second point of arc or [Center/End]: C

Specify center point of arc:(指定圆弧的圆心)

Specify end point of arc or [Angle/Chord Length]:L

Specify length of chord:(输入圆弧的弦长)

注意:所给定的弦长不得超过起点到圆心距离的两倍。另外在"Specify length of chord:(输入圆弧的弦长)"的提示下,所输入的值如果为负值,则该值的绝对值将作为对应的整圆中空缺部分圆弧的弦长。

执行结果如图 4-14 所示。

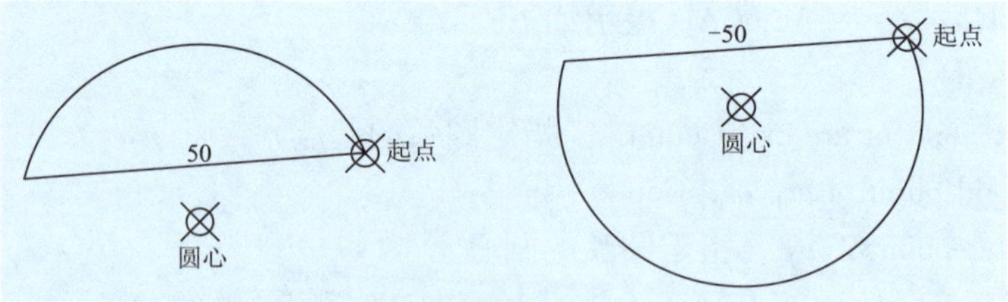

图 4-14　SCL 方式绘弧

5) Start,End,Angle(起点、端点、角度)绘制圆弧

调用绘制圆弧的命令,AutoCAD 提示如下:

Command:Arc

Specify start point of arc or [Center]:(指定圆弧的起点)

Specify second point of arc or [Center/End]:E

Specify end point of arc:(给定圆弧端点)

Specify center point of arc or [Angle/Direction/Radius]:A

Specify included angle:(给定圆弧的包含角,即圆弧对应的圆心角)

注意:在提示"Specify included angle:(给定圆弧的包含角)"下,所输入角度值的正负将影响到圆弧的绘制方向。如果当前环境设置逆时针方向为角度方向,若输入的为正的角度值,则从起始点绕圆心沿逆时针方向绘制圆弧;如果输入负的角度值,则沿顺时针方向绘制圆弧。

6) 绘制圆弧的其他方法

除上面 5 种方法外,另外还有 6 种用得较少的绘制圆弧方法,它们分别是:

Start,End,Direction(起点、端点、方向)绘制圆弧;Start,End,Radius(起点、端点、半径)绘制圆弧;Center,Start,Start,End(圆心、起点、端点)绘制圆弧;Center,Start,Angle(圆心、起点、角度)绘制圆弧;Center,Start,Length(圆心、起点、长度)绘制圆弧;连续绘制圆弧。

五、绘制椭圆和椭圆弧

在工程制图中,椭圆也是一种基本的图形元素。在 AutoCAD 2002 中,绘制椭圆和椭圆弧的命令都是 Ellipse,只是响应提示的内容不同。启动该命令可通过下面 3 种方式:

- 打开"绘图(Draw)"下拉菜单,选择"Ellipse(椭圆)。"

● 在命令行“Command:”提示符下,输入“Ellipse(或 el)”并回车。

● 在绘图工具栏上选择按钮。

1. 定义椭圆中心点及两轴端点绘制椭圆

选择该方式后,用户可以通过指定椭圆中心点、一根轴线的一个端点、另一根轴的半长轴或转角绘制椭圆。

操作步骤:

Command:Ellipse

Specify axis endpoint of ellipse or [Arc/Center]:C

Specify center of ellipse:(给定椭圆的中心点)

Specify endpoint of axis:(给定椭圆其中一根轴的任一端点位置)

Specify distance to other axis or [Rotation]:(指定另一轴的距离)

操作结束后结果如图 4-15 所示。

2. 定义长轴及椭圆旋转角绘制椭圆

Command:Ellipse

Specify axis endpoint of ellipse or [Arc/Center]:(指定一轴端点)

Specify other endpoint of axis:(指定该轴另一端点)

Specify distance to other axis or [Rotation]:R(选择旋转方式)

Specify rotation around major axis: 45(输入旋转角度)

操作结束后的结果如图 4-16 所示。

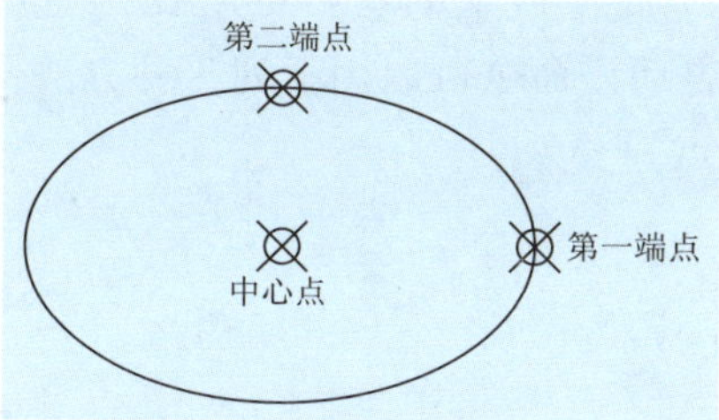

图 4-15　定义中心及两端点

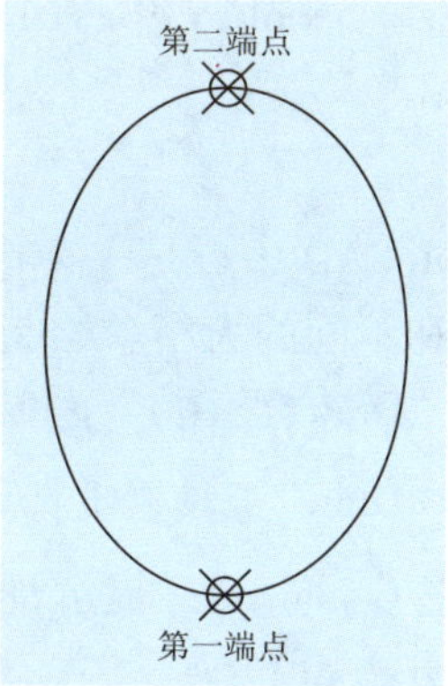

图 4-16　定义长轴及旋转角

3. 定义椭圆长短两轴绘制椭圆

选择该方式后,可以通过指定一根轴的两个端点、另一轴的半长或转角绘制椭圆。

操作步骤:

Command:Ellipse

Specify axis endpoint of ellipse or [Arc/Center]:(给定椭圆其中一根轴的一个端点)

Specify other endpoint of axis:(指定椭圆同一根轴的另一端点)

Specify distance to other axis or [Rotation]:(指定椭圆另一轴的一端点)

操作结束后的结果如图 4-17 所示。

4. 绘制椭圆弧

操作步骤：

Command：Ellipse

Specify axis endpoint of ellipse or [Arc/Center]：A

Specify axis endpoint of elliptical arc or [Center]：(指定某轴端点或中心)

Specify other endpoint of axis：(指定该轴的另一端点)

Specify distance to other axis or [Rotation]：(指定另一轴的端点)

Specify start angle or [Parameter]：(指定椭圆弧的起始角)

Specify end angle or [Parameter/Included angle]：(指定椭圆弧的终止角)

操作结束后的结果如图 4-18 所示。

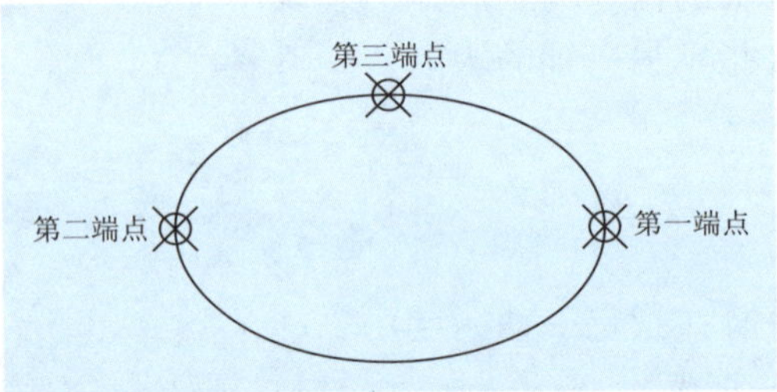

图 4-17　定义两轴绘制椭圆

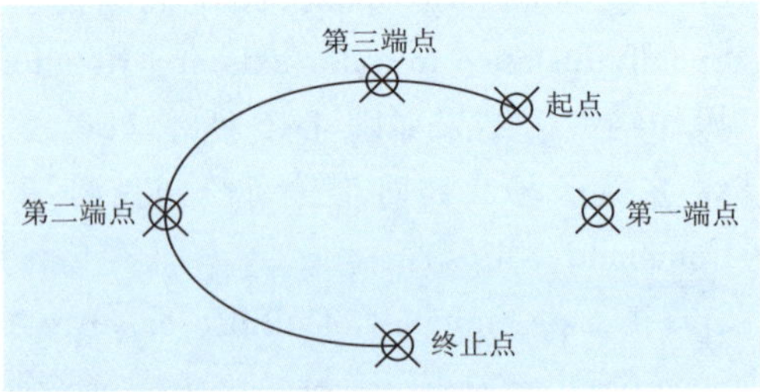

图 4-18　绘制椭圆弧

注意：系统变量 PELLIPSE 决定椭圆的类型。当变量为 0(即默认值)时，所绘制的椭圆是由 NURBS 曲线表示的真椭圆；当该变量为 1 时，所绘制的椭圆是由多义线近似表示的椭圆。当系统变量 PELLEPSE 为 1 时，Ellipse 命令后就没有 Arc(圆弧)选项。

六、绘制 Point(点)

在 AutoCAD 中点是一种特殊的实体，它不同于通常概念的点：AutoCAD 中的点具有不同的形状和不同的大小。绘制点的命令是 Point，启动该命令可以用下列 3 种方法：

● 从“Draw(绘图)”下拉菜单中选择“Point(点)”选项。

● 在“Draw”工具栏上选取  按钮。

● 在“Command：”提示符下，输入“Point(或 po)。”

操作方法如下：

Command：Point

Current point modes(当前点模式)：PDMODE = 0 PDSIZE = 0. 0000

Specify a point：(指定点位置)

说明：Pdmode 与 Pdsize 为系统变量，指点的类型及其大小。系统变量 Pdmode 的值分别为 0，2，3，4 时，相应点的形状分别为点、十字、叉、竖线。还可以通过点样式对话框进行点的类型及大小的设置。

用户可以用下面两种方法来定义点的类型：

● 打开“Format(格式)”下拉菜单，选择“Point Style”项。

● 在“Command：”提示符下，输入“DDPtype。”

启动后，会弹出一个对话框，如图 4-19 所示。

该对话框中列出了 20 种点的类型，单击某种类型则该颜色变黑，即选择了此种类型在其下面有一个“Point Size（点大小）”文本框和两个单选框，文本框中的数字决定了点的大小。单选按钮决定点的大小的控制方法，Set Size Relative to Screen（相对于屏幕设置尺寸），Set Size in Absolute Units（用绝对单位设置尺寸）。设置完毕后按“OK（确定）”按钮返回绘图屏幕。系统默认的点的样式为圆点。

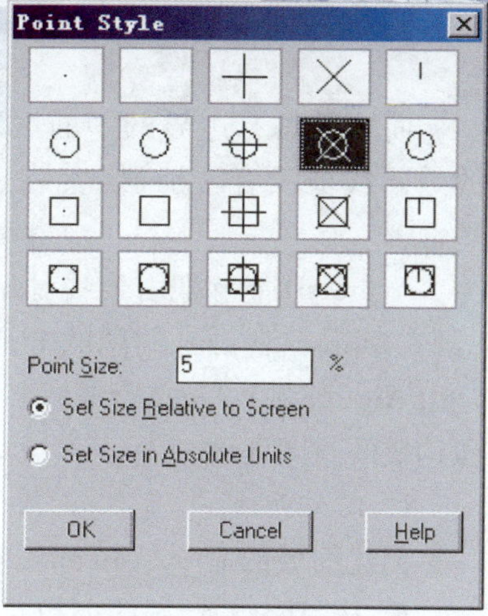

图 4-19　点样式对话框

1. 绘制点的方式

在 AutoCAD 中，不仅可以画单点，也可以画多点，画等分点和等距点等。具体操作如下：

在“Draw（绘图）”菜单项，选择“Point（点）”菜单，该菜单有 4 个子菜单：

- Single Point（单点）
- Multiple Point（多点）
- Divid（等分点）
- Measure（等距点）

例 4-11　在一条直线上绘出 5 个等分点。

先用 Line 命令画一条直线：

（1）打开“Format（格式）”下拉菜单，单击“Point Styte（点样式）”选项，打开点样式对话框。

（2）在第二排第三列类型框中单击，选择该类型，单击“OK”按钮，关闭对话框。

（3）打开“Draw（绘图）”下拉菜单，把光标移至“Point（点）”选项，选择子菜单中的“Divide（定数等分）”选项。

（4）Command：Divide

Select object to divide：（选择要定数等分的对象）选定直线。

Enter the number of segments or [Block]：5（输入等分数或[块]）等分数为 5。（见图 4-20a）

例 4-12　在一条直线上绘出等距点。

先用 Line 命令画一条直线：

（1）Command：Measure

（2）Select object to measure：（选择直线）

Specify length of segment or [Block]：（指定等距长度或[块]）50。（见图 4-20b）

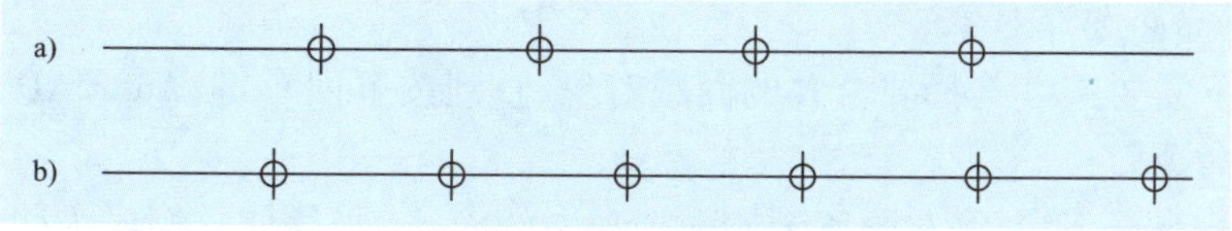

图 4-20　等分点和等距点

七、面　　域

面域是具有边界的平面区域,它的内部可以包含孔。虽然从外观来说,面域和一般的封闭线框没有区别,但实际上,面域就像是一张纸,除了包括边界,还包括边界内的平面。

AutoCAD 能够把由某些对象围成的封闭区域创建成面域,这些封闭区域可以是 Circle(圆)、Ellipse(椭圆)、封闭的 Pline(二维多义线)和封闭的 Spline(样条同线)等对象,也可以是由 Arc(圆弧)、Line(直线)、Pline(二维多义线)、Ellipse(椭圆弧)、Spline(样条曲线)等对象构成的封闭区域。

1. 定义面域

创建面域的命令是 Region,可以通过下面 3 种方式启动该命令:

- 从"Draw(绘图)"下拉菜单中选择"Region(面域)"选项。
- 在"Draw"工具栏上选取按钮。
- 在"Command:"提示符下,输入"Region(或 reg)。"

操作步骤:

Command:Region

Select objects:(选择对象)

在此提示下,选择要定义成面域的对象,可以选择多个对象,直到按下回车键。最后 AutoCAD创建面域并报告已经创建的面域数目。

注意:用户可以对面域进行诸如复制、移动这样的编辑操作。面域总是以线框的形式显示;自相交或端点不相连接的对象不能转化为面域。

如果系统变量 DELOBJ 的值为 1,在面域转换后,原来围成面域边界的对象被删除;如果想保留原对象,可以将系统变量 DELOBJ 设置为 0。

2. 布尔运算

布尔运算是一种数学上的逻辑运算,在 AutoCAD 图像处理中,通过布尔运算可以提高绘图效率,是绘制复杂图形的主要手段。

布尔运算包括并运算、差运算和交运算,下面分别介绍其使用方法。

1) 并运算

并运算的命令是 Union(或 uni),并运算是将多个面域(或实体)合并为一个面域(或实体)。

操作步骤如下:

Command:Union(或 uni)

Select objects:(选择对象)

在此提示下需要连续选择要合并的面域对象,直到按下回车键,AutoCAD 将合并所选择的面域并结束命令。

例如,使用 Union 命令将左图所示的两个独立的面域(必须使它们成为面域)合并后,得到如图 4-21 所示的结果。(前提必须每个物体都是面域,同时定义面域后要删除原来对象,

即取 DELOBJ = 1）

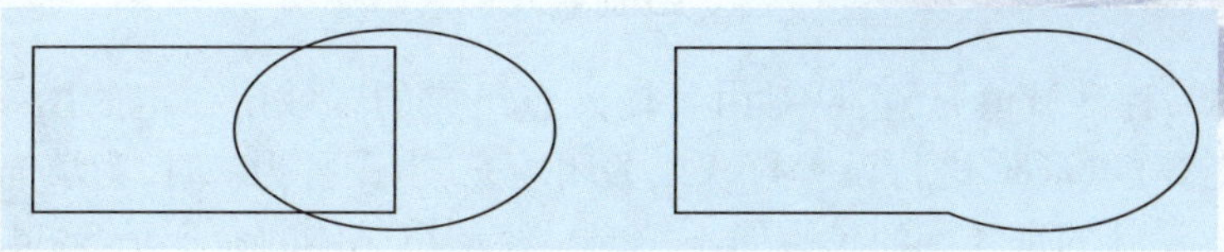

图 4-21　两个面域并运算

2）差运算

并运算的命令是 Subtract，差运算是从多个面域（或实体）中减去多个面域（或实体）。

操作步骤如下：

Command：Subtract

Select solids and regions to subtract from…：（选择要从中删除的实体或面域）

Select objects：（选择对象）

在此提示下需要选择被减去的面域（即保留在屏幕上的）。可以选择多个，直到按下回车键，然后 AutoCAD 会接着提示：

Select solids and regions to subtract…：（选择要删除的实体或面域）

Select objects：（选择对象，回车）

在此提示下需要选择要删除的面域。可以选择多个，直到按下回车键。

例如，对于两个独立的面域，使用 Subtract 命令，从矩形面域中减去圆形面域，得到如图 4-22 所示的结果（首先要选择矩形面域）。

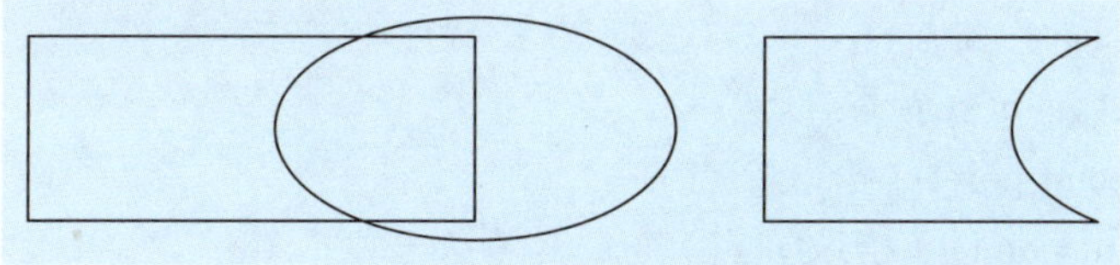

图 4-22　两个面域差运算

3）交运算

并运算的命令是 Intersect，交运算是将多个面域（或实体）的公共部分组成一个新的面域（或实体）。

操作步骤如下：

Command：Intersect

Select objects：（选择对象）

在此提示下，需要选择至少两个要进行交运算的面域对象，直到按下回车键。运算的结果是得到由参与运算的所有面域的公共部分组成的新面域。

例如，对于两个独立的面域，使用 intersect 命令，计算两个面域的共同部分，得到如图 4-23 所示的结果。

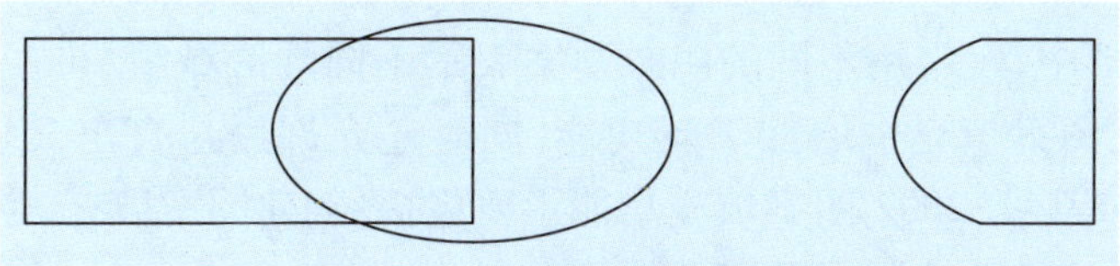

图 4-23　两个面域交运算

八、绘制填充体

绘制填充体又称区域填充,它是对由各输入点组成的区域用一定的图案进行填充。可以通过对系统变量 Fillmode 进行设置打开或关闭填充,当设置为 1 时,为填充;当 Fillmode 为 0 时,绘出的图形看到的是区域的轮廓而不填充。绘制填充体的命令是 Solid。

操作步骤如下:

Command:Solid

Specify first point:(指定第一点)

Specify second point:(指定第二点)

Specify third point:(指定第三点)

Specify fourth point or〈exit〉:(指定第四点或〈退出〉)

在该提示下指定第四点后,系统就填充完第一个四边形,该四边形的第三点及第四将作为下一个新四边形区域的第一点和第二点,然后系统返回提示:

Specify third point:(指定第三点)

在系统提示下,再输入其他点。命令执行结果是对各输入点形成的区域进行填充。说明:在"Specify fourth point or〈exit〉:"提示下直接回车,则输入的第四点与第三点重合,系统将对形成的三角区域进行填充。在执行 Solid 命令时,即使输入相同的点坐标,但由于输入点的顺序不同,也会得到不同形状的填充区域。下面通过一个例子来说明这个问题。

例 4-13 用 Solid 命令绘制填充体时,选择不同输入顺序。

(1) Command:solid

(2) Specify first point:(拾取①点)

(3) Specify second point:(拾取②点)

(4) Specify third point: (拾取③点)

(5) Specify fourth point or〈exit〉:(拾取④点)

操作后的结果如图 4-24a)所示。

(6) Command:solid

(7) Specify first point:(拾取①点)

(8) Specify second point:(拾取②点)

(9) Specify third point:(拾取④点)

(10) Specify fourth point or〈exit〉:(拾取③点)

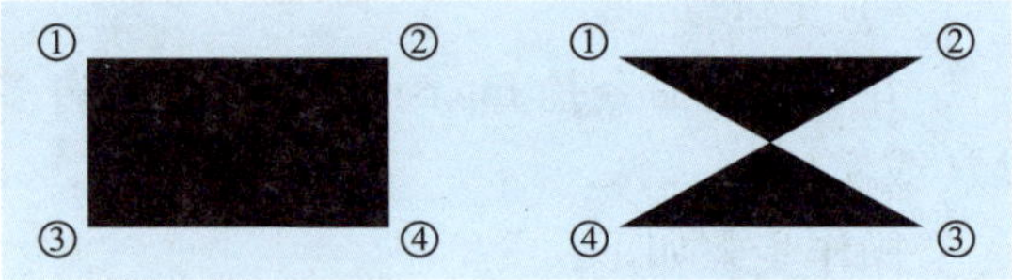

a) b)

图 4-24 不同输入点的结果

操作后的结果如图 4-24b)所示。

九、图 案 填 充

在各种工程图形中,经常用不同的阴影图案表示不同的区域。AutoCAD 2002 提供了丰富的填充图案,并在图案填充中增加了新功能,同时还允许用户自定义填充图案及图案文件。本节介绍的 AutoCAD 2002 图案填充功能主要包括:创建图案填充、创建填充边界、图案填充修改、填充图案可见性控制及图案文件等内容。

1. 创建图案填充

图案填充的命令是 Bhatch，可以通过下面 3 种方法启动该命令。

● 从“Draw（绘图）”下拉菜单中选择“Hatch（图案填充）”选项。

● 在“Draw”工具栏上选取  按钮。

● 在“Command：”提示符下，输入“Bhatch。”

启动 Bhatch 命令后，系统将弹出如图 4-25 所示的“Boundary Hatch”（边界图案填充）对话框。该对话框用于确定图案填充时的填充图案、填充边界以及填充方式等。对话框中有“Quick（快速）”、“Advanced（高级）”两个选项卡和其他一些选项。其各主要选项的含义和功能如下：

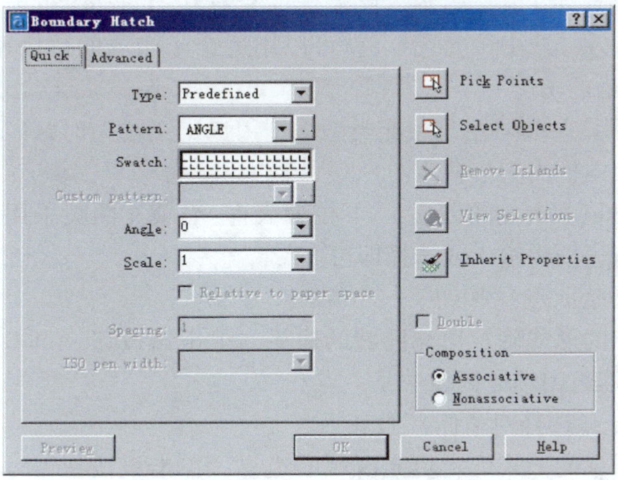

图 4-25　“Boundary Hatch（边界图案填充）”对话框

1）“Quick（快速）”选项卡

该选项卡用于进行与填充图案有关的快速设置，各选项的含义和功能如下：

● “Type（类型）”下拉列表框：确定填充图案的类型。用户可通过该下拉列表框在 Predefined（预定义）、Userdefined（用户定义）和 Custom（自定义）之间选择。其中预定义表示将用 AutoCAD 提供的图案进行填充；用户定义表示用户将临时定义填充图案，该图案由一组平行线或相互垂直的两组平行线组成；自定义表示将选择用户事先定义好的图案进行填充。

● “Pattern（图案）”下拉列表框：选择用预定义填充类型填充时的填充图案。用户可以从该下拉列表框中选择，也可以单击其右边的按钮，弹出的“Hatch Pattern Palette（填充图案调色板）”对话框如图 4-26 所示。在该对话框中可进行如下选择。

● “Swatch（样例）”框：显示当前填充图案的图案样例。

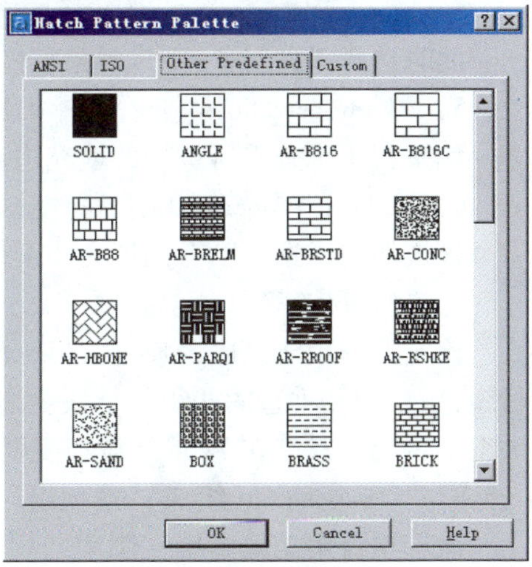

图 4-26　填充图案调色板

● "Custom pattern(自定义图案)"下拉列表框：当图案填充采用用户自己定义的类型时，选择相应的填充图案。用户可通过该下拉列表框选择，也可单击其右边的按钮，从弹出的对话框中选择。

● "Angle(角度)"下拉列表框：确定填充图案的旋转角度。每种图案在定义时的旋转角为零，用户可以在该下拉列表框内直接输入或选择图案填充时要旋转的角度。

● "Scale(比例)"下拉列表框：确定填充图案时的比例值。每种图案在定义时的初始比例为1，用户可以根据需要改变填充图案的比例。方法是：在该下拉列表框内输入或选择比例值。当填充类型采用用户定义类型时，该项为低亮度显示，即不起作用。

● "Relative to paper space(相对图纸空间)"复选框：相对于图纸空间的单位缩放即缩放到适于图纸空间的显示）填充图案。此复选框只有在"Layout(布局)"中打开"Boundary Hatch"对话框时才有效。选中该复选框，就可以用适合于布局的比例显示填充的图案。这是 AutoCAD 2002 新增的功能。

● "Spacing(间距)"文本框：当填充类型采用用户定义类型时，确定填充平行线之间的距离。用户可在该文本框内直接输入。

● "ISO pen width(国际标准笔宽)"下拉列表框：当填充图案采用 ISO 图案时，确定笔的宽度。在该下拉列表框中输入或选择即可。

2)"Pick Points(拾取点)"按钮

该按钮以拾取点的形式确定填充区域的边界。单击该按钮，AutoCAD 临时切换到绘图窗口，在图形窗口选取封闭填充区域中某一点。

3)"Select Objects(选择对象体)"按钮

该按钮以选择对象的方式确定填充区域的边界。单击该按钮，AutoCAD 临时切换到绘图窗口，在图形窗口选取填充边界实体。

4)"Remove Islands(删除孤岛)"按钮

图案填充时，通常把位于填充区域内的封闭区域称为孤岛，该按钮用来取消 AutoCAD 自动确定或用户指定的孤岛。单击该按钮，AutoCAD 切换到绘图窗口，并在命令行中提示：

Select islands to remove:(选择要去除的孤岛)

此时选择孤岛对象，则该对象将恢复成正常显示方式(即去除了孤岛)。

5)"View Selections(查看选择集)"按钮

该按钮用于查看所选择的填充边界。

6)"Inherit Properties(继承特性)"按钮

该按钮用于选用已有的填充图案作为当前的填充图案。

7)"Double(双向)"复选框

该复选框用于在以用户定义(User defined)填充类型进行填充时，确定填充线是一组平行线，还是相互垂直的两组平行线。选中该复选框，表示为相互垂直的两组平行线；否则为一组平行线。只有在 Type 下拉列表框中选中 Userdefined 时，该复选框才以正常亮度显示。

8)"Composition(组成)"选项组

该选项组用于确定填充图案与填充边界的关系。单击"Associative(关联)"单选按钮，表示填充的图案与填充边界保持着关联关系，即图案填充后，对填充边界进行某些编辑操作时,AutoCAD 会根据边界的新位置重新生成填充图案:单击"Nonassociative(不关联)"单选按钮,则表示填充图案与填充边界没有关联关系。

9)"Preview(预览)"按钮

该按钮用于预览填充效果。确定填充边界和填充图案后,单击该按钮,AutoCAD 临时切换到绘图窗口,按当前的填充设置进行预填充,并提示:"Hit enter or right-click to return to the dialog(按回车键或单击鼠标右键返回对话框)"。

用户响应后,AutoCAD 返回到边界图案填充对话框。

10)"Advanced(高级)"选项卡

单击"Boundary Hatch(边界图案填充)"对话框中的高级标签,打开的"Advanced(高级)"选项卡如图 4-27 所示。

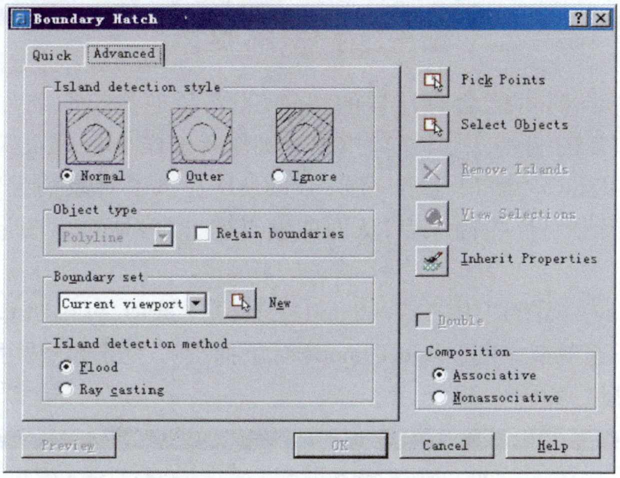

图 4-27 "Boundary Hatch"对话框的"Advanced"选项卡

该选项卡中有 4 个选项组:Island detection style(孤岛检测样式)、Object type(对象样式)、Boundary set(边界集)和 Island detection(孤岛检测方式)method。下面主要介绍 Island detection style 的含义和功能。

Island detection style(孤岛检测样式)选项组用于确定 AutoCAD 对孤岛的填充方式,有 Normal(普通)、Outer(外部)、Ignore(忽略)3 种选择,其中各选项的含义和功能是:

● "Normal(普通)"单选按钮:普通填充方式。其填充原理为:从最外边界向里画填充线,遇到与之相交的内部边界时断开填充线,当遇到下一个内部边界时再继续画填充线。

● "Outer(外部)"单选按钮:外部填充方式。其填充原理为:从最外边界向里画填充线,遇到与之相交的内部边界时断开填充线,并不再继续往里画。

● "Ignore(忽略)"单选按钮:忽略填充方式。该方式忽略边界内的对象,所有内部结构都被填充线覆盖。

提示:孤岛检测样式选项组中的 3 个单选按钮所对应的图像框形象地说明了 3 种填充方式的填充效果。

2. 图案填充操作步骤

(1)启动图案填充命令 Bhatch;

(2) 选择填充图案、确定图案的角度和比例;

(3) 选择填充边界,当边界为封闭图形时,用“Pick Points(拾取点)”按钮;当边界为未封闭图形时,用“Select Objects(选择对象体)”按钮。

(4) 上面各选项选妥后,按“OK”按钮执行。

第二节 精确绘图的定位方法

AutoCAD 2002 提供了很多绘图辅助工具以及高级编辑功能,利用这些工具和功能,可以在不用或很少输入坐标就能方便、迅速、准确地绘制出图形。它们主要包括:对象捕捉、草图设置、正交功能、自动跟踪、等轴测平面、快速选择。

一、对象捕捉

利用 AutoCAD 绘图时可能会有这样的感觉,当希望通过拾取的方法确定某些特殊点(例如圆心、切点或圆弧的端点、中点等)时,无论操作者怎样小心,要准确地找到这些点都十分困难,甚至根本不可能。为解决这个问题,AutoCAD 提供了对象捕捉功能,利用该功能用户可以迅速、准确地捕捉到某些特殊点,从而能够迅速、准确地绘出图形。可以用以下 4 种方法实现对象捕捉。

方法 1:选择“View(视图)”中的“Toolbars(工具栏)”选项,弹出“Customize(自定义)”对话框,选中“Toolbars”选项卡中的“Object Snap(对象捕捉)”复选框,即可在绘图窗口中显示出“Object Snap”工具栏,如图 4-28 所示。

图 4-28 “Object Snap”工具栏

方法 2:单击 AutoCAD 的状态栏中“Snap”按钮。

方法 3:在按下 Ctrl 键的同时单击鼠标右键,即可弹出对象捕捉快捷菜单。

方法 4:直接在命令行内中的输入一种对象捕捉的缩写后按下回车键。

对象捕捉有以下两种运行方式:

(1) 如果在运行某个命令时设置对象捕捉,则当该命令结束时捕捉也结束,这种方式称为单点捕捉。

(2) 如果在没有运行绘图命令时设置捕捉,则该捕捉命令一直有效,直到用户将捕捉命令关闭,这种方式称为执行对象捕捉。

表 4-1 所示为对象捕捉名称及其图标命令缩写及说明。

对象捕捉列表 表 4-1

图标	对象捕捉名称	命令缩写	说明
	Temporary Tracking Point	tt	临时点
	Snap From	from	捕捉基点

续上表

图标	对象捕捉名称	命令缩写	说　明
	Snap to Endpoint	end	对象端点
	Snap to Midpoit	mid	对象中点
	Snap to Intersection	int	对象交点
	Snap to Apparent Intersect	app	对象虚拟交点
	Snap to Extension	ext	对象的延长线
	Snap to Center	cen	圆、圆弧、椭圆的中心点
	Snap to Quadrant	qua	圆、圆弧、椭圆的最近象限点
	Snap to Tangent	tan	圆或圆弧的相切点
	Snap to Perpendicular	per	垂线交点
	Snap to Parallel	par	与指定线平行的线上的点
	Snap to Insert	ins	块、文字、属性等的插入点
	Snap to Node	nod	用 Point 命令绘制的点
	Snap to Nearest	nea	与选择点最近的捕捉点
	Snap to None	non	关闭捕捉
	Qsanp Settings		对象捕捉设置
点过滤	Point Fitters	. x,. y,. xy,. xz,. yz.	通过获取其他的点的 x、y、z 值来确定一个点

在对象捕捉工具中有一个更好用的工具为自动捕捉工具，可以直接在状态栏下单击“OSNAP”按钮。OSNAP 的自动捕捉功能十分强大，能自动捕捉一些与之相适应的点。

例 4-14　利用表 4-1 所列的 Snap From（又称 FROM 调节器）功能，绘制一个与已知圆（半径为 30）的圆心相距 100 个图形单位，半径为 20 的圆。

（1）Command：Circle

（2）Specify center point for circle or [3P/2P/Ttr (tan tan radius)]：（在屏幕上选取一点，为圆心）。

(3) Specify radius of circle or [Diameter]:30(键入半径)

(4) Command:circle

(5) Command:_circle Specify center point for circle or[3P/2P/Ttr (tan tan radius)]:〈Osnap on〉from(单击状态栏打开捕捉功能,然后键入“from”)

(6) Base point:(用光标点击圆心,捕捉基点)

(7)〈Offset〉:@ 100 <0(用相对极坐标输入偏移量)

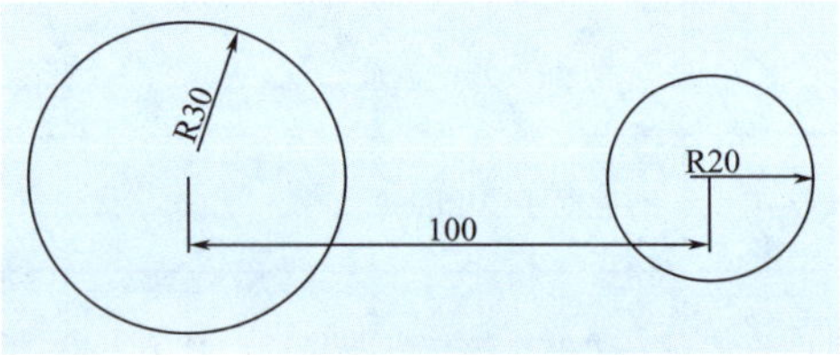

图 4-29 用 From 捕捉方式

(8) Specify radius of circle or [Diameter]〈30.0000〉:20

操作结束后结果如图 4-29 所示。

二、设置捕捉模式

1. 对象捕捉模式

用户可通过下面 4 种方式打开对象捕捉对话框:

(1) 利用下拉菜单:Tools(工具)→Draft Settings(草图设置)。

(2) 在“Object Snap”工具栏上选取按钮。

(3) 用鼠标右键击状态栏中的捕捉、栅格等,选择 Settings(设置)。

(4) 命令行“Command:”下输入“Dsettings(或 ds)”。

启动该命令后,系统将弹出“Drafting Settings(草图设置)”对话框,选择“Object Snap(对象捕捉)”选项卡,如图 4-30 所示。在选项卡的“Object Snap modes”区内有 13 类对象捕足模式以复选方式供用户选取,各捕足模式的含义见表 4-1。用户用鼠标左键选择需要的捕足模式,当不需要时可以去掉该捕捉模式。

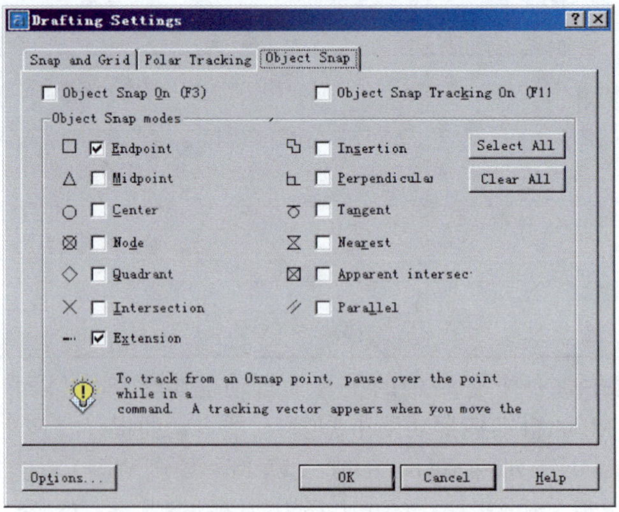

图 4-30 “Object Snap”选项卡

单击“Options...”按钮,系统将打开“Option”对话框,进行捕捉模式的其他选项设置,因为比较少用,本书不作详细介绍,用户可以参考其他 AutoCAD 专用书籍。

2. 极轴追踪模式

极轴追踪是 AutoCAD 2002 的新功能,用户单击"Polar Tracking(极轴追踪)"选项卡,如图 4-31 所示。通过该选项卡用来进行极轴自动追踪设置。

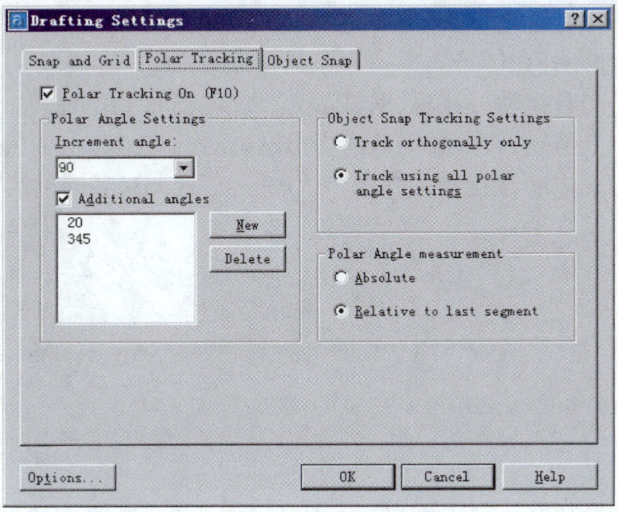

图 4-31 "Polar Tracking"选项卡

下面说明该选项卡中各选项的含义和功能。

(1)"Polar Tracking On(启用极轴追踪)"复选框:该复选框用于启用或关闭极轴追踪功能。利用功能键 F10 或单击状态栏上的"POLAR(极轴)"按钮可以实现极轴追踪功能的启用与关闭。如果启用 AutoCAD 的极轴追踪功能,当我们在绘图过程中确定追踪起始点后,AutoCAD 会自动在设置方向上显示出当前点的极坐标。

(2)"Polar Angle Settings(极轴角设置)"选项组:该选项组用于设置极轴角度,下面说明其中各选项的含义和功能。

● "Increment angle(角增量)"下拉列表框:该下拉列表框用于设置极轴追踪的角度增量。用户可通过该下拉列表框在 90、45、30、22.5、18、15、10、5 之间作出选择或自己设置。

● "Additional angles(附加角)"复选框:确定极轴追踪时是否采用附加的角度增量。可通过"New"或"Delete"按钮增加或删除附加角度值。

(3)"Object Snap Tracking Settings(对象捕捉追踪设置)"选项组:该选项组用于确定对象捕捉追踪的模式,下面说明其中各选项的含义和功能。

● "Track orthogonally only(仅正交追踪)"单选按钮:选中该单选按钮后,当采用追踪功能时, AutoCAD 仅在水平和垂直方向上显示追踪数据。

● "Track using all polar angle settings(用所有极轴角设置追踪)"单选按钮:选中该单选按钮后,当采用追踪功能时,AutoCAD 将在水平方向、垂直方向以及相应的角度方向显示追踪数据。

(4)"Polar Angle measurement(极轴角测量单位)"选项组:该选项组用于确定极轴角的角度测量是采用 Absolute(绝对角度测量),还是采用 Relative to last segment(相对于上一段对象进行测量)。

例 4-15 用极轴追踪绘制如图 4-32 所示的路线。

(1) 单击状态栏上的"SNAP"和"POLAR"按钮打开捕捉设置和极轴追踪,按图 4-32 进行设置。

(2) Command:Line

(3) Specify first point:在屏幕上指定一点起始点;

(4) 将光标水平向右拖动,跟踪数据显示为"Polar:xxxx <0"时,输入 200 并回车;

(5) 将光标向右上拖动,跟踪数据显示为"Polar:xxxx <20"时,输入 300 并回车;

(6) 将光标向右下拖动,跟踪数据显示为"Polar:xxxx <345"时,输入 260 并回车。

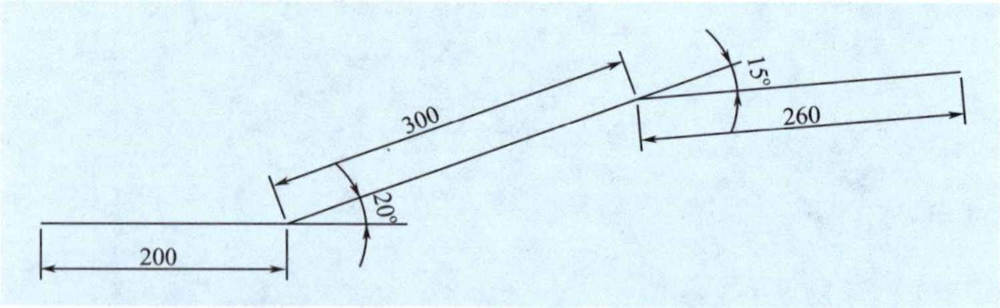

图 4-32 用极轴追踪绘制路线

例 4-16 利用对象追踪方法在矩形中心处直接绘制圆(不准作辅助线)。

(1) 首先打开状态栏的 Polar(极轴)、Osnap(对象捕捉)、Otrack(对象追踪),并只选择中点捕捉。

(2) 先绘制矩形,启动 Circle 命令画圆,系统提示:"Specify center point for circle or [3P/2P/Ttr (tan tan radius)]:";

(3) 将鼠标移动到矩形右边中点处,线中点出现一个黄色"-"符号;

(4) 将鼠标移动到矩形上边中点处,线中点出现一个黄色"|"符号;

(5) 将鼠标移动到矩形中心位置,出现图 4-33 的提示,单击左键确定圆心;

(6) 输入圆半径。

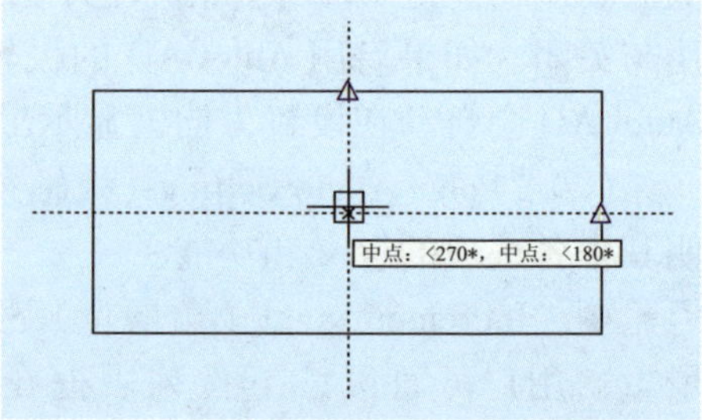

图 4-33 对象追踪

三、正 交 功 能

在工程制图中,有很多线与坐标轴是正交的,AutoCAD 提供了正交功能,使用户可以方便地绘出与当前坐标轴正交的线段。

激活正交方式有下面 3 种方法:(1) 在"Command:"提示符下输入"Ortho";(2) 按状态正交按钮;(3) 按 F8 键。

第三节 二维图形的编辑

前面主要对 AutoCAD 的基本绘图命令做了介绍。通过这些命令,用户可以绘制出简单的基本图形。而在实际绘图过程中,仅靠上面介绍的基本绘图命令是很难快速而准确地绘制出比较复杂的图形。为此，AutoCAD 2002 提供了许多实用而有效的编辑命令。通过这些编辑命令，用户可以对采用基本绘图命令绘制的图形进行重新编辑，从而绘制出比较复杂的图形。通过编辑命令修改已有的图形，或利用已有的图形构造新的更加复杂的图形，可以大大提高绘图的效率。本章主要包括：对象的选择方式、基本编辑功能（例如，删除、恢复、移动、旋转、复制、镜像、对齐、比例缩放、延伸、拉伸、改变长度、修剪、断开、偏移、阵列、圆角、倒角等）、编辑多义线、样条曲线及复合线的基本方法等内容。

一、对象的选择

在图形的绘制过程中，编辑图形是整个图形绘制的重要组成部分。在编辑图形之前，必须先选中要编辑的对象。

AutoCAD 2002 提供了多种选择方式。针对不同对象的特点，在命令行的提示下，用户可以直接输入编辑命令，接着选择要编辑的对象。当用户在编辑某个或多个对象时，可以先选择对象，然后再在命令行提示符下输入编辑命令，这两种选择对象方式具有相同的效果。

下面介绍 AutoCAD 2002 的各种选择对象的方式。

1. 直接拾取方式

在多种对象的选择方式中，直接拾取方式为系统默认的方式。在该方式下，用户可以拾取单一对象，也可以同时拾取多个对象。完全落在拾取框内或与拾取框相交的对象均被选中。如果用户想要对拾取框的大小进行调整，则可以从“Tools（工具）”下拉菜单中选择“Options（选项）”命令，打开“Options（选项）”对话框。在该对话框中，单击“Selection（选择）”标签，打开选择选项卡，如图 4-34 所示。

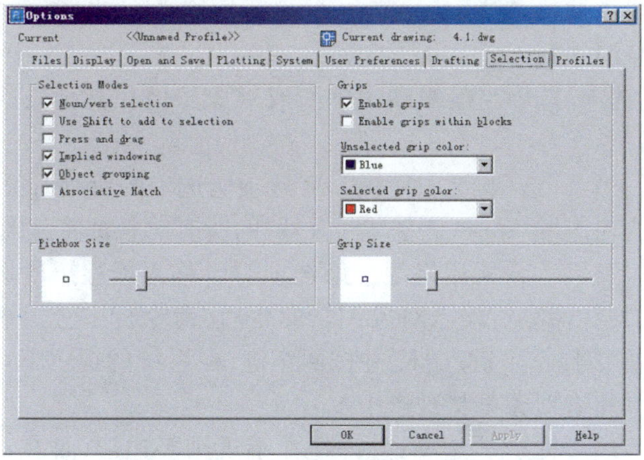

图 4-34　“Selection（选择）”选项卡

在该选项卡中，选择“Selection Modes（集模式）”选项组用于对对象的选择方式进行设置；拖动“Pickbox Size（拾取框大小）”选项组中的滑块可调节拾取框的尺寸。

2. 在命令行直接键入命令

在命令行出现“Select objects：”时，输入“？”会出现如下提示：“Window/Last/Crossing/BOX/ALL/Fence/WPolygon/CPolygon/Group/Add/Remove/Multiple/Previous/Undo/AUto/Single”（窗选、最后一个、框选、矩形、全部、栏选、多边窗选、多边框选、组选、添加、删除、多对

象、上一个、撤销、自动、单个)。

在命令行"Select objects:"提示下,可直接输入上述各选项前面的大写字母,即可执行相应的选择操作。如键入"ALL"可以自动选择当前视图中的全部对象。

● "Window(窗选)"选项:允许在对象周围设置矩形实线框选择对象。用来选择完全位于框内的对象。用户输入编辑命令后,命令行会出现"Select objects:(选择对象)"提示信息,在该提示下键入"W",系统接着提示:

Specify first corner:(指定第一个角点)

Specify opposite corner:(指定对角点)

在拾取第一个角点后,拾取第二个角点之前,移动鼠标从第一个角点拉出一个窗口,把要选择的对象包含进窗口,此时单击鼠标即可确定第二个角点,这时完全落入窗口中的对象均被选中。

● "Last(最后一个)"选项:选择最后绘制的、屏幕上可见的一个对象。

● "Crossing(框交)"选项:允许在对象周围设置矩形虚线框选择对象。用来选择完全位于框内或与框边线相交的对象。

用户在命令行输入对象编辑命令后,命令行中会出现"Select objects"提示信息,在该提示下键入"C"并按回车键,系统接着提示:

Specify first corner:(指定第一个角点)

Specify opposite corner:(指定对角点)

在此提示下指定两个对角点,形成一个选择窗口,此时不论是全部包含在窗口中的对象,还是与窗口边界相交的图形都会被选中。

● "BOX"选项。该选项是 Windows 与 Crossing 的组合,从左向右选择时执行 Windows 方式,而从右向左选择时执行 Cronssing 方式。

● "All(全部)"选项:选中当前视图中的所有对象。但在其他空间或冻结或关闭的图层上,All 选项无效。

● "Previous(上一个)"选项:选中使用 Last 选项所选中的所有对象。删除 Erase 命令对该选项是个例外,因为对删除 Erase 命令,最后拾取的所有对象都将从图形中删除。

● "Fence(栏选)"选项:设置栅格线。该选项对于移入或移出所选对象的紧凑区域选择对象很有帮助。用户在命令行输入对象编辑命令后,命令行中会出现"Select objects:(选择对象)"提示信息,在该提示下键入"F"并按回车键,在系统的提示下可绘制出一条不封闭的折线,与折线相交的所有对象都将被选中。

● "WPolygon(多边形框选)"选项:允许建立不规则多边形,且在对象周围设置实线框选择对象。该选项可用来选择完全位于框内的对象。

● "CPolygon(多边形窗口)"选项:允许建立不规则多边形,且在对象周围设置虚线框选择对象。该选项可用来选择完全位于框内或与框边线相交的对象。

● "Group(编组)"选项:允许选择对象,并为选择集赋名。通过该选项拾取选择集名,选择要编辑的对象。

● "Add(添加)"选项:打开增加模式,系统将所拾取的对象添加到选择集。

● "Remove(删除)"选项:打开删除模式,从选择集中删除所选中的对象。

在如图4-34所示的“选项”对话框中，如果选中“Implied windowing(隐含窗口)”复选框，则在空白处拾取点，并从向左或向右拖动鼠标时形成矩形选择框。向右拖动鼠标可激活“Window”选项，向左拖动鼠标可激活“Crossing”选项。该特性对“先选择后执行(Noun/Verb Selection)”方法以及“先执行后选择(即复选框中无√)”都有效。

先选择后执行方式为系统的缺省方式；有些编辑功能只能采用先选择后执行而不能采用先执行后选择方式。AntoCAD 提供 PICKFIRST 系统变量，用以控制“先选择后执行”的开关状态，PICKFIRST = 1(或 ON)时，系统处于“先选择后执行”方式。PICKFIRST = 0(或 OFF)时，系统关闭“先选择后执行”方式。

在图4-34所示的“选项”对话框中，如果选中“按住并拖动(Press and Drag)”复选框，在用窗选法选择各样对象时，在第一点按下鼠标左键直接将其拖到另一点即可。否则应先单击第一点，拖到另一点后再单击鼠标左键才能构成选择框。

如果选中“用 Shift 键添加到选择集(Use Shift to add to selection)”复选框，则在选择对象时，按住 Shift 键再用鼠标左键拾取对象，可连续拾取多个对象。

二、删除和恢复

在图形的绘制过程中，难免会出现错误，有时需要删除已经绘制的某些对象。另外，也不可避免地会出现删除了本不该删除的对象，这时就需要恢复这些对象。AutoCAD 2002 提供了功能强大的删除和恢复命令，用户可以使用这些命令方便地删除或恢复对象。

1. 删除对象

在 AutoCAD 2002 中，删除对象的命令是 Erase，用户可以使用该命令将当前绘图窗口中选中的某个对象删除。可通过下面3种方式启动删除命令：

- 在“Command:”提示符下输入“Erase(或 e)”；
- 在“Modify(修改)”下拉菜单下选择“Erase(删除)”；
- 单击“Modify”工具栏上  按钮。

操作步骤如下：

Command:Erase

Select objects:(拾取要删除的对象)

Select objects:(按回车键或继续拾取要删除的对象)

2. 恢复对象

在 AutoCAD 2002 中，恢复删除对象的命令是 Oops，用户可以使用该命令将最后一次用 Erase 命令删除的对象恢复。操作步骤如下：

Command:Oops

命令执行的结果是，重新恢复最后一次使用“Erase”删除的对象，并将其显示在当前绘图窗口中。

注意：(1) 在删除对象时也可以用键盘上的“Delete”键。

(2) 在用 Erase 命令删除对象后，立即用 Undo 命令也可以恢复被删除的对象，但如果不是立即使用 Undo 命令，即在 Erase 和 Undo 命令中间加入了其他操作，这时只能使用 Oops 命令来恢复最近一次用 Erase 命令删除的对象。

(3) 用 Ctrl + Z 可以恢复删除的对象。

三、移动和旋转

1. 移动对象

在 AutoCAD 2002 中，移动对象的命令是 Move，用户使用该命令可以将选中的对象从原来的位置移到指定的其他位置。可通过下面 3 种方式启动移动命令：

- 在"Command："提示符下输入"Move(或 m)"；
- 在"Modify(修改)"下拉菜单下选择"Move(移动)"；
- 单击"Modify"工具栏上按钮。

操作步骤如下：

Command：Move

Select objects：(选择要移动的对象)

Select objects：(按回车键结束选择或继续选择其他对象)

Specify base point or displacement：(指定基点或位移)

(1) "Specify base point(指定基点)"选项要求在绘图窗口内指定一点作为移动的基点。选择该选项后，系统接着提示："Specify second point of displacement or 〈use first point as displacement〉："(指定位移的第二点)。

命令执行结果是，将所选择的对象从当前位置按由给定的两点确定的位移矢量移动到新的位置。

(2) "Displacement(位移)"选项要求在绘图窗口中输入相对于当前点的位移量，可以用相对坐标法输入。选择该选项后，系统接着提示："Specify second point of displacement or 〈use first point as displacement〉："。

在此提示下若直接按回车键，则系统将选中的对象从当前位置按指定的位移距离移动到新的位置。

2. 旋转对象

在 AutoCAD 2002 中，旋转对象的命令是 Rotate，用户使用该命令可以将所选择的对象绕指定点旋转指定的角度。可通过下面 3 种方式启动旋转命令：

- 在"Command："提示符下输入"Rotate(或 Ro)"；
- 在"Modify(修改)"下拉菜单下选择"Rotate(旋转)"；
- 单击"Modify"工具栏上按钮。

操作步骤如下：

Command：Rotate

Select objects：(选择要旋转的对象)

Select objects：(按回车键结束选择或继续选择其他对象)

Specify base point：(指定基点)

Specify rotation angle or [Reference]：(指定旋转角度或[参照])

下面说明该提示中各选项的含义和功能。

（1）“Specify rotation angle（指定旋转角度）”选项要求用户直接输入一角度值，系统将所选对象绕指定基点旋转指定的角度。当输入的角度为正值时，所选对象按逆时针方向旋转；当输入的角度为负值时，选中的对象按顺时针方向旋转。

（2）“Reference（参照）”选项用于对所选对象以参考方式进行旋转。选择该选项后，系统接着提示：

Specify the reference angle〈0〉:（输入参考方向角度值）

Specify the new angle:（输入相对于参考方向的角度值）

命令执行结果是，选中的对象绕指定的基点按指定的参考角度进行旋转。

例 4-17　用 Rotate 命令旋转实体图形。

（1）先在屏幕上绘制一个矩形和一条直线（见图 4-35a）；

（2）在“Command:”提示符下，输入“Rotate”并回车；

（3）Command:Rotate

（4）Select objects:用 Windows 方式选择矩形；

（5）Select objects:回车（结束选择）；

（6）Specify base point:用端点捕足方式捕足 A 点；

（7）Specify rotation angle or [Reference]:30，回车（操作结果如图 4-35b）所示）。

例 4-18　用 Rotate 命令的 Reference 参数旋转实体图形。

（1）Command:Rotate;

（2）Select objects: 用 Windows 方式选择图 4-35b）中的矩形；

（3）Select objects: 回车（结束选择）；

（4）Specify base point:用端点捕足方式捕足 A 点；

（5）Specify rotation angle or [Reference]: R

（6）Specify the reference angle〈0〉:用端点捕足方式捕足 A 点；

（7）Specify second point:用端点捕足方式捕足 B 点；

（8）Specify the new angle:用端点捕足方式捕足 E 点；（操作结束后如图 4-35c）所示）。

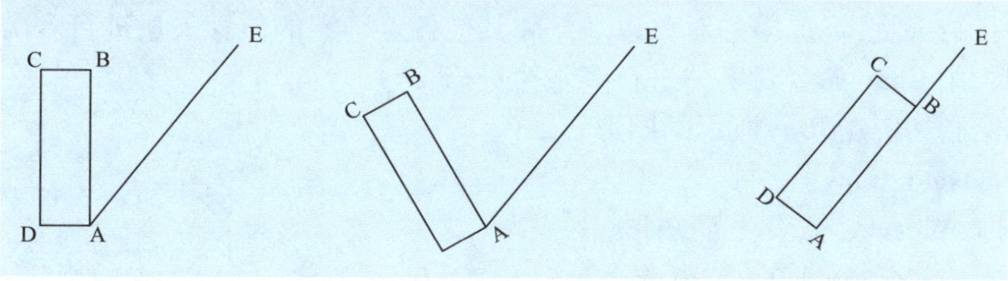

a）　　b）　　c）

图　4-35

四、复制和镜像

复制就像复印一样，是将原对象再复印出一个或多个。镜像与照镜子类似，将原对象按照某个镜像线反射到该线的另一边，生成一个与原对象形状相同、与镜像线完全对称的对象。

1. 复制对象

在 AutoCAD 2002 中，复制对象的命令是 Copy，使用该命令可以将指定的对象复制到指定的位置。使用该命令一次可以复制单个或多个原对象,且复制后原对象保持不变,复制后的对象与原对象具有相同的特征。可通过下面 3 种方式启动复制命令:

- 在"Command:"提示符下输入"Copy(或 co)";
- 在"Modify(修改)"下拉菜单下选择"Copy(复制)";
- 单击"Modify"工具栏上按钮。

操作步骤如下:

Command:Copy

Select objects:(选择要复制的对象)

Select objects:(按回车键或继续选择对象)

Specify base point or displacement, or [Multiple]:(指定基点或位移,或[重复])

下面说明上述提示中各选项的含义和功能。

(1)"Specify base point(指定基点)"选项要求用户在绘图窗口中输入复制的基点。选择该选项(即用户在提示后直接输入一点作为复制的基点位置)后,系统接着提示:"Specify second point of displacement or〈use first point as displacement〉:(指定位移的第二点)"

命令执行结果是,将所选对象按指定的两点所确定的位移矢量复制到新的位置。

(2)"Displacement(位移)"选项用于通过给定的位移量来复制选中的对象。选择该选项后,在"Specify base point or displacement, or [Multiple]:"提示下输入相对于当前点的位移量,系统接着提示:"Specify second point of displacement or〈use first point as displacement〉(指定位移的第二点)"。

命令执行结果是,将选中的对象根据指定的位移量复制到新的位置。

(3)"Multiple(重复)"选项用于对选定的对象进行多次复制。选择该选项后,系统接着提示:

Specify base point:(指定移动的基点)

Specify second point of displacement or 〈use first point as displacement〉:(指定位移的第二点)

命令执行结果是,将选中的对象以基点和其他各点确定的位移矢量进行多次复制。

例 4-19 用 Copy 命令对实体进行多重拷贝。

(1)先绘制如图 4-36a)所示的图形;

(2)Command:Copy

(3)Select objects:选择上面图形;

(4)Select objects:回车(结束选择);

(5)Specify base point or displacement, or [Multiple]:m(选择多重复制方式);

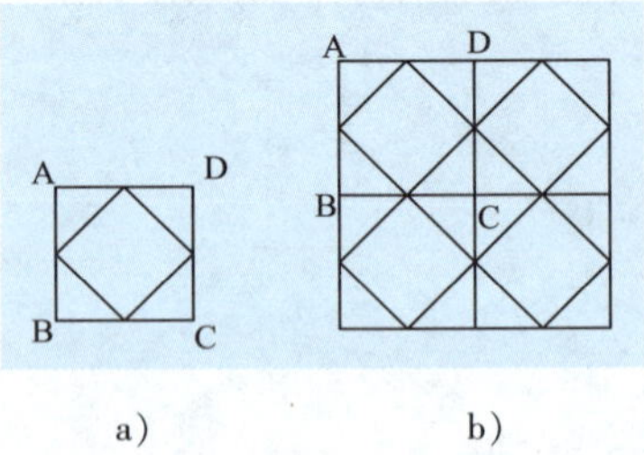

图 4-36

(6)Specify base point:用端点捕足方式捕足 A 点;

(7)First point as displacement〉:用端点捕足方式捕足 B 点;

(8)First point as displacement〉:用端点捕足方式捕足 C 点;

(9)First point as displacement〉:用端点捕足方式捕足 D 点;

(10)First point as displacement〉:回车。(结束拷贝操作,结果见图 4-36b)

2. 镜像对象

在 AutoCAD 2002 中，镜像对象的命令是 Mirror，使用该命令可以镜像复制选中的对象，在完成镜像复制后，被选中的对象可以删除也可以保留。可通过下面三种方式启动镜像命令：

- 在“Command:”提示符下输入“Mirror(镜像)”；
- 在下拉菜单“Modify(修改)”下选择“Mirror(镜像)”；
- 单击“Modify”工具栏上  按钮。

操作步骤如下：

Command: Mirror

Select objects: (选择要镜像的对象)

Select objects: (按回车键或继续选择对象)

Specify first point of mirror line: (指定镜像线的第一点)

Specify second point of mirror line: (指定镜像线的第二点)

Delete source objects? [Yes/No]〈N〉:

命令执行结果是，被选中的对象以指定的两点的连线作为镜像线进行镜像复制。

如果在“Delete source objects? [Yes/No]〈N〉:”提示下直接按回车键，系统在完成镜像复制后仍保留原对象。如果在该提示下键入“Y”并按回车键，系统在完成镜像复制后将删除原对象。

注意：在对文本进行镜像操作时，文本将会出现两种镜像复制结果，一个是文本镜像，一个是文本只复制；他是由系统变量 Mirrtext 决定。当 Mirrtext 设置为 1 时，文本作完全镜像；当 Mirrtext 设置为 0 时，文本只复制而不镜像。方法如下：

Command: Setvar

Enter variable name or [?]: Mirrtext

Enter new value for MIRRTEXT〈1〉在此提示下键入 0 或直接回车。

或

Command: Mirrtext

Enter new value for MIRRTEXT〈1〉: 在此提示下键入 0 或直接回车。

例 4-20　用 Mirror 命令镜像图形，先绘制如图 4-37a)所示的图形。

(1) Command: Mirror

(2) Select objects: 选择图 4-37a)；

(3) Select objects: 回车，结束选择；

(4) Specify first point of mirror line: 用端点捕足方式捕足 A 点；

(5) Specify second point of mirror line: 用端点捕足方式捕足 B 点；

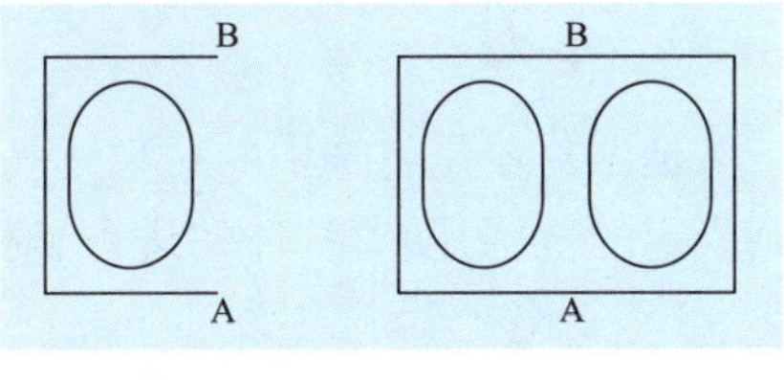

a)　　b)

图　4-37

(6) Delete source objects? [Yes/No]〈N〉: 回车。结束镜像操作，结果见图 4-37b)。

五、比 例 缩 放

在 AutoCAD 2002 中，对选中对象进行比例缩放的命令是 Scale，使用该命令可以将所选择的对象按指定的比例因子相对于指定基点放大或缩小。可通过下面 3 种方式启动比例缩放命令：

- 在"Command："提示符下输入"Scale(比例)"；
- 在下拉菜单"Modify(修改)"下选择"Scale(比例)"；
- 单击"Modify"工具栏上 按钮。

操作步骤如下：

Command：Scale

Select objects：(选择要缩放的对象)

Select objects：(按回车键或继续选择要缩放的对象)

Specify base point：(指定基点)

Specify scale factor or [Reference]：(指定比例因子或[参照])

下面说明上述提示中各选项的含义和功能。

(1) "Specify scale factor(指定比例因子)"选项是系统的默认选项。用户可直接输入一个比例因子，系统会将所选对象按该比例相对于基点进行缩放。该比例因子必须是大于 0 的正数。当比例因子大于 1 时，放大所选对象；当比例因子在 0 ~ 1 之间时，缩小所选对象。

(2) "Reference(参照)"选项用来根据系统确定的参照方式对所选对象进行缩放。选择该选项后，系统接着提示：

Specify reference length 〈1〉：(指定参照长度〈1〉)

Specify new length：(指定新长度)

命令执行结果是，AutoCAD 根据参考长度与新长度自动计算缩放比例，并按此比例对所选对象进行放缩。

注意：(1) 执行缩放命令 Scale 后，所选对象将改变大小，并且在各个方向上对象的缩放比例相同。

(2) 在选择缩放的基点时，考虑到它在缩放过程中是比例变换的中心，为一个不动点，因此常将其设置在所选对象的某个特征点上。

(3) 通过"Reference(参照)"选项确定比例因子时，比例因子 S = 新长度/参考长度。

六、延伸和拉伸

延伸对象是将选中的对象延长到指定的边界；而拉伸对象则是将选中的部分对象拉长到指定的范围，随着拉伸的进行，对象本身的形状也发生变化。

1. 延伸对象

在 AutoCAD 2002 中，延伸对象的命令是 Extend，用户使用该命令可以延长指定的对象，并使其延长到由其他对象所确定的边界。可通过下面 3 种方式启动延伸命令：

- 在"Command："提示符下输入"Extend(延伸)"；
- 在下拉菜单"Modify(修改)"下选择"Extend(延伸)"；
- 单击"Modify"工具栏上 按钮。

操作步骤如下：

Command:Extend

Current settings:Projection = UCS,Edge = None(当前设置:投影 = UCS,边 = 无)

Select boundary edges...:(选择边界的)

Select objects:(选择要延伸到的边界)

Select objects:(按回车键或继续选择要延伸到的边界)

Select object to extend or shift-select to trim or [Project/Edge/Undo]:(选择要延伸或要修剪的对象或[投影/边界/放弃])

下面说明上述提示中各选项的含义和功能。

(1) Select object to extend or shift-select to trim(选择要延伸或要修剪的对象)选项为系统的默认选项。选择该选项后,用户可以将选中的对象延伸到指定的边界。如果按住 Shift 键的同时选择物体对象,AutoCAD 会将选中的对象以指定边界为修剪边进行修剪。

(2)"Project(投影)"选项用于确定执行延伸的空间。选择该选项后,系统接着提示:

Enter a projection option [None/Ucs/View]〈Ucs〉:其中:

● "None"选项用于将指定的对象按三维方式延伸。

● "Ucs"选项用于将指定的对象在当前 UCS 的 XOY 平面上延伸。

● "View"选项用于将指定的对象在当前的视图平面上延伸。

(3)"Edge(边)"选项用来确定延伸的方式。选择该选项后,系统接着提示:"Enter an implied edge extension mode [Extend/No extend]〈NO extend〉:"其中:

● 如果选择"Extend"选项,而边界边过短,对象延伸后不能与其相交,此时 AutoCAD 会假想将边界边延长,使延伸对象到达与其相交的位置。

● 如果选择"No extend"选项,系统则按实际位置将延伸对象延伸。

(4)"Undo(放弃)"选项用来取消上一次延伸或者修剪操作。

注意:(1) 系统允许把直线、圆弧、圆、椭圆弧、多义线、样条曲线、构造线、射线及文字作为延伸边界,但只有直线、圆弧及开放的多义线才能被延伸。

(2) 在 AutoCAD 2002 中,延伸和修剪命令可以联合使用,这样可大大加快和方便图形的延伸和修剪操作。在操作过程中,按住 Shift 键,修剪命令具有延伸效果,延伸命令也具有修剪效果。

例 4-21　用 Extend 命令延伸图形,画出如图 4-38a)所示的图形。

(1) Command: Extend

(2) Select objects: 选择 AB 直线;

(3) Select objects:回车;

(4) Select object to extend or shift-select to trim or [Project/Edge/Undo]:选择 CD 直线,靠近 D 点;

(5) Select object to extend or shift-select to trim or [Project/Edge/Undo]: e,选择边界类型;

(6) Enter an implied edge extension mode

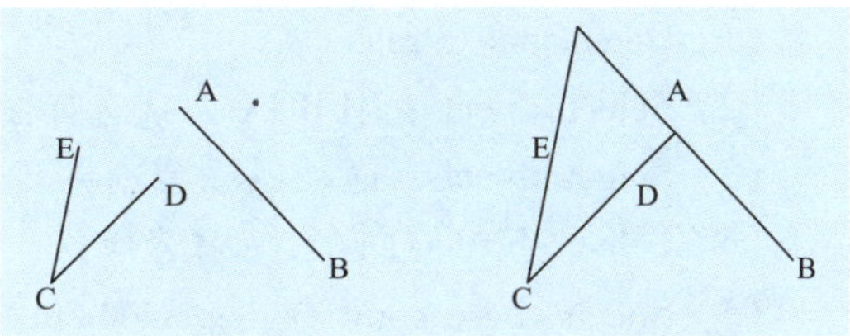

a)　　　b)

图 4-38

[Extend/No extend]〈No extend〉: e,选择延伸边界;

(7) Select object to extend or shift-select to trim or [Project/Edge/Undo]: 选择 CE 直线,靠近 E 点;

(8) Select object to extend or shift-select to trim or [Project/Edge/Undo]: 选择 AB 直线,靠近 A 点;

(9) Select object to extend or shift-select to trim or [Project/Edge/Undo]:回车,结束延伸操作,结果见图 4-38b)。

2. 拉伸对象

在 AutoCAD 2002 中,拉伸对象的命令是 Stretch,使用该命令可移动图形的指定部分使其形状发生改变,且与被移动对象相连的图形也将被拉伸或压缩。可通过下面 3 种方式启动拉伸命令:

- 在"Command:"提示符下:Stretch(拉伸)
- 在下拉菜单"Modify(修改)"下选择"Stretch(拉伸)";
- 单击"Modify"工具栏上  按钮。

操作步骤如下:

Command:Stretch

Select objects to stretch by crossing-window or crossing-polygon...:(以交叉窗口或交叉多边形选择要拉伸的对象)

Select objects:(用 C 或 CP 选择要拉伸的对象。C 表示 crossing-window,即交叉窗口方式;CP 表示 crossing-polygon,即交叉多边形方式)

Specify base point or displacement:(指定基点或位移)

Specify second point of displacement or 〈use first point as displacement〉:(指定位移的第二个点)

注意:(1) 在移动选择窗口时,完全落入选择窗口中的对象将产生完全移动。只有与选择窗口相交的对象,才能被拉伸或压缩。

(2) 不同类型的对象其拉伸特性也不同。例如,选择窗口外的直线端点不动,窗口内直线的端点移动;圆弧与直线类似,保持弦高不变;多义线也作为直线或圆弧来处理,其宽度、切线方向及曲线拟合信息等不变。

(3) 对圆、块、文字及属性定义,当定义点在窗口内时,对象产生移动;否则将不会移动。

例 4-22 用 Stretch 命令拉伸图形,先画一个边长为 10 的正方形。

(1) Command: Stretch

(2) Select objects: 用 BOX 方式选择图 4-39 虚框的右上角;

(3) Select objects: 拖动鼠标至图 4-39 虚框的左下角,单击左键;

(4) Select objects:回车,结束选择;

(5) Specify base point or displacement:选择拉伸基点;

(6) Specify second point of displacement or 〈use first point as displacement〉: @30,0。结束操作,正方形边长拉伸 30 个单位。

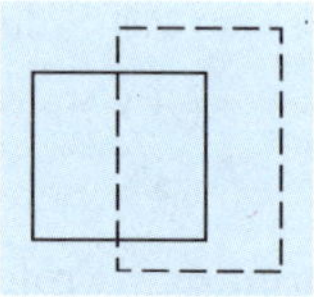

图 4-39

七、改变对象的长度

在 AutoCAD 2002 中，改变对象长度的命令是 Lengthen，使用该命令可改变直线或圆弧的长度，但该命令对封闭图形的长度没有作用。可通过下面 3 种方式启动拉长命令：

- 在“Command：”提示符下输入“Lengthen(拉长)”；
- 在下拉菜单“Modify(修改)”下选择“Lengthen(拉长)”；
- 单击“Modify”工具栏上按钮。

操作步骤如下：

Command：Lengthen

Select an object or [DElta/Percent/Total/Dynamic]：(选择对象或[增量/百分比/全部/动态])

下面说明上述提示中各选项的含义和功能。

(1)“DElta(增量)”选项只适用于拉长圆弧的长度。选择该选项后，系统接着提示：

Enter delta length or [Angle]〈0.0000〉：

Select an object to change or [Undo]：

如果在“Enter delta length or [Angle]〈0.0000〉：”提示下键入 A，然后输入角度增量，此时圆弧将按指定的角度增量在离拾取点最近的一端变长或变短。角度增量为正值时圆弧增长；角度增量为负值时圆弧变短。

如果在“Enter delta length or [Angle]〈0.0000〉：”提示下直接输入弧长的增量，这时在选取要修改的对象后，圆弧将按指定的弧长增量在离拾取点最近的一端变长或变短。弧长增量为正值时弧长变长，弧长增量为负值时弧长减短。

(2)“Percent(百分数)”选项以总长的百分比形式改变圆弧或直线的长度。选择该选项后，系统接着提示：

Enter percentage length〈100.00000〉：

在该提示下输入百分比值，选中的对象将按输入的百分比改变长度。

(3)“Total(全部)”选项用于通过输入新长度来改变直线或圆弧的长度，其中输入圆弧的新角度只用于圆弧，系统默认的长度值为直线的长度或圆弧的弧长。选择该选项后，系统接着提示：

Specify total length or [Angle]〈1.0000〉：(输入圆弧的新角度或直线或圆弧的新长度)

Select an object to change or [Undo]：(选择要改变长度的对象)

命令执行结果是根据输入的角度值或长度值来改变选中的对象。

(4)“Dynamic(动态)”选项用来动态改变圆弧或直线的长度。选择要修改的对象后，可以通过拖动鼠标动态改变圆弧或直线的端点，以改变其长度。

(5)“Select an object(选择对象)”选项是系统的默认选项。直接选择要改变的圆弧或直线后，系统接着提示：

Current length：0.0000，included angle：(当前长度，包含角度)

Select an object or [DElta/Percent/Total/DYnamic]：

在此提示下，重复上面操作即可改变选定对象的长度。

八、修剪和断开

修剪对象是指将选中的对象沿事先确定的修剪边界断开,并删除修剪边界之外的部分,而断开对象是指将选中的对象在事先确定的点处断开。

1. 修剪对象

在 AutoCAD 2002 中,修剪对象的命令是 Trim,用户可以使用该命令将选中的对象沿一组修剪边界进行裁剪。可通过下面 3 种方式启动修剪命令:

● 在“Command:”提示符下输入“Trim(修剪)”;

● 在下拉菜单“Modify(修改)”下选择“Trim(修剪)”;

● 单击“Modify”工具栏上 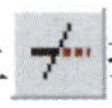 按钮。

操作步骤如下:

Command:Trim

Current settings:Projection = UCS,Edge = Extend:(当前设置:投影 = UCS,边 = 无)

Select cutting edges...(选择剪切边)

Select objects:(选择作为修剪边界的对象)

Select objects:(按回车键或继续选择作为修剪边界的对象)

Select object to trim or shift-select to extend or [Project/Edge/Undo]:

在上述提示中,各选项的使用方法与 Extend 命令中各选项的使用方法基本相同。

注意:如果在“Select object to trim or shift-select to extend or [Project/Edge/Undo]:”提示下选择了“Edge”选项,系统会接着提示:

Enter an implied edge extension mode [Extend/No extend] 〈Extend〉:

如果在该提示下选择了“No extend”选项则系统按修剪边界的实际相交情况进行修剪;如果修剪对象与修剪边界不相交,则不进行修剪。

系统允许用直线、圆弧、圆、样条曲线、构造线、射线及文字作修剪边界;当用具有宽度的多义线作修剪边界时,将沿其中心进行修剪。当发生修剪错误时,可选择“Undo”选项,取消上一次操作。

例 4-23 用 Trim 命令修剪图形,并用 TTR 方式绘制如图 4-40a)所示的切线圆。

(1) Command: Trim

(2) Select objects: 选择一条直线;

(3) Select objects: 选择另一条直线;

(4) Select objects:回车,结束选择;

(5) Select object to trim or shift-select to extend or [Project/Edge/Undo]:选择圆,靠近下半圆;

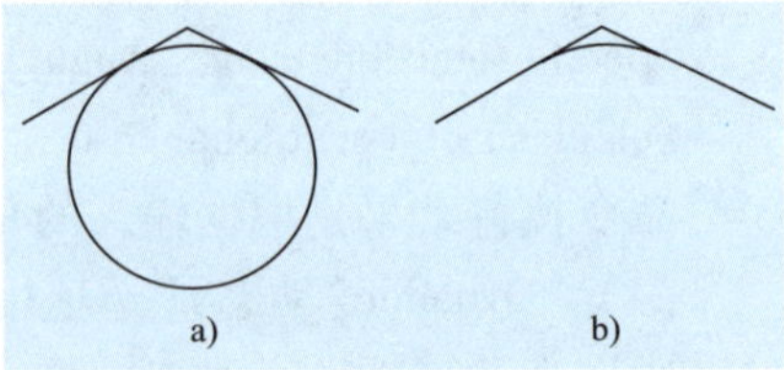

图 4-40

(6) Select object to trim or shift-select to extend or [Project/Edge/Undo]:回车,结束操作,结果如图 4-40b)所示。

2. 断开对象

在 AutoCAD 2002 中,断开对象的命令是 Break,用户可以使用该命令将指定对象的两点间部分删除，或将一个对象打断成具有同一端点的两个对象。可通过下面 3 种方式启动打断命令：

- 在“Command：”提示符下输入“Break（打断）”；
- 在下拉菜单“Modify（修改）”下选择“Break（打断）”；
- 单击“Modify”工具栏上按钮。

操作步骤如下：

Select objects：（选择要断开的对象，系统将把单击处的那个点当成断开的第一点）

Specify second break point or [First point]：（指定第二个断开点或[第一点]）

下面说明上述提示中各选项的含义和功能。

（1）“Specify second break point（指定第二个断开点）”选项是默认选项，直接拾取对象上的另一点，则系统会将两点之间的部分删除。

（2）“First point（第一点）”表示要重新输入第一个断开点。

注意：（1）如果在“Specify second break point or [First point]：”提示下键入@，系统将在拾取点处把所选对象断为两段。

（2）如果在“specify second break point or [First point]：”提示下，在对象一端方向外拾取一点则系统将把两个点之间那段对象删除。

（3）对圆执行断开操作时，从圆上第一点到第二点之间按逆时针方向的圆弧段被删除。

九、偏　　移

偏移对象是指将选中的对象向指定的方向偏移一段指定的距离，可以删除原对象也可以保留原对象。偏移对象的命令是 Offset，使用该命令进行对象偏移类似于使用等距线的方法对对象进行偏移复制。对圆、圆弧及多边形等进行偏移操作将产生同心复制，对直线类进行偏移操作则将产生平行线。可通过下面 3 种方式启动偏移命令：

- 在“Command：”提示符下输入“Offset（偏移）”；
- 在下拉菜单“Modify（修改）”下选择“Offset（偏移）”；
- 单击“Modify”工具栏上按钮。

操作步骤如下：

Command：Offset

Specify offset distance or [Through] 〈1.0000〉：（指定偏移距离或[通过]）

下面说明上述提示中各选项的含义和功能。

（1）“Specify offset distance（指定偏移距离）”选项是系统的默认选项，用于通过输入偏移距离来对选定对象进行偏移复制。输入偏移距离后，系统接着提示：

Select object to offset or 〈exit〉：（选择要偏移的对象或退出）

Specify point on side to offset：（指定点以确定偏移所在一侧）

Select object to offset or 〈exit〉：（选择要偏移的对象或退出）

命令执行结果是，将选中的对象按指定的偏移量进行偏移复制。

（2）“Through（通过）”选项是通过选择对象的通过点来偏移复制对象。选择该选项后，系统提示：

Select object to offset or 〈exit〉:(选择要偏移的对象或退出)

Specify through point:(指定通过点)

Select object to offset or 〈exit〉:(选择要偏移的对象或退出)

命令执行结果是,将选中的对象按指定的通过点进行偏移复制。

例 4-24 用 Offset 命令偏移图形,绘制如图 4-41a)所示的图形。

(1) Command: Offset

(2) Specify offset distance or [Through]〈10.0000〉: 10

(3) Select object to offset or 〈exit〉:选择矩形;

(4) Specify point on side to offset:指定图形内部一点;

(5) Select object to offset or 〈exit〉:选择才偏移的矩形;

(6) Specify point on side to offset: 指定图形内部一点;

(7) Select object to offset or 〈exit〉:选择才偏移的矩形;

(8) Select object to offset or 〈exit〉:指定图形内部一点;

(9) Specify point on side to offset:回车,结束操作,结果见图 4-41b)。

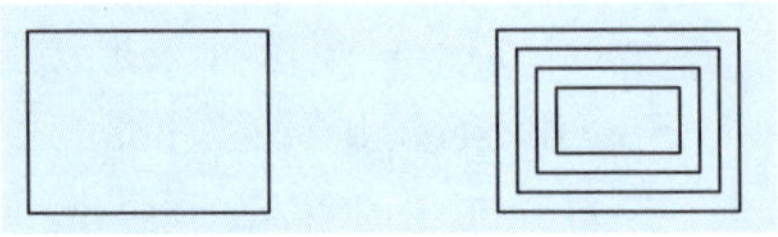

a) b)

图 4-41

十、阵 列

在 AutoCAD 2002 中,对选中的对象进行阵列的命令是 Array,用户可以使用该命令将选中的对象按矩阵或环形阵列方式进行多重复制,复制后的对象与原对象具有相同的外形,只是位置发生变化。可通过下面 3 种方式启动阵列命令:

- 在"Command:"提示符下输入"Array(阵列)";
- 在下拉菜单"Modify(修改)"下选择"Array(阵列)";
- 单击"Modify"工具栏上  按钮。

操作步骤如下:

Command:Array

执行该命令后,系统打开"Array(阵列)"对话框,如图 4-42 所示。

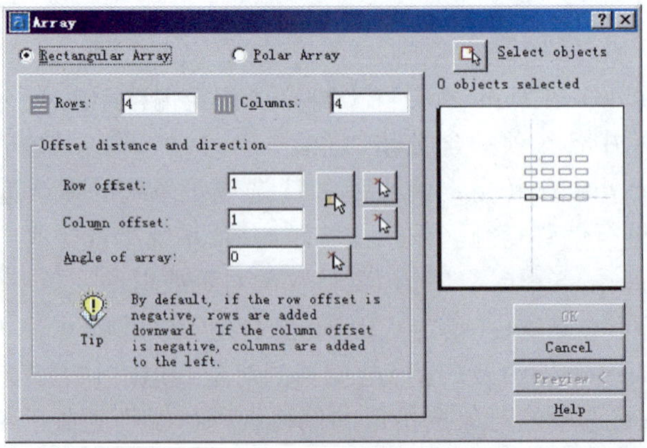

图 4-42 "Array"对话框

1. 矩形阵列

在阵列对话框中,单击“Rectangular Array (矩形阵列)”单选按钮,系统打开矩形阵列选项卡。

下面说明该选项卡中各选项的含义和功能。

(1)“Rows (行)”文本框:该文本框用于输入矩形阵列的行数。

(2)“Columns (列)”文本框:该文本框用于输入矩形阵列的列数。

(3)“Offset distance and direction (偏移距离和方向)”选项组:该选项组用于确定进行阵列时的偏移距离和偏移方向。下面说明该选项组中各选项的含义和功能。

- “Row offset (行偏移)”文本框:该文本框用于确定阵列的行间距。
- “Column offset(列偏移)”文本框:该文本框用于确定阵列的列间距。
- “Angle of array(阵列角度)”文本框:该文本框用于确定矩形阵列与 X 轴之间的夹角。

(4)“Select objects (选择对象)”按钮:单击该按钮,系统返回绘图窗口,用户可以在绘图窗口中选择要阵列的对象。

2. 环行阵列

在阵列对话框中,单击“Polar Array(环行阵列)”单选按钮,系统将打开环行阵列选项卡,如图 4-43 所示。

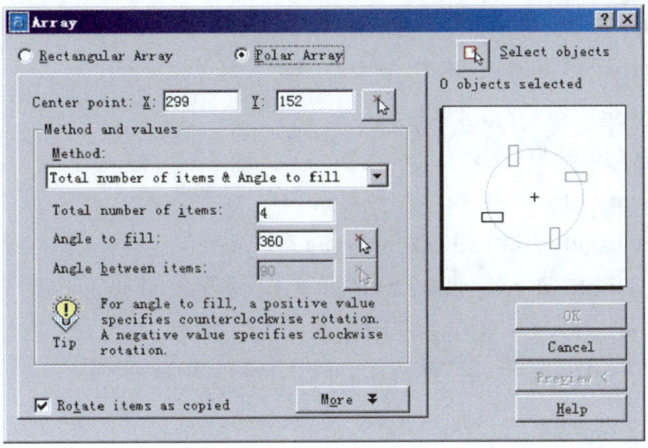

图 4-43　“环形阵列”选项卡

(1)“Center point(圆心)”文本框:该文本框用于直接输入环行阵列的中心点坐标。也可以单击按钮,系统返回绘图窗口,用鼠标直接选取阵列的中心点,选取完成后,又返回到阵列对话框。

(2)“Method and values(方式和数据)”选项组:该选项组用于确定进行环行阵列的方式,其中各选项的含义和功能如下:

- “Method(方式)”下拉列表框:该下拉列表分为阵列项目数量及阵列角度、阵列项目数量及项目间的角度以及阵列角度和相目间的角度 3 种方式。
- “Total number of items(总项目数)”文本框:用于输入需要阵列的个数。
- “Angle to fill(阵列角度)”文本框:用于输入环行阵列的填充角度。
- “Angle between items(项目间角度)”文本框:用于输入所要进行阵列的各对象之间

的角度。

(3)"Select objects(选择对象)"按钮:单击该按钮,系统返回绘图窗口,用户可以在绘图窗口中选择要阵列的对象。

(4)"Rotate items as copied(旋转复制项目)"复选框:选中该复选框,系统将在阵列时将复制的对象进行旋转。

例 4-25 绘制下面锥坡平面图(见图 4-44)。

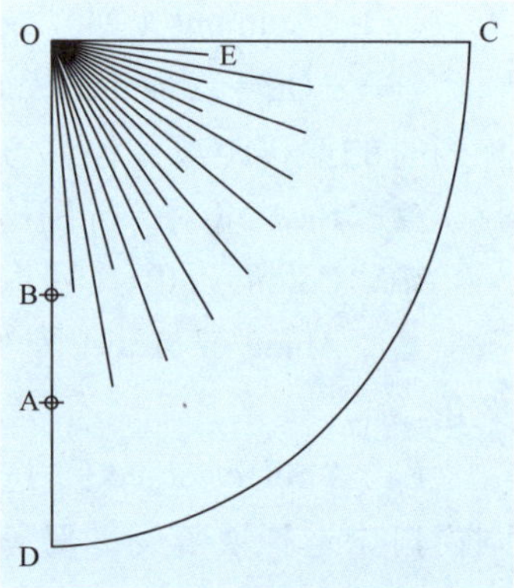

图 4-44 锥坡平面

操作步骤及方法:

Command: limits(设置图限)

Specify lower left corner or [ON/OFF]

〈0.0000,0.0000〉:

Specify upper right corner 〈420.0000,297.0000〉:

(A3 图纸)

Command: Line(绘制线段 OC)

Specify first point: 200,200 (确定 O 点)

Specify next point or [Undo]: @80,0 (确定 C 点)

Specify next point or [Undo]:回车(结束)

Command: Line(绘制线段 OD)

Specify first point: 200,200

Specify next point or [Undo]: @ 0, -100(确定 D 点)

Specify next point or [Undo]: 回车

Command: ellipse(绘制椭圆弧 CD)

Specify axis endpoint of ellipse or [Arc/Center]: a

Specify axis endpoint of elliptical arc or [Center]: c

Specify center of elliptical arc: 200,200(或用鼠标点取 O 点)

Specify endpoint of axis: @ 80,0(或用鼠标点取 C 点)

Specify distance to other axis or [Rotation]: 用鼠标点取 D 点

Specify start angle or [Parameter]: 180

Specify end angle or [Parameter/Included angle]: 270

Command: Line (绘制直线段 OE)

Specify first point: 200,200(或用鼠标点取 O 点)

Specify next point or [Undo]: @70, -5(确定 E 点)

Specify next point or [Undo]: 回车

Command: -array(用命令阵列 OE)

Select objects: 1 found(用鼠标点取 OE 线段)

Select objects: 回车

Enter the type of array [Rectangular/Polar] 〈R〉: p(环形阵列)

Specify center point of array or [Base]: 200,200(或用鼠标点取 O 点)

Enter the number of items in the array: 17

Specify the angle to fill (+ = ccw, − = cw)〈360〉: −90

Rotate arrayed objects? [Yes/No]〈Y〉:回车

Command: Offset(偏移椭圆弧 CD,为剪切线段作准备)

Specify offset distance or [Through]〈Through〉:回车

Select object to offset or〈exit〉:用鼠标点取 CD 椭圆弧

Specify through point:选取 A 点

Specify through point: 选取 B 点

Select object to offset or〈exit〉:回车

Command: Trim

Current settings: Projection = UCS, Edge = Extend

Select cutting edges…

Select objects: 1 found(选取剪切边界)

Select objects:

Select object to trim or shift-select to extend or [Project/Edge/Undo]: f

First fence point:

Specify endpoint of line or [Undo]:

Specify endpoint of line or [Undo]:

Select object to trim or shift-select to extend or [Project/Edge/Undo]:

Command: erase 2 found(删除剪切边界的椭圆弧)

十一、圆角和倒角

圆角是指将相交两个对象或成一定角度的一个对象的两个部分,在交点处用一段指定的圆弧连接这两个部分;而倒角是指使用一段直线代替圆角所用的圆弧段。

1. 圆角

在 AutoCAD 2002 中,圆角的命令是 Fillet,用户可以使用该命令将指定的两个对象按给定的半径圆角。可通过下面 3 种方式启动圆角命令:

- 在“Command:”提示符下输入“Fillet(圆角)”;
- 在下拉菜单“Modify(修改)”下选择“Fillet(圆角)”;
- 单击“Modify”工具栏上  按钮。

操作步骤如下:

Command:Fillet

Current settings: Mode = TRIM, Radius = 10.0000 (当前模式:模式 = 修剪,半径 = 10.0000)

Select first object or [Polyline/Radius/Trim]:

下面说明上述提示中各选项的含义和功能。

(1) 选择“Select first object (指定第一个物体)”选项,将直接以系统默认的半径对所选物体进行圆角。

(2)“Polyline(多义线)”选项用于对多义线进行圆角操作。选择该选项后,系统接着提示:

Select 2D polyline:(选择二维多义线)

执行该选项的结果是,对多义线各个顶点进行圆角操作。如果要改变圆角半径,可选择Radius选项。当然,先改变圆角的半径,然后根据提示拾取多义线,也可完成圆角操作。

(3)“Radius(半径)”选项用于确定圆角的半径。选择该选项后,系统接着提示:

Specify fillet radius 〈10.0000〉:(指定圆角半径)

在上述提示下输入圆角半径,系统返回提示:“Select first object or [Polyline/Radius/Trim]:”

(4)“Trim(修剪)”选项用于确定是否对圆角的相应边进行修剪。选取该选项后,系统接着提示:

Enter Trim mode option [Trim/No trim]〈No trim〉:(输入修剪模式选项)

● “Trim(修剪)”选项:表示在圆角的同时可以对相应的两条边作修剪。

● “No trim(不修剪)”选项:表示在圆角的同时可以不对相应的两条边作修剪,即保留原边。

注意:(1)对于两条不相交对象,如果设置圆角半径为0,则不产生过渡圆弧,而是将两个对象拉伸至相交。

(2)对相交的对象圆角操作时,如果需要修剪边,圆角后AutoCAD总保留所拾取的那部分对象。

(3)对两条平行线进行圆角操作时,系统会自动将两条平行线之间距离的一半定为圆角半径进行圆角操作。

例4-26 用Fillet命令绘制钢筋。先绘制图4-45所示上半部分图形。

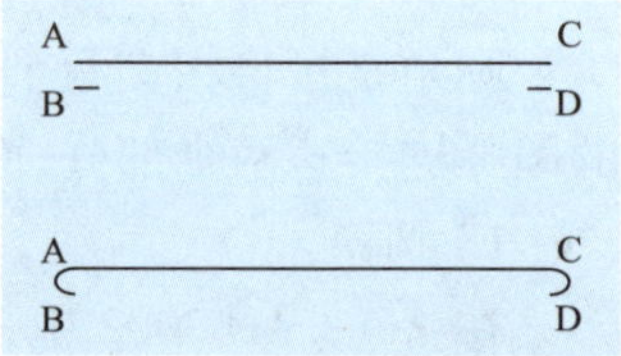

图 4-45

(1)Command: Fillet

(2)Select first object or [Polyline/Radius/Trim]:选择AC直线,靠近A点;

(3)Select second object:选择直线B;

(4)Command: FILLET,再次启动圆角命令;

(5)Select first object or [Polyline/Radius/Trim]: 选择AC直线,靠近C点;

(6)Select second object: 选择直线D。操作结束后结果如图4-45下半部分所示。

2. 倒角

在AutoCAD 2002中,倒角的命令是Chamfer,使用该命令可以在两个指定的对象之间增加倒角。可通过下面3种方式启动倒角命令:

● 在“Command:”提示符下输入“Chamfer(倒角)”;

● 在下拉菜单“Modify(修改)”下选择“Chamfer(倒角)”;

● 单击“Modify”工具栏上按钮。

操作步骤如下:

Command:Chamfer

Select first line or [Polyline/Distance/Angle/Trim/Method]:

下面说明上述提示中各选项的含义和功能。

(1)"Select first line(指定第一条线)"选项是默认选项,指定了第一条要倒角的线后,系统接着提示:"Select second line:(指定第二条线)"

命令执行结果是,在选中对象的相交处进行倒角。

(2)"Polyline(多义线)"选项用于对所选中的多义线顶点进行倒角处理。该选项的操作过程与圆角中的操作相同。

(3)"Distance(距离)"选项用来确定倒角的距离。选择该选项后,系统接着提示:

Specify first chamfer distance 〈10.0000〉:(输入第一条边的倒角距离)

Specify second chamfer distance 〈10.0000〉:(输入第二条边的倒角距离)

确定了倒角的距离后,系统返回原提示,以后将按所输的距离进行倒角。

(4)"Angle(角度)"选项用于根据确定的某倒角距离和该倒角的角度进行倒角处理。选择该选项后,系统接着提示:

Specify chamfer length on the first line 〈20.0000〉:(指定第一条直线的倒角长度)

Specify chamfer angle from the first line 〈0〉:(指定第一条直线的倒角角度)确定了倒角角度后,系统返回原提示,以后将按所输入的倒角长度和倒角角度进行倒角。

(5)"Trim(修剪)"选项用来确定在倒角时是否对相应的倒角边进行修剪。选择该选项后,系统接着提示:

Enter Trim mode option [Trim/No trim]〈No trim〉:(输入修剪模式选项)

该选项的含义及操作与Pillet命令中相应选项的含义相同。

(6)"Method(方法)"选项用来确定倒角的方式。选择该选项后,系统接着提示:

Enter trim method [Distance/Angle]〈Angle〉:(输入修剪方法)

下面说明该提示中各选项的含义和功能。

● "Distance(距离)"选项:选择该选项,表示按确定的两条边的倒角距离进行倒角。

● "Angle(角度)"选项:选择该选项,表示将按指定的一条边的距离以及相应角度的方式进行倒角。

注意:(1)对于两条未相交的直线,如果两倒角距离均为0,则系统将两条未相交的直线延长后相交。当倒角距离过大时,系统将会视为无效。

(2)对于相交线的倒角,倒角后如果要对倒角边进行修剪,倒角后AutoCAD总是保留所拾取的那部分对象。

例4-27 用Chamfer命令倒角图形。先绘制一个如图4-46a)所示的矩形。

(1) Command: Chamfer

(2) Select first line or [Polyline/Distance/Angle/Trim/Method]: d

(3) Specify first chamfer distance 〈10.0000〉: 20

(4) Specify second chamfer distance 〈20.0000〉: 30

(5) Select first line or [Polyline/Distance/Angle/Trim/Method]:选择AD直线,靠近A点;

(6) Select second line:选择AB直线,靠近A点。

操作结束后结果见图4-46b)。

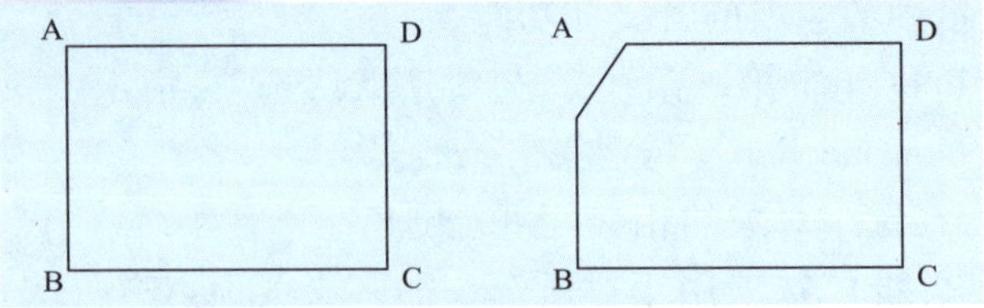

a)　　b)

图 4-46

十二、编辑多义线

1. 编辑多义线

在AutoCAD绘图过程中,通过多义线编辑命令Pedit,可以对用Pline命令绘制的多义线进行编辑修改。例如,使用多义线编辑命令可以增加、删除、移动多义线的顶点,并可对多义线进行曲线拟合,也可以把拟合后的曲线恢复成多义线。另外,用户还可调整整条线段的宽度或个别线段的宽度,打开或闭合多义线。可通过下面两种方式启动Pedit命令:

- 在"Command:"提示符下输入"Pedit";
- 单击"Modify"工具栏上按钮。

操作步骤如下:

Command:Pedit

Select polyline or [Multiple]:(选择要修改的多义线)

Enter an option [Close/Join/Width/Edit vertex/Fit/Spline/Decurve/Ltype gen/Undo]:(输入选项[闭合/合并/宽度/编辑顶点/拟合/样条曲线/非曲线化/线型生成/放弃])

下面说明上述提示中各选项的含义和功能。

(1)选择多义线作为编辑对象时,如果多义线是开放的,选择"Close(闭合)"选项后,系统将把多义线修改为闭合的,即AutoCAD自动用一段多义线将选中的对象首尾相连,形成封闭的多义线。

如果所选取的多义线原来就是封闭的,则此选项显示为"Open"。选择该选项后,系统会将封闭的多义线修改为开放的,此时,绘制该多义线时最后绘制的一段线段将被删除。

(2)选择"Join(合并)"选项后,系统会把直线、圆弧及多义线连接到选中的多义线上。此时应注意,要连接的线段与选择的多义线应该是相连的。要用精确绘图方法,比如目标捕捉方式。

(3)"Width(宽度)"选项用来指定多义线的宽度。选择该选项后,系统会接着提示:"Specify new width for all segments:(指定所有线段的新宽度)"

在该提示下输入多义线的新宽度,系统将用输入的新宽度替换所选多义线原来的宽度。

(4)"Edit vertex(编辑顶点)"选项用来编辑多义线的顶点。选择该选项后,系统会接着提示:

Enter a vertex editing option [Next/Previous/Break/Insert/Move/Regen/ traighten/Tangent/Width/eXit]〈N〉:(输入顶点编辑选项[下一个/上一个/打断/插入/移动/重生成/拉直/切

向/宽度/退出])

当用户选择上述提示中的任何选项时，可编辑顶点的标记"X"均会出现在多义线的第一个顶点上。

下面说明上述提示中各选项的含义和功能。

①"Next(下一个)"选项用于向后移动当前可编辑顶点的标记。

②"Previous(上一个)"选项用于向前移动当前可编辑顶点的标记。

③"Break(打断)"选项用于删除多义线中的一部分线段，或将多义线一分为二时把当前编辑顶点作为第一断点。选择该选项后，系统会接着提示：

Enter an option [Next/Previous/Go/eXit] 〈N〉:(输入选项[下一个/上一个/转至/退出])

该提示中各选项的含义和功能如下：

● "eXit(退出)"选项用于退出断点操作。选择该选项后，系统返回到提示："Enter a vertex editing option[Next/Previous/Break/Insert/Move/Regen/Straighten/Width/eXit]〈N〉:"

● "Next(下一个)"及"Previous(上一个)"选项均用来选择第二断点。

● "Go(转至)"选项用于删除第一断点与第二断点之间的多义线。

④"Insert(插入)"选项用于在多义线当前的编辑顶点后面插入一个新的顶点。

⑤"Move(移动)"选项用于将当前顶点移到指定的位置。

⑥"Regen(重生成)"选项用来重新生成多义线，以便观察编辑效果。该选项常与"Width(宽度)"选项联合使用，即在修改完多义线的宽度后，重新生成并显示新的多义线。

⑦"Straighten(拉直)"选项的操作与 Break 操作类似，它要求选择第二个顶点，并将第一个顶点与第二个顶点之间的部分用直线代替。

⑧"Tangent(切向)"选项用来为当前编辑的顶点定义切线方向，其主要用于曲线拟合。用户可以直接在系统提示下输入一个角度值，也可以输入一点的位置。此时 AutoCAD 将把该点与多义线的当前编辑点的连线作为切线方向，同时用箭头表示当前顶点的切线方向。

⑨"Width(宽度)"选项用来改变多义线的线宽。选择该选项后，系统接着提示：

Specify starting width for next segment 〈0.0000〉:(指定下一线段的起点宽度)

Specify ending width for next segment 〈0.0000〉:(指定下一线段的终点宽度)

在上述提示下，用户输入起点的线宽以及终点的线宽，系统接着改变从当前点到下一点之间的线宽。输入新的线宽后，只有在执行了"Regen(重生成)"选项后，系统才会重新显示编辑后的相应效果。

⑩eXit(退出)选项用于退出"Edit vertex(编辑顶点)"选项。选择该选项后，返回提示：

Enter an option [Close/Join/Width/Edit vertex/Fit/Spline/Decurve/Ltype gen/Undo]:(输入选项[闭合/合并/宽度/编辑顶点/拟合/样条曲线/非曲线化/线型生成/放弃])

(5) Fit(拟合)选项允许用光滑的曲线对多义线进行拟合。该选项只用于二维多义线。

(6) Spline(样条曲线)选项允许用 B 样条曲线对多义线进行曲线拟合，其中所修改的多义线的各顶点将作为样条曲线的控制点。这种拟合方法与 Fit 拟合方法不同的是，产生的曲线不一定通过各顶点，但曲线较光滑。样条曲线的类型受系统变量 SPLINETYPE 值的影响，该变量值越大，精度就越高。如果该变量值为负值，系统则按其绝对值产生线段，然后用拟合类曲线拟合这些线段。

(7) Decurve(非曲线化)选项用于取消拟合的曲线或样条曲线,并将多义线还原成原来的状态,然后保留多义线顶点的所有切线信息。

(8) Ltypegen(线型生成)选项用来规定非连续型多义线在各顶点处的绘图方式。选择该选项后,系统接着提示:

Enter polyline linetype generation option[ON/OFF]〈Off〉(输入多义线线型生成选项[开/关])

其中:选择ON(开)选项,表示在多义线顶点处采用连续线型,选择OFF(关)选项,表示在多义线顶点处采用点划线线型。

(9) Undo(放弃)选项用于取消Pedit命令所进行的上一次操作。

(10) 按Esc键或Enter键可以结束Pedit命令,并返回到命令行状态。

例4-28 用Pedit命令编辑等高线。先用Pline命令绘制如图4-47a)所示的拟合图形。

(1) Command: Pedit

(2) Select polyline or [Multiple]:选择该图形;

(3) Enter an option [Open/Join/Width/Edit vertex/Fit/Spline/Decurve/Ltype gen/Undo]: f。选择Fit选项拟合曲线,结果见图4-47b)。

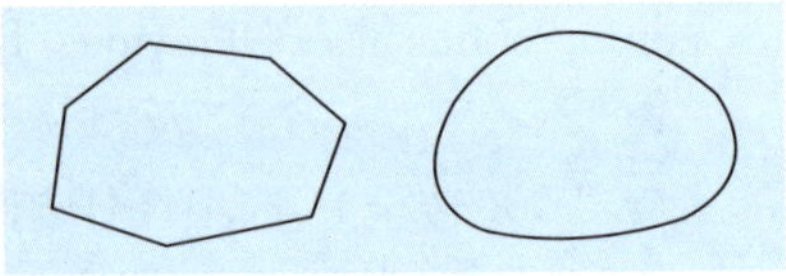

a) b)

图 4-47

第五章　文字标注与尺寸标注

第一节　文　字　标　注

大多数工程图形都含有文字,用于标注或解释图形中的对象。AutoCAD 2002 改进了其文字对象的性能,使得用户可以很容易地创建和编辑文字。本节介绍在 AutoCAD 中创建和编辑文字所需要的知识,主要包括:在图形中添加文字、编辑文字、定义文字样式等内容。

一、定义文字样式

文字样式包括所采用的文字字体以及标注效果(例如,字体格式、字的高度、高宽比、书写方式)等内容。用户在一幅图形中可定义多种文本样式,这样在输入文字时使用不同的文本样式,就会得到不同的字体效果。可通过下面 3 种方式启动定义文字样式命令:

- 在“Command:”提示符下输入“Style”或“St”;
- 在下拉菜单“Format(格式)”下选择“Text Style(文字样式)”;
- 单击“标准”工具栏上 按钮。

功能:移动全图,使图纸的特定部分位于当前的显示屏幕中。

在“Command:”下输入“Style”并回车后,系统将弹出如图 5-1 所示的“Text Style(文字样式)”对话框。

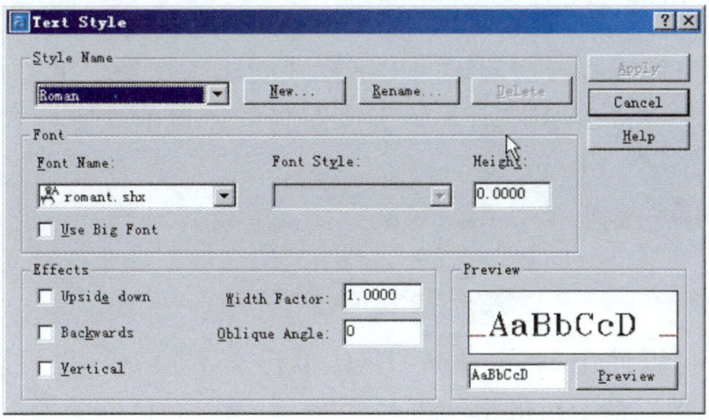

图 5-1　“文字样式”对话框

该对话框中各选项的含义和功能是:

(1)“Style Name(样式名)”选项组

它用来建立新的文字样式、为已有的文字样式更名或删除已有的文字样式。其中的选项包括。

“Style Name(样式名称)”下拉列表框:用户可以通过该下拉列表框选择已有的文字样式作为当前样式。

“New...(新建)”按钮:增加新的文字样式。单击该按钮,会弹出如图 5-2 所示的“New Text Style(新

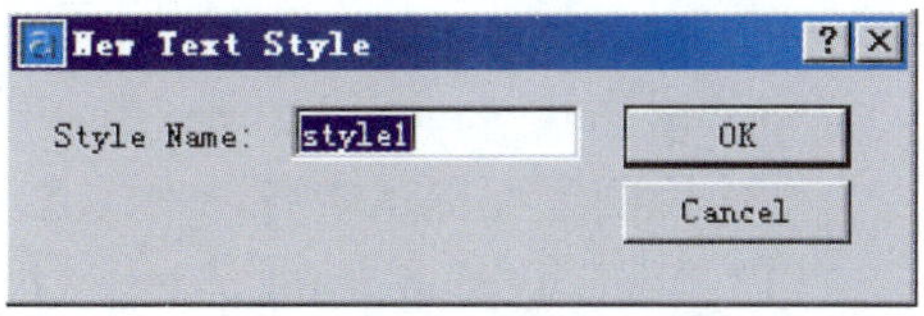

图 5-2　“新文字样式”对话框

文字样式)"对话框。在"Style Name(样式名)"文本框中,输入新文字样式的名称后,单击"OK(确定)"按钮即可。

"Rename(重命名)"按钮:给已有的文字样式更名。

"Delete(删除)"按钮:删除某一文字样式。从样式名称下拉列表框中选择要删除的文字样式,然后单击该按钮。

(2)"Font(字体)"选项组

该选项组用于确定字体文件及相应的格式、字体高度。用户可通过"Font Name(字体名称)"下拉列表框选择字体文件;通过"字体样式"下拉列表框确定字体的格式(例如,斜体、粗体等);通过"Height(高度)"文本框确定文字的高度。

提示:一般将文字的高度设为0,在以后的应用中再对高度进行设置。

(3)"Effects(效果)"选项组

该选项组用于确定字体的某些特性。下面其中对各选项的含义和功能加以说明。

● "Upside down(颠倒)"复选框:确定是否将文字颠倒标注。

● "Backwards(反向)"复选框:确定是否将文字反向标注。

● "Vertical(垂直)"复选框:确定是否将文字垂直标注。

● "Width Factor(高宽比例)"文本框:确定文字的高宽比。当宽度比例为1时,表示按系统定义的高宽比标注文字;当宽度比例小于1时,字会变窄;当宽度比例大于1时,则变宽。

● "Oblique Angle(倾斜角度)"文本框:确定文字的倾斜角度。角度为0时不倾斜;角度为正值时向右倾斜;为负值时向左倾斜。

(4)"Preview(预览)"选项组

该选项组用于预览所选择或所确定的文字样式的标注效果。在文本框中输入要预览的字符,单击"预览"按钮,AutoCAD将输入的字符按当前设置的文字样式显示在"预览"选项组的"预览"框中。

(5)"Apply(应用)"按钮:确认用户对文字样式的设置。

二、文字标注

在图中添加文字可以使用Single Line Text(单行文字)命令,也可以使用Multiline Text(多行文字)命令。前者以命令行的形式来写文字,后者以对话框的形式来写文字。

1. 标注单行文字

利用AutoCAD 2002,用户可以很方便地标注单行文字。

操作步骤如下:

Command(命令):Dtext

Current text style:"Standard" Text height:2.5000(当前的标注样式:标准样式文字高度:2.5000)

Specify start point of text or [Justify/Style]:(指定文字的始点位置或[对正/样式])

下面说明上面提示中各选项的含义和功能。

(1)"Specify start point of text(指定文字行基线的起点位置)"选项为默认项。在此提示下用鼠标在图上要标注的位置点一下,AutoCAD会接着提示:

Specify height 〈2.5000〉:(输入文字的字高)

Specify rotation angle of text 〈0〉:(输入文字的旋转角度)

Enter text:(输入文字)

在该提示下输入文字即可。

(2) Justify(调整)选项用于确定插入点,以确定文字行的排列方式。执行该选项(即键入"J"回车),AutoCAD 提示:

Enter an option [Align/Fit/Center/Middle/Right/TL/TC/TR/ML/MC/MR/BL/BC/BR]:(输入一个选项[对齐(A)/调整(F)/中心(C)/中间(M)/右(R)/左上(TL)/中上(TC)/右上(TR)/左中(ML)/正中(MC)/右中(MR)/左下(BL)/中下(BC)/右下(BR)])

下面说明该提示中各选项的含义和功能。

A (对齐):要求确定所标注文字行基线的始点位置和终点位置。

F (调整):要求确定文字行基线的始点位置、终点位置和文字的字高。

C (中心):要求确定一点,AutoCAD 把该点作为所标注文字行基线的中点。

M (中间):要求确定一点,AutoCAD 把该点作为所标注文字行的中间点,对阿拉伯数字与 MC 相同。

R (右): 要求确定一点,AutoCAD 把该点作为文字行基线的右端点。

TL (左上):要求确定一点,AutoCAD 把该点作为文字行顶线的左端点。

TC (中上): 要求确定一点,AutoCAD 把该点作为文字行顶线的中点。

TR (右上): 要求确定一点,AutoCAD 把该点作为文字行顶线的右端点。

ML (左中): 要求确定一点,AutoCAD 把该点作为文字行中线的左端点。

MC (正中): 要求确定一点,AutoCAD 把该点作为文字行中线的中点。

MR (右中): 要求确定一点,AutoCAD 把该点作为文字行中线的右端点。

BL (左下): 要求确定一点,AutoCAD 把该点作为文字行底线的左端点。

BC (中下): 要求确定一点,AutoCAD 把该点作为文字行底线的中点。

BR (右下): 要求确定一点,AutoCAD 把该点作为文字行底线的右端点。

输入上面任一选项后,AutoCAD 均会提示用户指定相应的插入点、文字高度、文字行的旋转角度,然后输入文字。

(3) "Style(样式)"选项用于确定当前使用的文字样式。选择该选项,AutoCAD 提示:

Enter style name or [?] 〈Standard〉:(输入文字样式名称或[?])

在此提示下,用户可以输入当前的文字样式名称,也可输入"?",显示当前已有的文字样式。

文字行顶线、中线、基线和底线的含义,以及各插入点的位置见图 5-3。

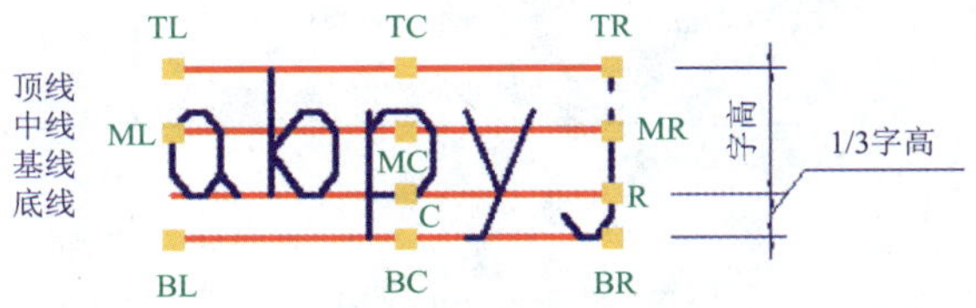

图 5-3　文字行对齐方式

例 5-1　在图中写一行文字“ASDF 和 GHJK”。

(1) Command：Dtext

Current text style：“Standard” Text height：2. 5000

(2) Specify start point of text or [Justify/Style]：J

Enter an option [Align/Fit/Center/Middle/Right/TL/TC/TR/ML/MC/MR/BL/BC/BR]：BL

(3) Specify bottom-left point of text：指定文字的左下点：(在屏幕上相应的位置用鼠标点一下)

(4) Specify height 〈2. 5000〉：50

(5) Specify rotation angle of text 〈0〉：

(6) Enter text：ASDF 和 GHJK

(7) Enter text：(回车结束，见图 5-4)。

图　5-4

2. 标注多行文字

在 AutoCAD 中用 Dtext 命令标注多行文本时，各行之间的位置对齐比较困难，而且各行又是独立的文本，编辑起来不方便。因此系统提供了一个多行文本标注文字的方法。多行文本标注命令名是 Mtext。

下面通过一个实例来说明其使用方法：

例 5-2　画一个圆，并标上“面积为 40000mm^2”，如图 5-5 所示。

操作步骤如下：

(1) 先画一个圆。

(2) Command：Mtext

(3) Current text style：“Standard” Text height：103. 4319

(4) Specify first corner：在圆的左上角点一下。

Specify opposite corner or [Height/Justify/Line spacing/Rotation/Style/Width]：指定对角点或拖动鼠标到右下角，确定后会出现 Multiline Text Editor(多行文字编辑器)对话框，如图 5-6 所示。

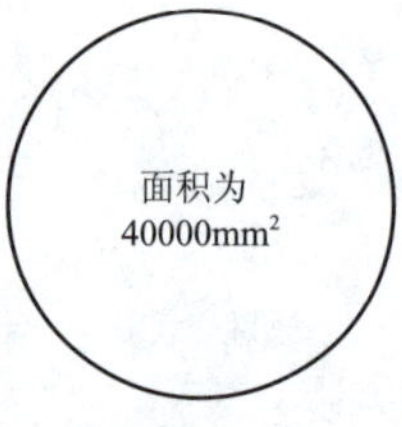

图　5-5

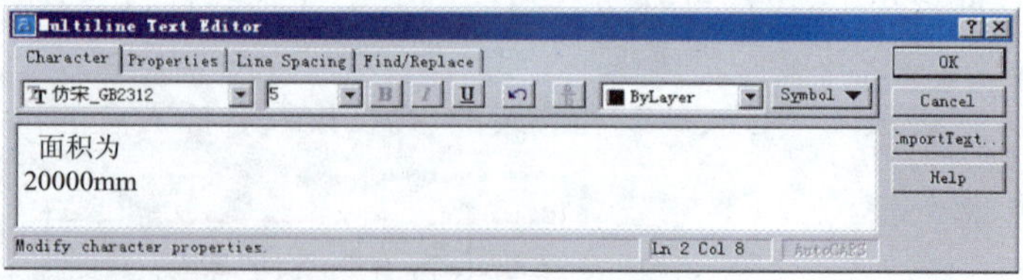

图 5-6　多行文本编辑器

(5) 将字体改为仿宋体，字号为 5，然后分两行键入文字。

(6) “2”可用“Dtext”书写，高度设为 10。

三、编辑文字

用户不但可以控制文字高度、字体，添加颜色、分数和特殊符号，还可以调整文字边界的宽度、文字的对齐方式和行间距。

1. 调整文字高度与字体

现在再次使用“Multiline Text Editor(多行文字编辑器)”对话框，但这一次可以使用其他一些功能。在这个练习中，将看到如何在编辑器中调整文字的大小。

操作步骤如下：

(1) 双击图5-4中的文字，系统弹出“Multiline Text Editor(多行文字编辑器)”对话框。

(2) 在文本框中选中第一行文字，在“Font height(字体高度)”文本框中输入30，亮显文字变大。

(3) 在“Font(字体)”下拉列表框中选择“T 隶书”字体，此时文字将变为新的字体。

(4) 在文字“面积为”还呈亮显的时候，单击“下划线”按钮，再单击“OK(确定)”按钮，改变格式后的标注文字。

2. 添加颜色、分数和特殊符号

利用“多行文本编辑”对话框中的其他一些工具，可以为单个字符或单词设置颜色、创建分数形式或插入特殊符号，以下是这些选项的使用方法的简要说明。

1）添加文字的颜色

在“多行文本编辑”对话框中亮显文字，然后从“Text Color(文字颜色)”下拉列表框中选择颜色。

2）显示分数形式

在“多行文本编辑”对话框中输入想要显示的分数，分子和分母两个数字之间用“^”、“/”、“#”符号隔开，然后单击“Stack/Unstack(分数/小数)”按钮，即变成分数的形式。

3）添加特殊符号

(1) 在“多行文本编辑”对话框中，把光标放置在符号的位置上，然后单击“Symbol(符号)”按钮，出现一个提供各种特殊符号的下拉列表，如图5-7所示。

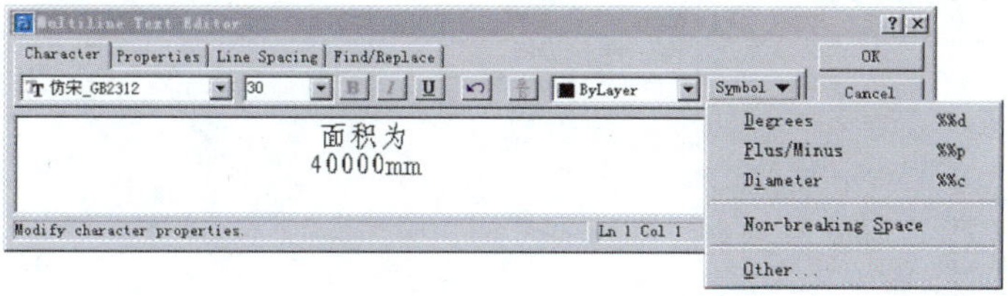

图5-7　“符号”下拉列表

该下拉列表提供了3种标准选项：Degres(度数)、Plus/Minus(正/负)、Diameter(直径)符号。用户在选择这些选项时，AutoCAD就会将其文字代码插入到文字中，并出现在相应的位置上，但它们并不以特殊符号的形式出现在编辑器中，而只显示特殊符号的特殊代码。

(2) 当用Text或Dtext书写特殊字符时，可以输入代码来完成，见表5-1。

表 5-1

输入代码	相应出现的符号	说　明
%% O	上划线	适用于单行文字
%% U	下划线	适用于单行文字
%% D	度(°)	适用于单行文字和多行文字
%% P	正负号(±)	适用于单行文字和多行文字
%% C	ϕ	适用于单行文字和多行文字

第二节　尺寸标注

尺寸标注是工程制图中很重要的环节，也是计算机绘图中较难掌握的部分。本章介绍尺寸标注的基本概念，以及创建标注样式和尺寸标注的方法。

一、尺寸标注基础

1. 尺寸标注的组成

一个完整的尺寸标注由尺寸线、尺寸界线、尺寸箭头和尺寸文本 4 个部分组成。对照图 5-8 用户可以弄清楚尺寸标注各部分的名称。

1）尺寸线(Dimension Line)

尺寸线是一条平行于被标注尺寸长度方向的直线段。当进行角度标注时，尺寸线是一段圆弧。

2）尺寸界线(Extension Line)

尺寸界线是用来表示尺寸线的开始和结束，它位于标注尺寸的两端。当图中线段太多或线段太密时，为使图面清晰利于读图，尺寸界线一般都标注在图形的外面，国家标准允许用中心线或图形轮廓线代替尺寸界线，见图 5-9。

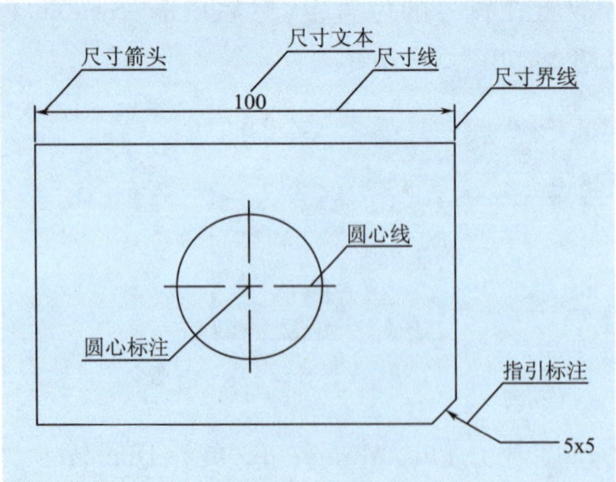

图 5-8　尺寸标注组成

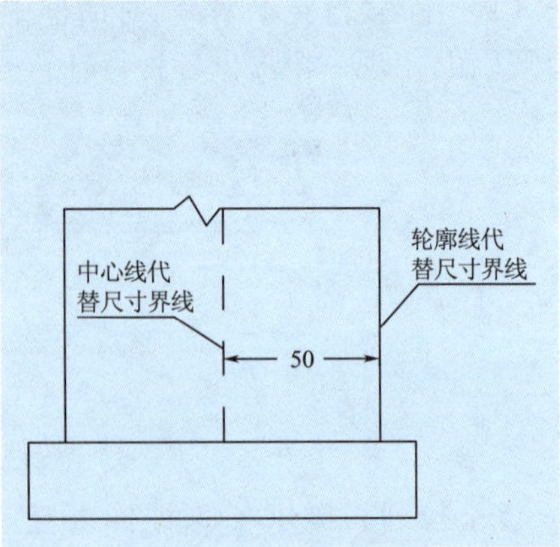

图 5-9　各种尺寸界线

3）尺寸箭头(Dimension Arrowheads)

尺寸箭头在尺寸线的两端，表示了尺寸线的起止位置。AutoCAD 中的尺寸箭头的形状很多，除了常见的箭头形状外，还有短斜线、点圆等供用户选择。除此之外用户还可以创建自己的尺寸箭头。同一张图中的箭头大小要一致,形状要符合规定。

4)尺寸文本(Dimension Text)

尺寸文本是尺寸标注中最重要的部分,它表明了两尺寸线之间的距离或角度值。在AutoCAD中根据需要,尺寸文本可以是基本尺寸,也可以是公差尺寸或极限尺寸。

2. 尺寸标注的关联性(Associative)

在缺省的情况下,AutoCAD 的尺寸标注是一个整体,即尺寸线、尺寸界线、尺寸箭头和尺寸文本是不可分离的,因此可以把它们看成是一个图块。如果对该尺寸进行拉伸后,尺寸文本将自动地发生变化,则把上述性能称为尺寸的关联性,尺寸标注称为关联性尺寸。如果一个尺寸标注的各部分都是单独的实体,相互之间没有联系,则称这种尺寸标注为非关联尺寸标注。

用户可以用系统变量 Dimaso 来控制尺寸标注的关联性。当 DIMASO = ON 时,为关联尺寸。当 DIMASO = OFF 时,为非关联尺寸。

3. 尺寸标注的类型

在 AutoCAD 中,尺寸标注可分为五大类,即线性尺寸标注、径向尺寸标注、角度尺寸标注、指引尺寸标注、坐标尺寸标注。

线性尺寸包括:水平标注(Horizontal Dimension)、垂直标注(Vertical Dimension)、平齐标注(Aligned Dimension)、旋转标注(Rotated Dimension)、连续标注(Continue Dimension)和基线标注(Baseline Dimension)6 种类型。

径向尺寸包括:半径标注(Radial Dimension)和直径标注(Diameter Dimension)。

中心尺寸包括:圆心标注(Centermark Dimension)和圆心线标注(Centerline Dimension)

用户可以对照图 5-10 熟悉各种尺寸标注的类型。

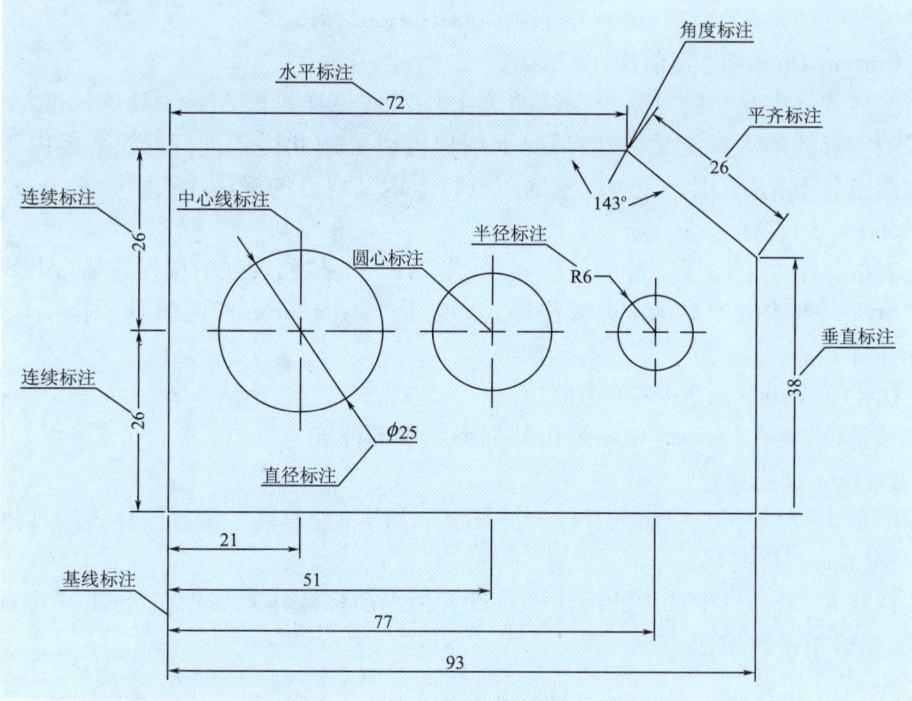

图 5-10 各种尺寸标注类型

4. 设置标注样式

为了保证图纸上的所有标注都具有相同的形式和统一的风格，使图面清晰，更容易读。定义各种标注类型的格式，并命名这些格式，称为创建标注样式。由此可见，创建标注样式首先要给标注样式取一个名，比如“BZ1”，然后再规定尺寸线、尺寸界限、尺寸箭头、尺寸文本的属性及形式，再将此样式设置为当前标注样式，就可以用于当前图形的标注了。AutoCAD 2002 中创建标注样式的命令是 DDIM。启动该命令只需在“Command：”提示符下，输入“DDim”并回车，也可输入简捷命令 D。

启动 DDIM 命令后，系统将弹出如图 5-11 所示的“Dimension Style Manager”对话框。利用该对话框用户可以命名标注样式、修改尺寸变量、建立标注样式等。该对话框中各选项的含义和功能如下：

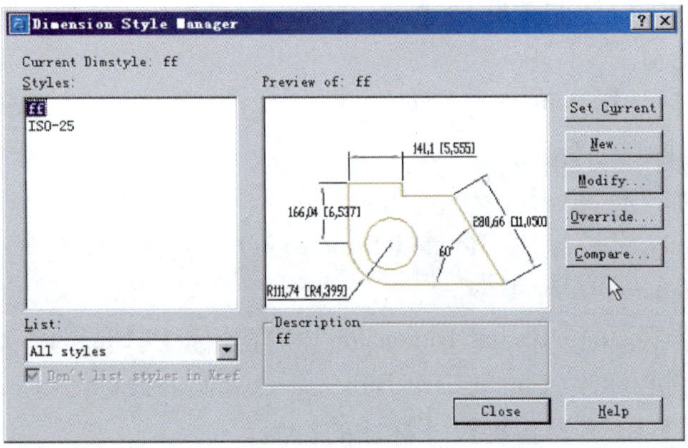

图 5-11 “Dimension Style Manager”对话框

1）“Current Dimstyle（当前样式）”区

在当前样式区中显示的是系统默认样式：ISO-25。该样式是 AutoCAD 的标准标注样式，它提供了关于标注的完整定义，一般情况下用户可以采用此样式进行标注。但由于工程图纸的标注要求各不相同，用户还可以根据图纸特点定义自己的标注样式。

2）“Styles”列表框

该列表框显示当前图形文件的标注样式，当“List”下拉列表框中选择的是“All Styles”选项时，则“Styles”列表框中显示全部标注样式。若是“Styles in use”选项时，则显示当前正在使用的标注样式。

3）“Don't list style in Xref”单选框

选中该选框，则在“Styles”中不列出外部参照中的样式。

4）“Preview of”图形框

该图形框中，显示正在编辑的标注样式图式，使用户能直观了解标注样式的具体形式。

5）“Set Current”按钮

该按钮将在“Styles”中选中的标注样式设置为当前标注样式。先在“Styles”中选中某个标注样式，然后单击该按钮。

6）“New...”按钮

该按钮用于创建一个新的标注样式。单击该按钮系统将打开如图 5-12 所示的“Creat

New Dimension Style"对话框。对话框中的各选项的含义如下：

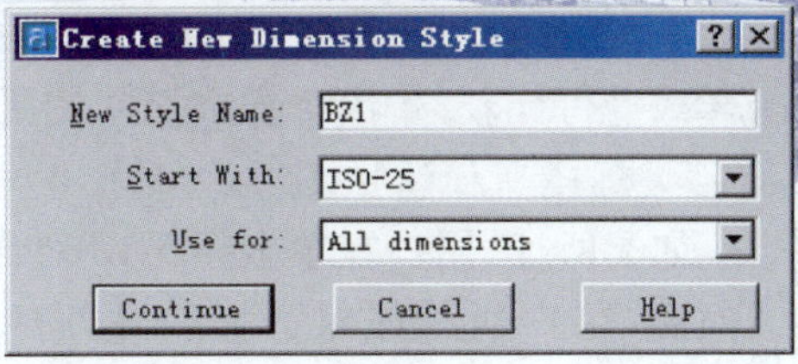

图 5-12　"Creat New Dimension Style"对话框

（1）New Style Name（新样式名）

用户输入要创建的新的标注样式名。

（2）Start With（起始样式）

系统允许在其他已有样式的基础上通过修改来创建新样式。在"Start With"中选择已有样式作为新样式的起始样式。

（3）Use for（用途）

该列表框用于指定新样式的使用范围，这些范围包括："All Dimensions（所有标注）"、"Linear Dimensions（线性标注）"、"Angular Dimensions（角度标注）"、"Radius Dimensions（半径标注）"、"Diameter Dimensions（直径标注）"、"Ordinate Dimensions（坐标标注）"、"Leaders and Tolerances Dimensions（指引标注和公差标注）"。

（4）"Continue"按钮

该按钮用于定义新的标注样式，单击该按钮系统将弹出如图 5-13 所示的"New Dimension Style"对话框。

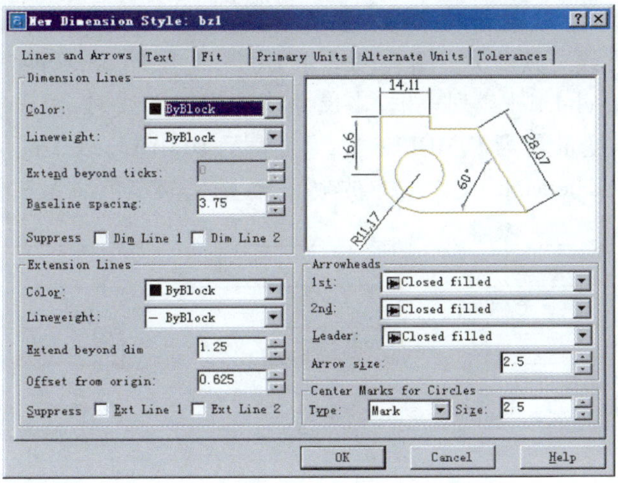

图 5-13　"New Dimension Style"对话框

7）"Modify…"按钮

该按钮用于修改已存在的标注样式。单击该按钮系统将弹出与图 5-12 相似的对话框，只是对话框的标题为"Modify Dimension Style"。

8）"Override…按钮"

该按钮用于设置无效当前样式。单击该按钮系统将弹出与图 5-12 相似的对话框，只是对话框的标题为"Override Current Style"。在该对话框中用户修改当前样式，按"OK"按钮后，返回"Dimension Style Manager"对话框，系统将在当前样式下自动添加一个"Style Overrides"标注样式，此样式是当前样式的一个替换样式。当重新指定当前样式后，该样式自动无效消失。

9）"Compare…"按钮

单击该按钮将打开"Compare Dimension Style"对话框,在该对话框中用户可以对已创建的样式进行比较,找出个样式之间的区别。

5. 创建新标注样式

如上所述,用户在单击图5-12对话框中"Continue"按钮后,系统弹出如图5-13所示的对话框后,用户通过该对话框设置新的标注样式。该对话框中有6个选项卡,它们分别是"Lines and Arrows(直线和箭头)"、"Text(文字)"、"Fit(调整)"、"Primary Units(主单位)"、"Alternate Units(换算单位)"、"Tolerance 公差",下面逐一进行介绍。

1)"Lines and Arrows(直线和箭头)"选项卡

"Lines and Arrows"选项卡有4个尺寸定义区和一个图形预览区,尺寸定义区分"Dimension Lines(尺寸线)"、"Extension Lines(尺寸界线)"、"Arrowheads(箭头)"和"Center Marks for Circles(圆心标记)"。

(1)"Dimension Lines(尺寸线)"区域

该区用于设置尺寸线的几何变量。

● Suppress 用于控制尺寸线的可见性,如果选择"Dim Line 1"选项将隐藏第一尺寸线。也可直接在命令行输入 DIMSD1,当 DIMSD1 = ON 时,将不显示第一尺寸线及其箭头。如果选择"Dim Line 2"选框项隐藏第二尺寸线。也可直接在命令行输入 DIMSD2,当 DIMSD2 = ON 时,将不显示第二尺寸线及其箭头。图5-14表示 DIMSD1 和 DIMSD2 两个变量的设置情况。

● "Extension beyond ticks"列表框:当尺寸箭头为短斜线时,用该变量来控制尺寸线超出尺寸界限的长度。变量名为 DIMDLE,图5-15表示 DIMDLE 取不同值的情况。只有在尺寸箭头为短斜线时,"Extension"文本框才被激活,否则呈淡灰色而无效。

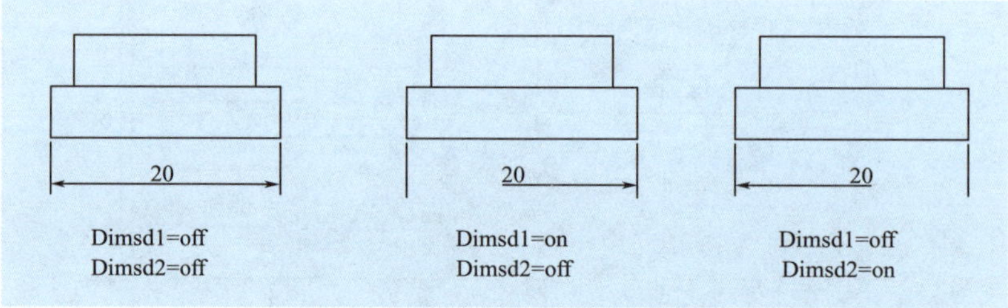

图5-14 Dimsd1、Dimsd2 不同设置的情况

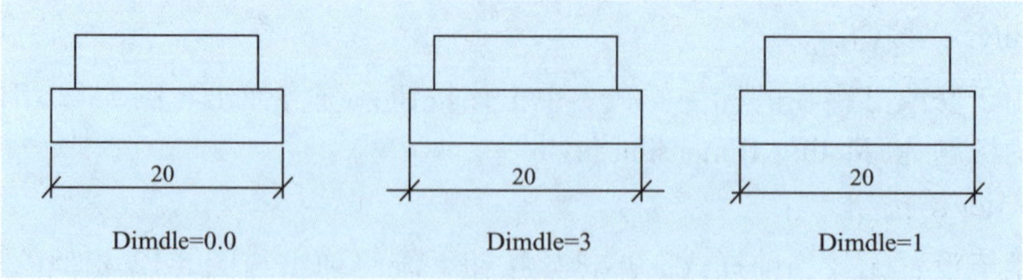

图5-15 Dimdle 取不同值的情况

● "Baselines Spacing"列表框:当采用基线方式标注尺寸时,用该填入文本框中的数字来控制两个尺寸线之间的距离。

● "Color"下拉列表框:单击该列表框,用户可以选择尺寸线的颜色。

● "Lineweight"下拉列表框:单击该列表框,用户可以选择尺寸线的线宽。

（2）“Extension Lines（尺寸界线）”区域

该区控制尺寸界限的几何特征，其参数功能说明如下：

● Suppress 用于控制尺寸界线的可见性。

● “Extension beyongd dim”列表框用填入该框中的数字来控制尺寸界线超出尺寸线的长度。也可以用变量 DIMEXE 来控制此值。

● “Offset from origin”列表框用填入该框中的数字来控制尺寸界限起始点与选择点之间的偏移量。也可以用变量 DIMEXO 来设置。

● “Color”下拉列表框用来设置尺寸界线的颜色，操作同前。

● “Lineweight”下拉列表框。单击该列表框，用户可以选择尺寸界线的线宽。

（3）“Arrowheads（箭头）”区域

该区用于控制尺寸箭头的形状及大小，各参数作用说明如下：

● “lst”下拉列表框：用于控制第一尺寸箭头的形状。单击该框后边的下拉箭头，将显示出系统所有尺寸箭头的名称，用户根据需要进行选择。选上的将呈蓝色，同时该框上边显示出该名称对应的箭头形状。

● “2nd”下拉列表框：控制第二尺寸箭头的形状。

系统允许第一箭头和第二箭头的形状可以不一样。单击该框后边的下拉箭头，可以定义第二尺寸箭头。

● “Leader”下拉列表框：控制指引标注尺寸箭头的形状。

● “Arrow Size”文本框：设置尺寸箭头的大小。在该框中填入适当的数字，系统按此定义箭头的大小。

（4）“Center Marks for Circles（圆心标记）”区域

该区域用于定义圆、圆弧、圆心和圆心线的标注形式。

● “Type”下拉列表框：控制圆心标记类型。

①“Line”选项：标注圆心和圆弧中心线。

②“None”选项：不标注圆心或中心线。

③“Mark”选项：只标注圆心线。

● “Size”文本框：定义圆心标注的大小。

上述 4 项定义也可以用系统变量 DIMCEN 来确定。当 DIMCEN = 0 时，即为 None；当 DIMCEN > 0 时，即为 Mark；当 DIMCEN < 0 时，即为 Line；DIMCEN 的绝对值即为 Size。

2）“Text（文字）”选项卡

单击“Text”选项卡，系统会切换至如图 5-16 所示的对话框。该对话框中有 3 个选区一个图形预览区，它们分别是：“Text Appearance（文字外观）”、

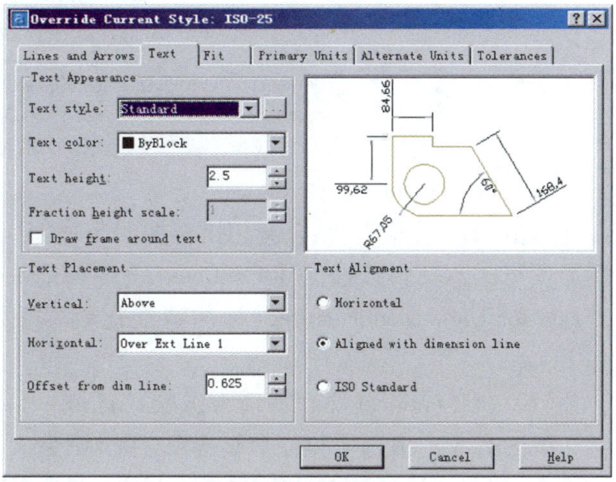

图 5-16　“Text”选项卡

"Text Flacement(文字位置)"和"Text Alignment(文字对齐方式)",各选项含义如下:

(1)"Text Appearance"区域

该区共有5个选项,可设置文字类型(Text Style)、文字颜色(Text Color)、文字高度(Text height)、文字分数高度比例(Fraction height scale)、文字加框(Draw frame around text)。

(2)"Text Placement"区域

该区共有3个选项,可设置文字垂直位置(Vertical)、文字水平位置(Horizontal)和文字距尺寸线偏移距离(Offset from dim line)。

● "Vertical"下拉列表框

在"Vertical"下拉列表框中用户可以选择如下参数来定位文字垂直位置。Centered(尺寸文字居中在尺寸线中间)、Above(尺寸文字居中在尺寸线之上)、Outside(尺寸文字在尺寸线外侧)、JIS(尺寸文字位置符合日本工业标准)。

● "Horizontal"下拉列表框

在"Horizontal"下拉列表框中用户可以选择如下参数来定位文字水平位置。Centered(尺寸文字居中在尺寸线中间)、At Ext Line 1(文字向第一尺寸界线对齐)、At Ext Line 2(文字向第二尺寸界线对齐)、Over Ext L ines 1(文字放在第一尺寸界线上)、Over Ext Lines 2(文字放在第二尺寸界线上)。

● "Offset from dim line"文本框

该文本框用于设置文字距尺寸线偏移距离,值越大文本离尺寸线的距离就越大。

(3)"Text Alignment"区域

该区共有3个单选项,可设置文字对齐方式。若选中"Horizontal"单选项,所有尺寸文本均按水平放置,若选中"Aligned with dimension line"单选项,则所有尺寸文本均与尺寸线平齐,若选中"ISO Standard"单选项,则表示按ISO标准放置尺寸文本。不同文本对齐参数的情况如图5-17所示。

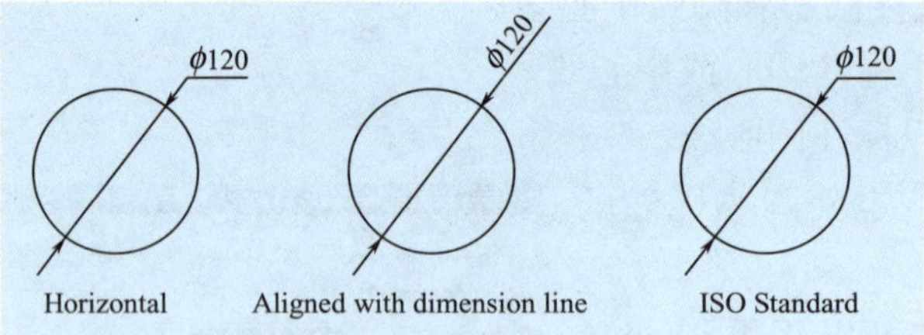

图5-17 不同文本对齐方式

3)"Fit(调整)"选项卡

单击"Fit"选项卡,系统会切换至如图5-18所示的对话框。该对话框中有4个选区一个图形预览区,它们分别是:"Fit options(文字与箭头选项)"、"Text Placement(文字位置)"和"Scale for Dimension Features(标注特征比例)"和"Fine Tuning(其他选项)",各选项含义如下:

(1)"Fit options(文字与箭头选项)"区域

该区有5个单选项和一个复选项,用于调整文字与箭头的位置。

●"Either the text or the arrows,whichever fits best"选项

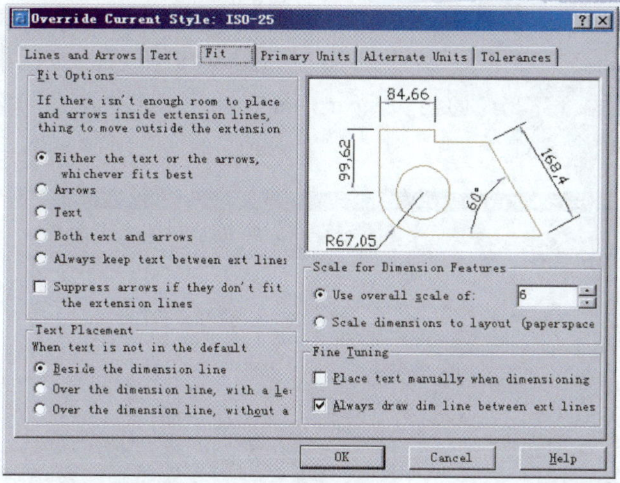

图 5-18　“Fit”选项卡

选择该选项后，如果两尺寸界线之间有足够距离，AutoCAD 将把尺寸文本和尺寸箭头放在两尺寸界线之间。如果两尺寸界线之间的距离不很大，但足以放得下尺寸文本，AutoCAD 把尺寸文本放在两尺寸界线之间，而把尺寸箭头放在两尺寸界线的外面。如果两尺寸界线之间距离不很大，但能放得下尺寸箭头，AutoCAD 将把尺寸箭头放在两尺寸界线之间，而把尺寸文本放在两尺寸界线的外面。如果两尺寸界线之间距离很小，不足以放下尺寸文本或尺寸箭头，AutoCAD 将把尺寸文本和尺寸箭头放在两尺寸界线的外面。通常选择此项较适用。

（2）“Text Placement（文字位置）”区域

该区有 3 个单选项，用于调整文字的位置。

● “Baside the dimension line”选项

该选项用于将文字放在尺寸线旁；

● “Over the dimension line，with a leader”选项

该选项用于将尺寸文字放在尺寸线上方，并加引线；

● “Over the dimension line，without a leader”选项

该选项用于将尺寸文字放在尺寸线上方，不加引线。

（3）“Scale for Dimension Features（标注特征比例）”区域

该区域有 2 个单选项，用于设置标注特征比例。

● “Use overall scale of”选项

该选项作用于标注的全部参数，当比例因子为 2 时，所有的尺寸参数将增大 1 倍。

● “Scale dimensions to layout（paperspace）”选项

系统自动根据当前模型空间视口比例因子设置标注比例因子。

（4）“Fine Tuning”区域

该区有 2 个复选项，若选中“place text manually when dimensioning”复选框，表示标注时手工放置文字。若选中“Always draw dim line between ext line”复选框，表示总在尺寸界线之间绘制尺寸线。

4）“Primary Units（主单位）”选项卡

单击“Primary Units”选项卡，系统会切换至如图 5-19 所示的对话框。该对话框中有 2 个选区一个图形预览区，它们分别是：“Linear Dimensions（线性标注）”和“Angular Dimensions（角度标注）”。各选项含义如下：

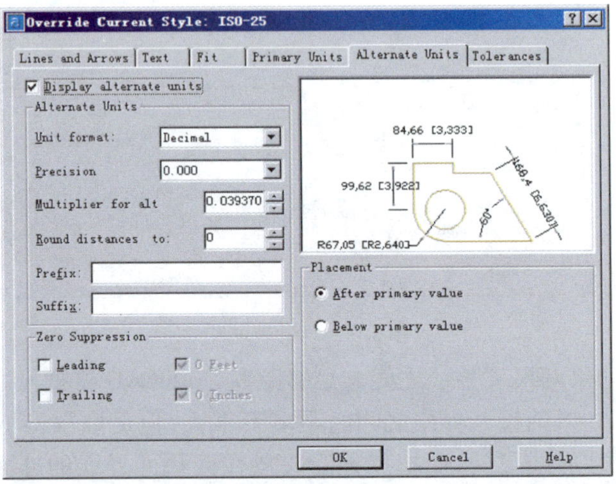

图 5-19 “Primary Units”选项卡

（1）“Linear Dimensions（线性标注）”区域

● “Unit format”下拉列表框：用于设置单位格式为 Scientific（科学）、Decimal（小数）、Engineering（工程）、Architectural（建筑）、Fractional（分数）、Windows Desktop（桌面）。

● “Precision”下拉列表框：用于设置单位精度。

● “Fraction format”下拉列表框：用于设置分数格式，仅当选择为分数格式时有效。

● “Decimal”下拉列表框：用于设置小数分隔符。

● “Round off”选框：用于设置舍入值。

● “Prefix”和“Suffix”文本框：用于设置尺寸文本的前缀和后缀。这在工程制图中非常有用，例如要将尺寸文本后面加上 cm，则可设置后缀为“cm”。

● “Scale factor”选框：用于设置测量比例因子，若该比例因子设置为 2 时，则所有的测量值将乘以 2。若选中“Apply to layout dimension only”选项，则表示比例因子只对布局标注有效。

（2）“Angular Dimensions”区域

该区用于设置角度测量单位格式、精度、和前导零和后导零。其中“Zero Supression”区域包括消除前导零（Leading）和后续零（Trailing）两个选项。其他选项的含义可参照“Linear Dimensions”区域设置。

5）“Alternate Units（辅助单位）”选项卡

单击“Alternate Units”选项卡，系统会切换至如图 5-20 所示的对话框。该对话框中有 1 个复选框、3 个选项区和一个图形预览区，它们分别是：“Alternate Units（辅助单位）”、“Zero Supression（消零）”和“Placement（位置）”，只有选中“Display alternate units”复选框时，其他

3 个区域才有效可用。各选项含义如下：

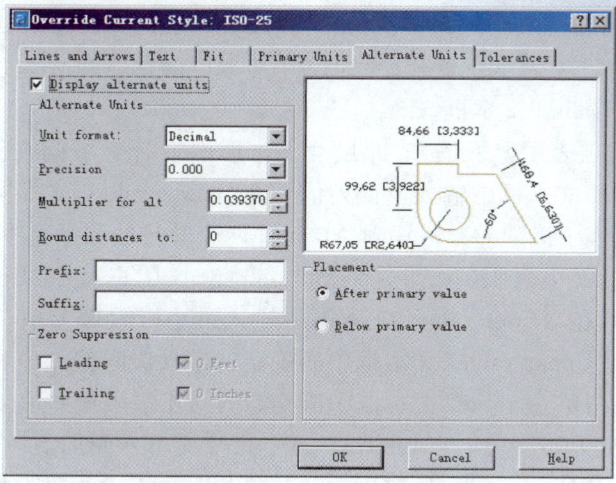

图 5-20　“Alternate Units”选项卡

（1）“Alternate Units”区域

该选区设置辅助单位格式，AutoCAD 允许同时用两种单位格式（主单位和辅助单位）标注尺寸。例如主单位格式是 Dicemal，辅助单位格式是 Engineering。

（2）“Zero Supression”区域

该区域包括消除前导零（Leading）和后续零（Trailing）两个选项。

（3）“Placement”区域当选择“Alter Primary value”选项时，辅助单位排在主单位后面。当选择“Below Primary value”选项时，辅助单位排在主单位下面。

6）“Tolerances”项卡

单击“Tolerances”选项卡，系统会切换至如图 5-21 所示的对话框。设置尺寸公差的标注方式、公差文本的字高以及尺寸公差文本相对于基本尺寸文本的对齐方式。

其中的“Method”下拉式列表框用于确定尺寸公差形式。单击“Method”下拉箭头后，会弹出图 5-22 所示的列表框。用户可从 None、Symmetrical、Deviation、Lmits 和 Basic 五种类型中选择。下面分别介绍这 5 种尺寸公差类型：

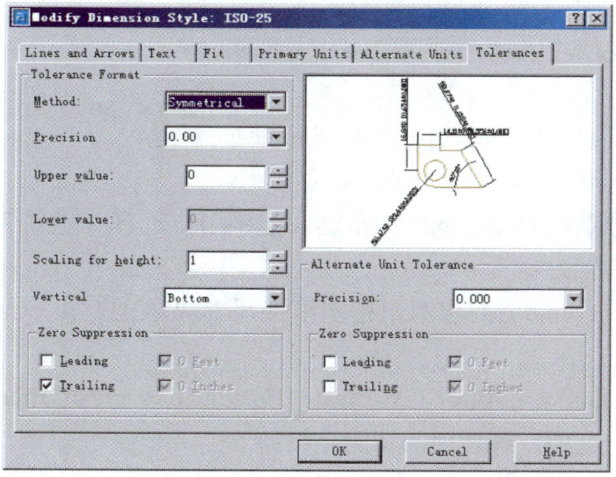

图 5-21　“Tolerances”选项卡

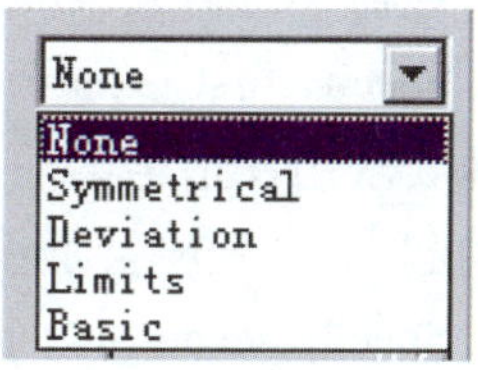

图 5-22　“Mothod”列表框

● 选择 None 表明标注基本尺寸,即尺寸文本后面不带任何尺寸公差(见图 5-23a)),此时,AutoCAD 将关闭"Precision"、"Upper value"、"Lower value"和"Scaling for height"选项。

● "Symmetrical"选项表示正负公差,即尺寸文本后面加正负公差(见图 5-23b)),此时 AutoCAD 关闭"Lower value"文本框。

● "Deviation"选项表示上下偏差,即尺寸文本后面带有上下偏差(见图 5-23c)),此时用户可在"Upper value"文本框中输入上偏差值。在"Lower value"文本框中输入下偏差值。

● "Limits"选项表示极限差,即 AutoCAD 标注两个并排的尺寸文本,排在上面的为最大极限值,排在下面的为最小极限值(见图 5-23d))。此时,用户可在"Upper value"文本框中输入最大极限偏差值,在"Lower value"文本框中输入最小极限偏差值。尺寸的最大权限值等于基本尺寸值加上"Upper value"文本框中所确定的最大极限偏差值。尺寸的最小极限值等于基本尺寸值减去"Lower value"文本框中所确定的最小极限偏差值。

● "Basic"选项是基准尺寸,即 AutoCAD 基本尺寸文本外面加上一个框(见图 5-23e))。此时,AutoCAD 将关闭"Upper value"、"Lower value"和"Justification"文本框。

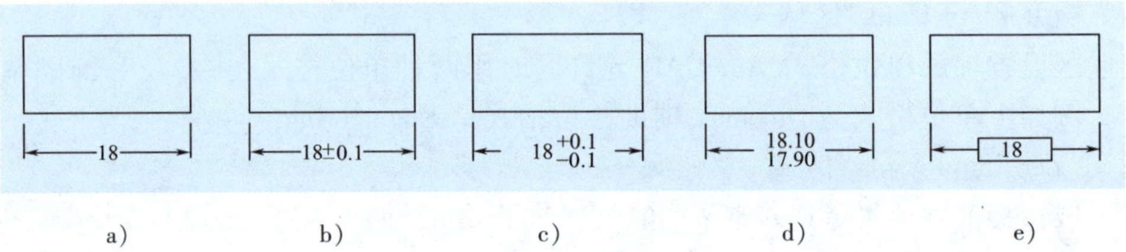

图 5-23 5 种尺寸公差类型

二、线性尺寸标注

1. 标注水平和垂直尺寸(Dimlinear)

在 AutoCAD 中标注水平和垂直尺寸的命令是 Dimlinear,用户可以采用以下 3 种方式启动该命令:

● 打开"Dimension"菜单,单击"Linear"选项。

● 单击"Dimension"工具栏上 ⟼ 按钮。

● 在"Command:"提示符下,输入"Dimlinear"或"DLI"并回车。

具体操作如下:

(1) 在命令行输入"Dimlinear"或"Dli"并回车,启动 Dimlinear 命令。

(2) Specify first extension line origin or 〈select object〉:

系统要求用户指定第一条尺寸界线的起点或按回车键。如果用户选择一点作为第一尺寸界线的起点,系统将会继续下面提示:

(3) Specify second extension line origin:要求用户指定第二尺寸界限的起点。给出第二点。系统将会继续下面提示:

(4) Specify dimension line location or [Mtext/Text/Angle/Horizontal/Vertical/Rotated]:要求用户指定尺寸线或选择其中某个选项。各选项的功能介绍如下:

①"Mtext"选项用于通过文本对话框来输入文本。用户输入"M"并回车,系统将打开

"Multiline Text Editor"对话框。用户可以利用此对话框来更改或确定尺寸文本,单击"OK"返回。

②"Text"选项用于用户输入"T"并回车,即选择了用命令行来输入尺寸文本的方式。系统将提示:

Enter dimension text〈 *** 〉:括号内的 *** 是系统自动测量或计算的基本尺寸文本。如果用户直接回车,即表示默认这个基本尺寸文本。用户如果输入另一个尺寸文本并回车,则系统按输入的文本尺寸进行标注。

③"Angle"选项用于确定尺寸文本的旋转角度。输入"A"并回车,系统提示如下:

Specify angle of dimension text:输入尺寸文本的旋转角度。如果直接回车则按默认的角度进行标注。

④"Horizontal"选项用于标注水平尺寸。键入"H"并回车,将出现如下提示:

Specify dimension line location or [Mtext/Text/Angle]:指定尺寸线位置或选择其他选项。各选项的含义同前。

⑤"Vertical"选项用于标注垂直尺寸。键入"V"并回车,系统将出现如下提示:

Specify dimension line location or [Mtext/Text/Angle]: 指定尺寸线位置或选择其他选项。各选项的含义同前。

⑥"Rotated"选项用于确定尺寸线的旋转角度。键入"R"并回车,系统将出现如下提示:

Specify angle of dimension line〈0〉:直接回车则选用默认值,或键入新的旋转角度。

(5)上述①至⑥项确定后,系统仍将出现前面的提示:

Specify dimension line location or [Mtext/Text/Angle/Horizontal/Vertical/Rotated]:要求用户确定尺寸线的位置。通过鼠标指定一点作为尺寸线的位置。

如果用户在"First extension line origin or press ENTER to select:"提示符下,直接回车,将会出现如下提示:"Select object to dimension:"表示允许用户选择一个实体进行标注。

2. 标注平齐尺寸(Dimaligned)

用 Dimlinear 命令标注尺寸只限于水平和垂直尺寸两种,即使是斜线也只能标注斜线的水平长度和垂直长度,而不能标注斜长。在工程制图中,经常要标注斜线、斜面的尺寸标注。AutoCAD 提供了 Dimaligned 命令,用户可方便地标注斜线、斜面的尺寸。用户可通过下列 3 种方式启动 Dimaligned 命令:

- 单击"Dimension"工具栏上按钮。
- 打开"Dimension"菜单,单击"Aligned"选项。
- 在"Command:"提示符下输入"Dimaligned"或"dal"并回车。

具体操作步骤如下:

(1)在"Command:"提示符下输入"Dimaligned"或"dal"并回车。启动 Dimaligned 命令。

(2)Specify first extension line origin or〈select object〉:

在此提示下,用户可指定一点作为第一条尺寸界线的起始点,或直接回车让系统自动确定两尺寸界线的起始点。当用户指定第一条尺寸界线的起始点后,AutoCAD 将继续提示:

Specify second extension line origin:要求用户指定另一点作为第二条尺寸界线的起始点。选择之后,AutoCAD 又提示:Specify dimension line location or [Mtext/Text/Angle]:要求用户

选择一点以确定尺寸线的位置或选择某一选项。

"Mtext"、"Text"和"Angle"3 选项和前面所介绍的相同,这里就不再重复。

选择"Mtext"、"Text"或"Angle"选项更改或定制尺寸文本之后,AutoCAD 还将继续提示:

Specify dimension line location or [Mtext/Text/Angle]:要求用户选取一点以确定尺寸线的位置或选择某一选项。

如果在"First extension line origin or press ENTER to select:"提示符下,直接按回车键,AutoCAD 将提示:

Select Object to dimension:要求用户直接选择要标注尺寸某一实体。AutoCAD 将把选择实体的两端点自动地确定为两尺寸界线的起始点。选择之后,AutoCAD 提示:

Specify dimension line location or [Mtext/Text/Angle]:要求用户选取一点以确定尺寸线的位置或选择 Mtext,Text 或 Angle 选项以更改或定制尺寸文本。它们的含义及功能如前所述,不再介绍。

例 5-3 利用 Dimaligned 命令进行平齐标注。

(1) 绘制如图 5-24 所示的三角形图形。

(2) 打开"Demension"菜单,单击 Aligned 选项,启动 Dimaligned 命令。AutoCAD 将给出如下命令操作提示序列:

(3) Specify first extension line origin or 〈Select object〉:直接回车。

(4) Select object to dimension:选择右上直线。

(5) Specify dimension line location or [Mtext/Text/Angle]:用鼠标确定尺寸线位置。

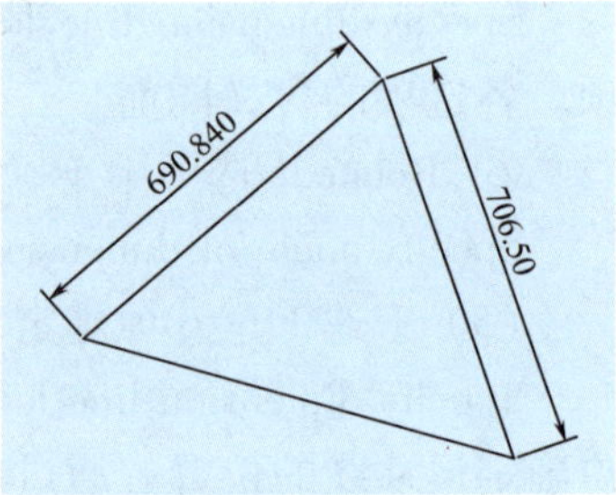

图 5-24

(6) 在"Command:"提示符下,直接回车,再次启动 Dimaligned 命令。

(7) Specify first extension line origin or 〈Select object〉:直接回车。

(8) Select object to dimension:选择左上直线。

(9) Specify dimension line location or [Mtext/Text/Angle]:用鼠标确定尺寸线位置。

绘图结束后得到如图 5-23 所示的三角形图形。

3. 基线标注(Dimbaseline)

在工程制图中,往往以某一个面(或一条线)作为基准,其他尺寸都按该基准进行定位或画线,这就是基线标注。AutoCAD 提供 Dimbaseline 命令方便用户标注这类尺寸。用户可通过下列 3 种方法启动 Dimbaseline 命令:

- 单击"Dimension"工具栏上  按钮。
- 打开"Dimension"菜单,单击"Baseline"选项。
- 在"Command:"提示符下,输入"Dimbaseline"或"dba"并回车。

操作步骤如下:

(1) 在"Command:"提示符下,输入"Dimbaseline"或"dba"并回车。启动 Dimbaseline 命令后,将出现下面提示:

(2) Specify a second extension line origin or [Undo/Select] 〈Select〉:系统要求用户输入

另外一个尺寸的第二尺寸界限的起点，指定后马上标注出尺寸。此后，系统会反复出现以上提示，直到用户按 Esc 键退出基线标注为止。

(3) 如果用户输入“U”并回车，系统将会删除最近一次基线标注。

(4) 如果用户在上面提示符下，直接回车，则会出现下面提示：

Select base dimension：要求用户选择基线标注的基线，而后又将出现下面的提示：

Specify a second extension line origin or (Undo/〈Select〉)：操作同上，不再重复叙述。

注意：基线标注必须是线性尺寸、角度尺寸或坐标尺寸的某一类形尺寸。在进行基线标注之前，用户必须先标注出一个尺寸，以便系统默认基线。系统默认基线标注之前的那个标注的第一尺寸界线为基线。

例 5-4　用 Dimbaseline 命令进行基线标注。

(1) 先绘制如图 5-25 所示的图形。

(2) 在“Command：”提示符下，输入“dli”，启动 Dimlinear 命令。

(3) First extension line origin or press ENTER to select：利用捕捉功能，捕捉 a 点为第一尺寸界线的起点，b 点为第二尺寸界线的起点。系统标注自动出第一个尺寸。并默认第一尺寸界线为下面要进行的基线标注的基线。

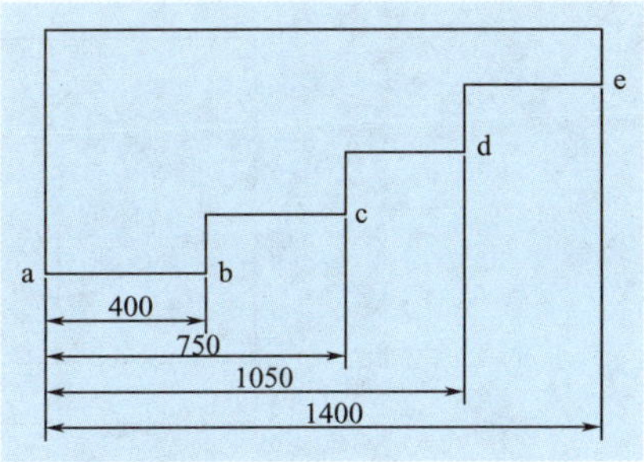

图 5-25　基线标注尺寸

(4) 在“Command：”提示符下，输入“dba”，启动基线标注命令。

(5) Specify a second extension line origin or (Undo/〈Select〉)：选择 c 点。

(6) Specify a second extension line origin or (Undo/〈Select〉)：选择 d 点。

(7) Specify a second extension line origin or (Undo/〈Select〉)：选择 e 点。

系统自动标注出 3 条基线尺寸。操作结果见图 5-24。

4．连续标注(Dimcontinue)

在工程制图中，有一些尺寸的第一尺寸界线与前一个尺寸的第二尺寸界线相重合，也即尺寸界线首尾相连。标注这样的尺寸用系统提供的连续标注功能进行标注可以起到事半功倍的作用。连续标注的命令是 Dimcontinue。启动该命令可以用下面 3 种方法：

● 单击“Dimension”工具栏上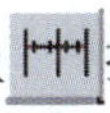按钮。

● 打开“Dimension”菜单，单击“Continue”选项。

● 在“Command：”提示符下，输入“Dimcontinue”或“dco”并回车。

进行连续标注的具体步骤如下：

(1) 在“Command：”提示符下，输入“Dimcontinue”或“dco”并回车。

(2) Specify a second extension line origin or [Undo/Select]〈Select〉：系统要求用户确定下一个连续标注的第二尺寸界线的起点。

(3) 如果用户键入“U”并回车，系统将自动取消上一个连续标注尺寸。

(4) 如果用户直接回车，将出现下面提示：

Select continued dimension：要求用户确定新的连续标注的第一尺寸。确定后系统又出现上面的提示：“ Specify a second extension line origin or [Undo/Select]〈Select〉：”。

例 5-5　用 Dimcontinue 命令进行连续标注。

(1) 先绘制如图 5-26 所示的图形。

(2) 在“Command:”提示符下,输入“dli”并回车。启动 Dimlinear 命令。

(3) 利用捕捉功能,捕捉 a 点和 b 点,进行第一个尺寸标注。

(4) 在“Command:”提示符下,输入“dco”并回车。启动连续尺寸标注命令。

(5) Specify a second extension line origin or [Undo/Select]〈Select〉:捕捉圆心 c。

(6) Specify a second extension line origin or [Undo/Select]〈Select〉:捕捉圆心 d。

(7) Specify a second extension line origin or [Undo/Select]〈Select〉:捕捉 e。

利用捕捉功能,捕捉 C、D、E 点。系统自动进行 3 个连续尺寸标注。操作结果见 5-26。

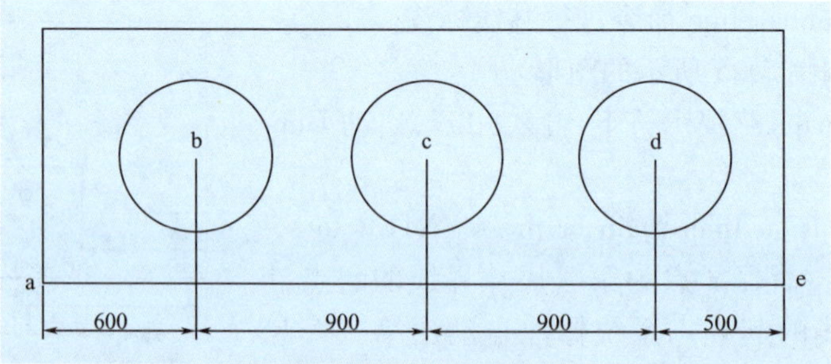

图 5-26　连续标注尺寸

三、径向尺寸标注

径向尺寸分为半径尺寸和直径尺寸两种。

1. 标注半径尺寸(Dimradius)

AutoCAD 中标注半径尺寸的命令是 Dimradius,启动该命令可以采用下面 3 种方法:

- 单击“Dimension”工具栏上按钮。
- 打开“Dimension”菜单,单击“Radius”选项。
- 在“Command:”提示符下,输入“Dimradius”或“dra”并回车。

标注半径尺寸的具体步骤如下:

(1) 在“Command:”提示符下,输入“Dimradius”或“dra”并回车。启动 Dimradius 命令后,将出现如下提示:

(2) Select arc or circle:选择要标注的圆弧或圆。

(3) Specify dimension line location or [Mtext/Text/Angle]:响应该提示包括如下 4 项选择:①指定尺寸线的位置;②输入“M”,选择“Mtext”选项;③输入“T”,选择“Text”选项;④输入“A”,选择“Angle”选项。

2. 标注直径尺寸(Dimdiameter)

AutoCAD 中标注半径尺寸的命令是 Dimdiameter,启动该命令可以采用下面 3 种方法:

- 单击“Dimension”工具栏上按钮。
- 打开“Dimension”菜单,单击“Diameter”选项。
- 在“Command:”提示符下,输入“Dimdiameter”或“ddi”并回车。

标注直径尺寸的具体步骤如下：

（1）在“Command：”提示符下，输入“Dimdiameter”或“ddi”并回车。启动 Dimdiameter 命令后，将出现如下提示：

（2）Select arc or circle：选择要标注的圆弧或圆。

（3）Specify dimension line location or [Mtext/Text/Angle]：响应该提示包括如下 4 项选择：①确定尺寸线的位置；②输入“M”，选择“Mtext”选项；③输入“T”，选择“Text”选项；④输入“A”，选择“Angle”选项。

例 5-6　用 Dimradius 和 Dimdiameter 命令进行半径和直径的标注。

（1）先绘制两个圆。

（2）在“Command：”提示符下，输入“dra”并回车。启动 Dimradius 命令。

（3）Select arc or circle：选择图中左边的圆。

（4）Specify dimension line location or [Mtext/Text/Angle]：选择一点确定半径尺寸的位置。结束半径标注。

（5）在“Command：”提示符下，输入“ddi”并回车。启动 Dimdiameter 命令。

（6）Select arc or circle：选择图中右边的圆。

（7）Specify dimension line location or [Mtext/Text/Angle]：选择一点确定直径尺寸的位置。结束直径标注。操作结果见图 5-27。

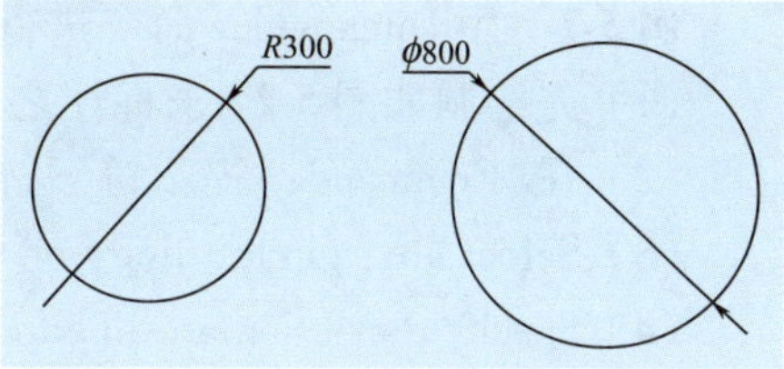

图 5-27　半径和直径标注

四、标注角度型尺寸（Dimangular）

AutoCAD 中标注角度尺寸的命令是 Dimangular，启动该命令可以采用下面 3 种方法：

- 单击“Dimension”工具栏上  按钮。
- 打开“Dimension”菜单，单击“Angular”选项。
- 在“Command：”提示符下，输入“Dimangular”或“dan”并回车。

标注角度尺寸的具体步骤如下：

首先在“Command：”提示符下，输入“Dimangular”或“dan”并回车。启动 Dimangular 命令后，将出现如下提示：

Select arc, circle, line, or 〈specify vertex〉：选择要标注的圆弧、圆或直线。也可以直接回车选择三点来标注角度。

（1）选择圆弧。如果用户选择了某段圆弧，系统会自动以圆弧的两个端点作为尺寸界线的起点来标注角度，并提示如下：

Specify dimension arc line location or [Mtext/Text/Angle]：响应该提示包括如下 4 项选择：①确定尺寸线的位置；②输入“M”，选择“Mtext”选项；③输入“T”，选择“Text”选项；④输入“A”，选择“Angle”选项。

（2）选择圆。如果用户选择了一个圆，系统则将该点作为角度尺寸的第一尺寸界线的起点，并提示如下：

Specify second angle endpoint：选择角度尺寸的第二尺寸界线的起点，之后，系统如下提示:Specify dimension arc line location or [Mtext/Text/Angle]:含义同上。

(3) 选择两条直线进行角度标注。如果用户选择了一条直线,系统会自动将该直线作为角度尺寸的第一尺寸界线的起点,并提示如下:

Select second line:选择第二条直线。系统会自动把该直线作为第二尺寸界线的起点。之后,系统提示如下:

Specify dimension arc line location or [Mtext/Text/Angle]:含义同上。

(4) 直接回车,选择三点来标注角度。系统会作如下的提示:

Specify angle vertex:选择标注角的顶点。

Specify first angle endpoint:选择第一边的终点。

Specify second angle endpoint:选择第二边的终点。

Specify dimension arc line location or [Mtext/Text/Angle]:含义同上。

例 5-7 用 Dimangular 命令进行角度标注。

(1) 先绘制如图 5-27 未标注之前的图形。

(2) 在"Command:"提示符下,输入"dan"并回车,启动角度标注命令。

(3) Select arc, circle, line, or 〈specify vertex〉:选择图中的圆弧。

(4) Specify dimension arc line location or [Mtext/Text/Angle]:选择一点确定尺寸线的位置。

(5) 按回车键,重新启动 Dimangular 命令。

(6) Select arc, circle, line, or 〈specify vertex〉:选择图中圆上的 A 点。

(7) Specify second angle endpoint:选择图中圆上的 B 点。

(8) Specify dimension arc line location or [Mtext/Text/Angle]:选择一点确定尺寸线的位置。

(9) 按回车键,重新启动 Dimangular 命令。

(10) Select arc, circle, line, or 〈specify vertex〉:选择图中直线 C。

(11) Select second line:选择图中直线 D。

(12) Specify dimension arc line location or [Mtext/Text/Angle]:选择一点确定尺寸线的位置。

(13) 按回车键,重新启动 Dimangular 命令。再回车,选择三点方式标注角度。

(14) Specify angle vertex:选择图中 E 点作为标注角的顶点。

(15) Specify first angle endpoint:选择图中 F 点作为第一边的终点。

(16) Specify second angle endpoint:选择图中 G 点作为第二边的终点。

(17) Specify dimension arc line location or [Mtext/Text/Angle]:选择一点确定尺寸线的位置。最后操作结如图 5-28 所示。

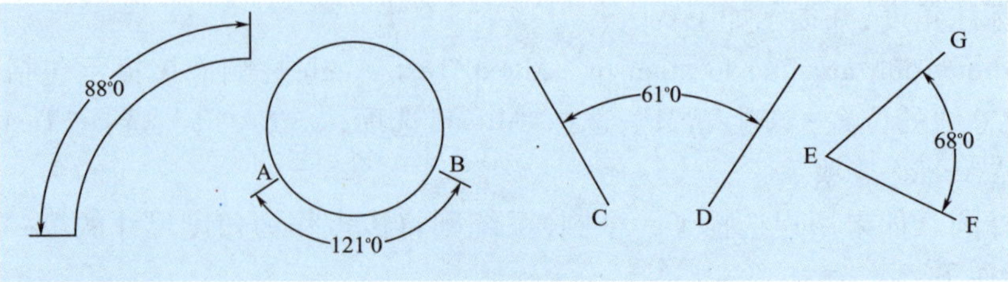

图 5-28 角度标注

五、标注坐标尺寸(Dimordinate)

AutoCAD 中标注坐标尺寸的命令是 Dimordinate,启动该命令可以采用下面 3 种方法:

● 单击“Dimension”工具栏上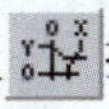按钮。

● 打开“Dimension”菜单,单击“Ordinate”选项。

● 在“Command:”提示符下,输入“Dimordinate”或“dor”并回车。

标注坐标尺寸的具体步骤如下:

在“Command:”提示符下,输入“Dimordinate”或“dor”并回车。启动 Dimordinate 命令后,将出现如下提示:

Specify feature location:指定要标注坐标尺寸的点。之后,系统将出现下面提示:

Specify leader endpoint or [Xdatum/Ydatum/Mtext/Text/Angle]:有 5 个选项供用户选择,各选项的功能如下:

(1) Leader endpoint:确定指引线的终点。系统将根据用户所确定的两点之间的坐标差标注尺寸,并将该尺寸文本标注在指引线终点处。

(2) Xdatum:输入“X”并回车,标注 X 坐标。

(3) Ydatum:输入“Y”并回车,标注 Y 坐标。

(4) “Mtext”和“Text”两个选项其功能同上,不再重述。

六、指引标注(Leader)

AutoCAD 中标注指引尺寸的命令是 Leader,启动该命令可以采用下面 3 种方法:

● 单击“Dimension”工具栏上的按钮。

● 打开“Dimension”菜单,单击“Leader”选项。

● 在“Command:”提示符下,输入“Leader”或“le”并回车。

标注指引尺寸的具体步骤如下:

(1) 在“Command:”提示符下,输入“Leader”或“le”并回车。启动 Leader 命令后,将出现如下提示:

(2) Specify first leader point, or [Settings]〈Settings〉:指定指引线的起点,或回车设置指引标注参数。

(3) Specify next point:指定指引线的另一端点。

(4) Specify text width〈0〉:输入文本串宽度。

(5) Enter first line of annotation text〈Mtext〉:输入单行注释文本或多行注释文本。

当在步骤(2)时直接回车,系统将弹出如图 5-29 所示的对话框。

该对话框有 3 个选项卡,“Annotation(注释)”、“Leader Line & Arrow(引线和箭头)”和“Attachment(附加)”设置注释文本、指引线、箭头以及其他附加设置。

例 5-8　用 Leader 命令进行指引标注。

（1）先绘制如图 5-29 所示的未进行指引标注的图形。

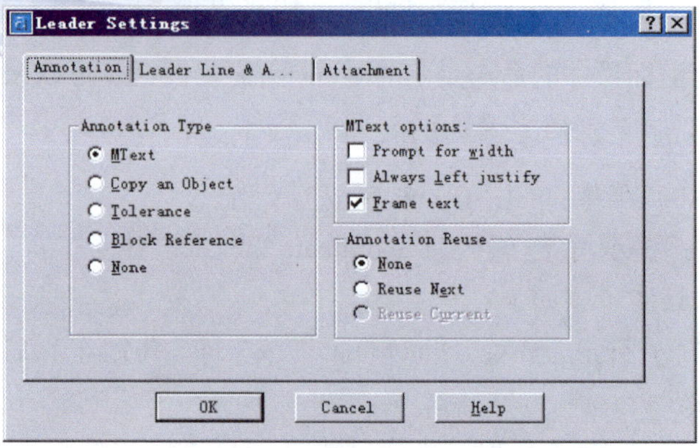

图 5-29 "Leader Settings"对话框

（2）在"Command:"提示符下，输入"le"并回车。启动 Leader 命令。

（3）Specify first leader point, or [Settings]〈Settings〉:直接回车，打开"Leader Settings"对话框。

（4）单击"Attachment"选项卡，选择"Underline bottom line"复选框，按"OK"按钮关闭对话框。

（5）Specify first leader point, or [Settings]〈Settings〉:指定引线起点。

（6）Specify next point:指定引线第二点。

（7）Specify next point:回车结束引线。

（8）Specify text width〈0〉: 20，回车（输入注释文本宽度）。

（9）Enter first line of annotation text〈Mtext〉: 倒角 3cm × 3cm，回车。

（10）Enter next line of annotation text:回车结束。操作结果见图 5-30。

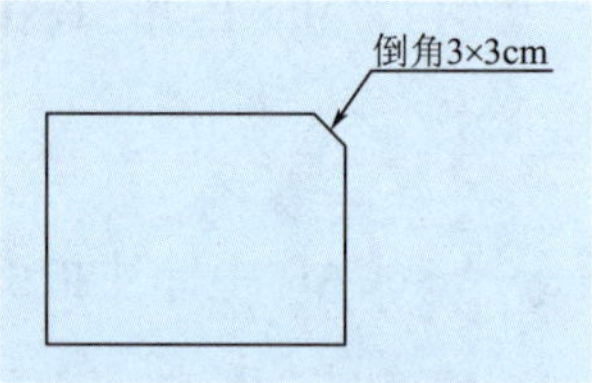

图 5-30 指引标注

七、编辑尺寸标注

在工程制图中，经常要对已经标注的尺寸进行编辑。AutoCAD 提供了多种尺寸编辑的方法。

1. 用 DDmodify 命令编辑尺寸标注

用户在命令行内输入"DDmodify"或"MO"并回车，即可启动该尺寸编辑命令。接着系统会提示:"Select object to modify:"。该提示要求用户选择需要修改的尺寸标注，用户选择尺寸标注后，将弹出"Properties"对话框。在该对话框内更改有关的选项，即可完成尺寸标注编辑。对话框中的各选项用法前面已作介绍，此处不再叙述。

2. 用 Dimedit 命令编辑尺寸标注

用户在"Command:"提示符下，输入"Dimed"或"Ded"并回车，即可启动 Dimedit 尺寸标注编辑命令。启动该命令后，系统将会出现如下的提示:"Enter type of dimension editing [Home/New/Rotate/Oblique]〈Home〉:"。

各选项的含义分别介绍如下：

（1）Home：系统的缺省项，该选项将尺寸文本角度恢复到初始角度。如某尺寸文本系统默认的方向为字头向上，旋转角度为0，而现在旋转角度为30°，执行“Home”选项后，又回到了默认的角度。

（2）New：更新尺寸文本。

（3）Rotate：将尺寸文本旋转某个角度。

（4）Oblique：将尺寸界限旋转某个角度。

例5-9　用dimedit命令修改尺寸界线。

（1）用Line命令绘制如图5-31a）所示图形。

（2）用Dimaligned命令标注尺寸如图5-31b）所示。

（3）在“Command：”提示符下，输入“Dimed”回车，启动尺寸编辑命令。

（4）Enter type of dimension editing［Home/New/Rotate/Oblique］〈Home〉：O回车。

（5）Select objects：选择左边尺寸。

（6）Enter obliquing angle（press ENTER for none）：180回车。

（7）Select objects：选择上面尺寸。

（8）Enter obliquing angle（press ENTER for none）：70回车。操作结果见图5-31c）。

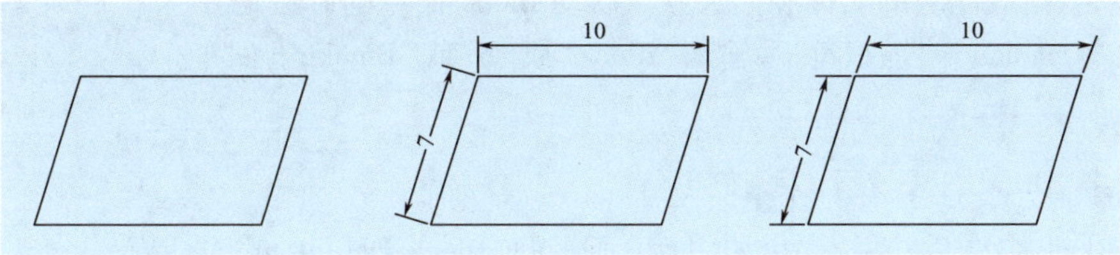

a）　　b）　　c）

图5-31　用“Oblique”选项修改尺寸

第六章　图　　块

在工程制图中经常要绘制一些固定的图形符号，如标高符号、剖面符号、钢筋符号等。如果一笔一笔地重复画这些图符，既显得枯燥乏味又缺乏效率。AutoCAD 中的图块功能可以将这种固定的图形符号制作成图块，在应用时将其插入图形的指定位置，也可以对整个图块进行复制、移动、旋转、比例缩放、镜像、删除和阵列等操作。这样可以大大地节省操作时间，提高作图效率，保存图块比保存图形还可节省磁盘空间。

第一节　定义图块

一、用“Block Definition”对话框定义图块

图块是 AutoCAD 中由一组基本图形或实体组成的一种特殊实体，可以把图块想象成是预先存储在计算机中的绘图模板，那么定义图块就是制作绘图模板和存储绘图模板的过程。定义图块的命令是 Block，使用它用户就可以根据系统提出的要求，确定组成图块的 3 个要素，即图块名、组成图块的实体和插入点。启动 Block 命令的方法是：

- 在“Command:”提示符下，输入“Block”或“b”或“Bmake”，回车；
- 在菜单“Draw”下选择“Block”→“Make...”；
- 单击“Draw”工具条上按钮。

启动 Block 命令后，系统弹出如图 6-1 所示的“Block Definition”对话框。

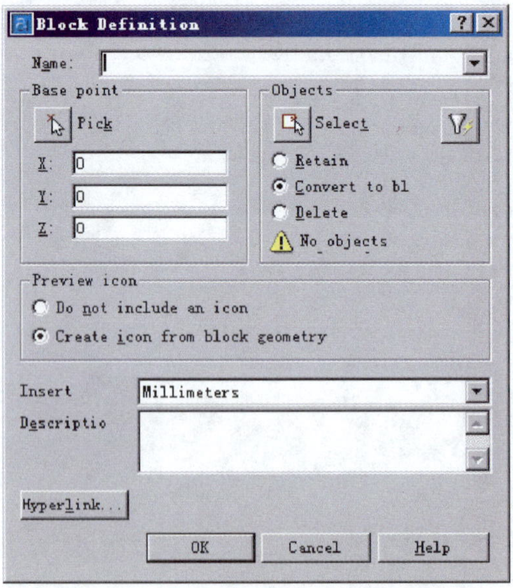

图 6-1　“Block Definition”对话框

在该对话框中，用户输入要定义块的必要参数，如块名、选择块实体、插入点等。下面介绍对话框中各选项的含义。

(1) Name(块名):用户给欲定义块取名。

(2) BasePoing(基点):当以后插入该图块时,此基点变为块的坐标系原点。插入点最好选择图形的特征点。确定基点的方法可以直接在"Base Point"区的 X、Y、Z 文本框中输入插入基点的坐标,也可以单击"Pick"按钮,用鼠标在图中拾取插入基点。

(3) Objects(实体):选择组成块的实体,称为块实体。用户可以单击"Select"按钮,在绘图区选取构成图块的实体。在定义块的同时,系统提供 3 种处理块实体的方法:

● Retain(保留):当定义时,块实体仍然保留。

● Convert to object(转化为块):当定义块时,系统将块实体转化为块。

● Delect(删除):当定义块时,系统将块实体从图中删掉。用户可以用 Oops 命令恢复块实体。

(4) Preview icon(预览图标):是否对所建图块建立预览图标。其中有下面两个选择:

● Do not include an icon:不建立预览图标。

● Creat icon from block geometry:从块实体建立预览图标。

(5) Insert:确定插入块时的尺寸单位,系统默认值为 Millimeters。

(6) Descriptio(描述):预览图块时关于块的文字描述。

(7) "Hyperlink"按钮:超级链接,用于建立一个与块定义相关的超级链接。

在上述选项中一般没有先后顺序,确定各选项后单击"OK"按钮,系统在当前图形中定义了一个块。

二、用"-Block"命令定义图块

用对话框定义图块适用于初学者,对于有一定基础的用户用"block"命令来定义图块更为直接方便,具体操作如下:

(1) Command:(输入"block"并回车。)

(2) Block name(or ?):(输入创建图块的名称,或输入? 来查询已经建立的图块。)

(3) Insertion base point:(确定图块的插入点,插入点最好是图形的特征点。)

(4) Select objects:(选择构成图块的实体图形。)

(5) Command:(输入"oops"并回车。建立图块后,原图形会消失,用 oops 命令来恢复该图形。)

下面通过一个练习来说明定义图块的过程:

例 6-1 用"Block Definition"对话框定义钢筋编号图块。

(1) 首先绘制如图 6-2 的钢筋编号的图形。

(2) 在"Command:"下输入"block"或"b"并按回车,系统弹出"Block Definition"对话框。

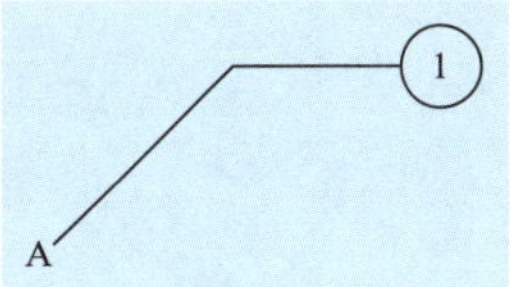

图 6-2

(3) 单击"Pick"按钮,系统切换至图形窗口,用鼠标点取图中 A 点;

(4) 单击"Select"按钮,系统切换至图形窗口,用鼠标选择构成图块的图形;

(5) 在"Name"文本框中输入图块名"gangjin"

(6) 选择"Delect"选项。

(7) 单击"OK"按钮,完成图块定义。

上例中选择了"Delect"选项,图块定义后原图形被删除。用户输入 Oops 命令,恢复被删

除的图形。用户也可以选择“Retain”和“Convert to object”这两个选项继续进行练习，体会各选项之间有何不同。

例 6-2 用 block 命令提取当前图形中的块信息。

(1) Command: block 回车;

(2) Enter block name or[?]:? 回车;

(3) Enter block(s) to list 〈 * 〉:回车，系统显示下面块信息：

Defined blocks.

“gangjin” ’块名

User Blocks	External References	Dependent Blocks	Unnamed Blocks
1	0	0	0

例 6-2 中，输入“?”来查询图块信息，系统显示当前图中只有块名为“gangjin”的一个图块。

需要指出的是，用 Block 命令定义图块后，图块信息是附着在当前图形中的，它随附带该图块的图形存在而存在，不能独立于图形之外。因此，用 Block 命令来定义的图块，只能在当前的图形文件中使用。若想在其他的图形文件中使用该图块，必须要用 Wblock 命令将图块以图形文件的方式存储起来，这样就可以在所有的图形文件中共同使用该图块。

第二节 图块存盘(Wblock)

图块存盘是将创建的图块信息永久地保存在计算机中，图块存盘的命令是 Wblock，启动 Wblock 命令的方法是在 Command:提示符下，输入 Wblock 或 w，启动 Wblock 命令后，系统弹出如图 6-3 所示的“Write Block”对话框。

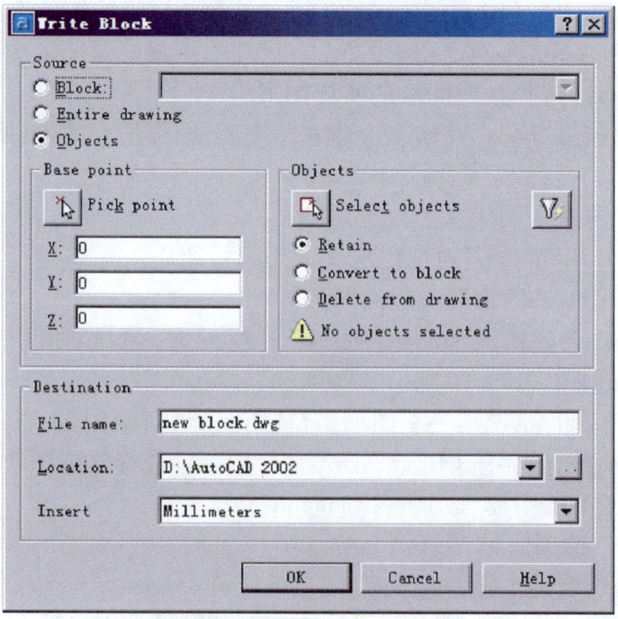

图 6-3 “Write Block”对话框

下面介绍该对话框中各选项的含义：

（1）Source（块源）：指出块存盘的源（图形、块），系统提供下面3种选择：

①Block 选择已建立的图块。选择此项后 Block 右边的组合框被激活，系统显示所有已存在的图块，用户选择其一。

②Entire drawing：当前图形。选择此项后系统将当前图形所有的实体定义为块。

③Object：选择图形实体。当选择此项后，对话框中"Base Point"区和"Objects"区被激活，用户按照定义块的方法选择插入点和块实体。

（2）Destination（目标文件）：在该区中用户确定要存盘的目标文件的"文件名"、"位置"和插入时的尺寸单位。

确定上述块源和目标文件后，单击"OK"按钮，系统将图块永久保存在用户指定的位置上。

例 6-3　用 Wblock 命令将图块存到磁盘上。

（1）以图 6-1 的图形作为要存盘的图块文件。

（2）Command：Wblock，回车。系统弹出"Write Block"对话框。

（3）在"Source"区选择 Block，在 Block 右侧下拉框中选择"gangjin"图块。

（4）在"Destination"区中，取存盘文件名为"gangjintu"，也可以与块同名，选择存盘位置。

（5）单击"OK"按钮，结束图块存盘操作。

第三节　插入图块（Insert）

用户可以用 Insert 命令将创建的图块插入到指定的位置，在插入图块时，用户要确定以下四个参数，插入的图块名、插入的位置、插入的比例系数和图形的旋转角度。启动 Insert 命令有以下几种方法：

- 在"Command："提示符下，输入"Insert"或"I"或"DDinsert"，并回车；
- 在菜单"Insert"下选择"Block..."；
- 单击"Draw"工具条上按钮。

启动 Insert 命令后，系统弹出如图 6-4 所示的"Insert"对话框。

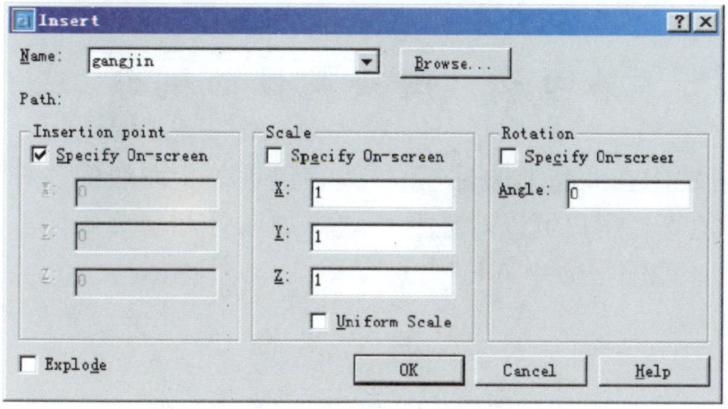

图 6-4　"Insert"对话框

用户通过该对话框选择要插入的图块名、插入的位置、插入的比例系数和图形的旋转角度等参数。对话框中各选项的含义及其使用方法如下：

(1) Name(图形文件名称或块名)：用户可以单击下拉按钮，从当前图形所有的块中选择某一图块，也可以单击“Brose”按钮，用浏览方式从所有文件中选择要插入的图块或图形，若选择图形在插入时，系统自动将其转化为图块。

(2) “Scale(缩放比例)”区：给出块在 X、Y、Z 坐标轴方向的比例系数，默认值均为 1。也可以通过“Specify On-screen”单选框后在屏幕上指定。比例系数如果小于 0，那么插入块将作镜像变换。

(3) “Rotation(旋转)”区：确定插入块的旋转角度，默认值为 0。用户可以直接在“Angle”框中输入角度值，也可以通过“Specify On-screen”单选框后在屏幕上指定。系统规定角度为正时，按逆时针方向旋转；角度为负时，则顺时针方向旋转。

(4) Explode(分解)：选中该选项后，插入图块时，图块被系统自动分解成一个个实体，而不是一个图块。

(5) “Insert point(插入点)”区：确定图块插入点位置，用户可以在对话框中直接输入插入点 X、Y、Z 的坐标，也可以单击“Specify On-screen”单选按钮后在屏幕上指定插入点位置。

例 6-4 用 Insert 命令当前图形中插入一个图块。

(1) 在“Command:”提示符下，输入“Insert”或“I”并回车，系统弹出“Insert”对话框；

(2) 在“Name”区输入图块名“gangjin”；

(3) 在“Scale(缩放比例)”区确定图块的插入比例，按系统默认值 X = 1、Y = 1、Z = 1 输入。

(4) 在“Rotation(旋转)”区。输入图块的旋转角度为 0。

(5) 单击“Insert Point(插入点)”区的“Specify On-screen”单选框，系统自动切换到图形屏幕，用鼠标来指定插入点。

系统将名为“gangjin”的图块插入在当前图形中。

当要求以下插入多个图块时，可以用系统提供的块阵列插入命令“minsert”插入图块。在插入过程中，用户除了要输入图块名、插入点、插入比例外，还要输入阵列的行数、列数以及行间距和列间距。

第四节　图块属性的概念

图块的属性就好比附在商品上的标签一样，它包含关于图块的各种信息。如图块的格式、标题、类别、属性值等。用户可以对任意图块添加属性和修改属性。定义图块属性的命令是 Attdef 或 Ddattdef 或缩写命令 Att。

一、定义属性

用 Attdef 命令定义块属性的具体操作步骤如下：

“Command:”提示符下，输入“Attdef”并回车，系统将弹出如图 6-5 所示的对话框。

在对话框中,用户可以定义属性的各种选项,下面介绍各选项的含义及用法。

(1)“Mode(模式)”区:给出属性的4个模式。

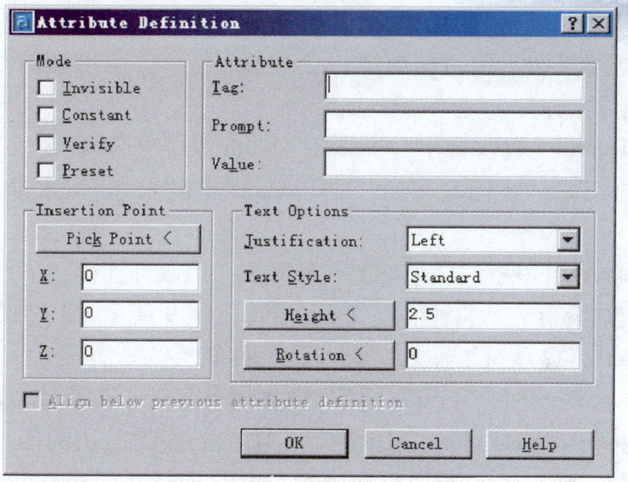

图6-5　“Attribute Definition”对话框

- Invisible 为属性值可见性模式,选中为不可见,否则为可见。
- Constant 为属性值可变性模式,选中为常量不可变,否则为可变。
- Verify 为属性值重检校模式,选中为重检校,否则为不检校。
- Preset 为属性值预置模式,选中为预置初始属性值,否则为不预置。

(2)“Attribute(属性)”区:系统给出3个属性。

- Tag:输入属性标题。
- Prompt:插入属性块时,出现在命令行的提示信息。
- Value:输入缺省属性值。

(3)“Insert Point(插入点)”区:确定属性文字的插入点,可以输入插入点X、Y、Z坐标,也可以通过“Pick Point”按钮在屏幕上指定。

(4)“Text Optins(文字选项)”区:确定属性文字的对齐方式、样式和字高。

- Justification:确定文本对齐方式。
- Text Style:文字样式。
- Height:确定属性文本字高。
- Rotation:确定属性文本的文字倾角。

(5)“Align below previous attribute definition(基于前属性对齐)”选框:对于多个属性时,选中此项后系统会使属性标注自动对齐前属性。

二、建立带属性的块

属性只有与图块在一起才有意义,单独的属性是毫无意义的。下面将通过一个例子来说明如何给一个图块添加属性值,以及如何应用带属性的图块。

例6-5　建立带两个属性的图块。

(1)绘制如图6-6所示的水准点符号图形。

(2) Command:DDattdef 弹出“Attribute Definition”对话框;(定义第一个属性)

(3) 在对话框中输入各选项如图 6-7 所示;

(4) 单击“Pick Point <”按钮,结果如图 6-6 所示。用鼠标在横线上点击,系统返回前面对话框,按“OK”按钮结束第一个属性的定义,结果如图 6-8 所示,图中加入了一个属性。

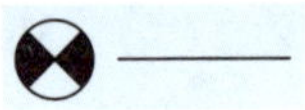

图 6-6

(5) Command:Ddattdef 再次弹出“Attribute Definition”对话框(定义第二个属性)。

(6) 在对话框的“Tag:”中输入“高程”,“Prompt”中输入“输入水准点高程”,“Value”中输入“100.56”。

(7) 单击“Pick Point >”按钮,结果如图 6-8 所示。用鼠标在横线下点击,系统返回到前面对话框,按“OK”按钮结束第一个属性的定义。结果如图 6-9 所示,图中加入了第二个属性。

(8) 在“Command:”提示符下输入,“block”并回车;

(9) Enter block name or [?]: SZD 回车(输入属性名为“SZD”);

(10) Specify insertion base point:用鼠标点击圆中心作为图块的插入点;

(11) Specify opposite corner:选择包括属性在内的全部图形;

(12) Select objects:回车(定义图块结束,图形消失)。

三、插入带属性的块

例 6-6 插入带两个属性的图块 SDZ。

(1) Command: Insert,并回车。

(2) Specify insertion point or[Scale/X/Y/Z/Rotate/PScale/PX/PY/PZ/PRotate]:用鼠标在屏幕上点击插入点。

(3) 输入水准点高程:〈100.56〉:120.34,并回车。

(4) 输入水准点编号〈BM1〉:BM0,并回车。

操作结束后,在图中插入了具有两个属性的水准点符号图块,如图 6-10 所示。在每次插入带属性的图块时,系统均会向用户提示输入属性值,这比在图形中用 Text 命令写文本要方便得多。

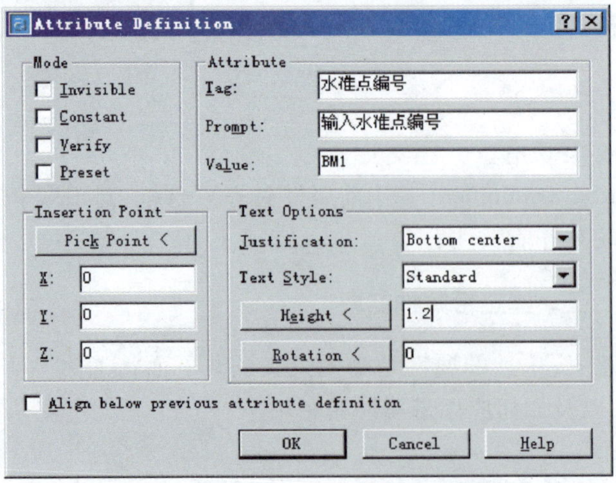

图 6-7 输入第一个属性参数

图 6-8

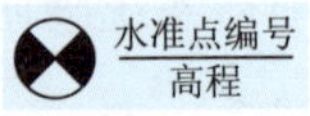

图 6-9

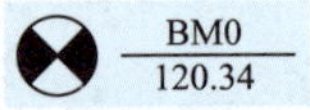

图 6-10

第七章　数据交换与格式转换

第一节　数　据　交　换

为了方便地与 Windows 程序进行数据交换，AutoCAD 系统提供了两种数据交换的方式。下面将详细介绍。

一、用剪贴板进行数据交换

剪贴板是 Windows 环境下最早的数据交换方式，剪贴板是一个临时存储区，把数据（文本和图形）从一个应用程序（源）复制到另一个应用程序（目标）中，要先把复制内容放到剪贴板中，然后再“粘贴”到目标处，如图 7-1 所示。当然在 AutoCAD与 Windows 之间也可以用剪贴板来进行图形和数据的交换，可以把 AutoCAD 中的图形插入到 Windows 应用程序中，也可以将 Windows 应用程序中的数据插入到 AutoCAD 中。

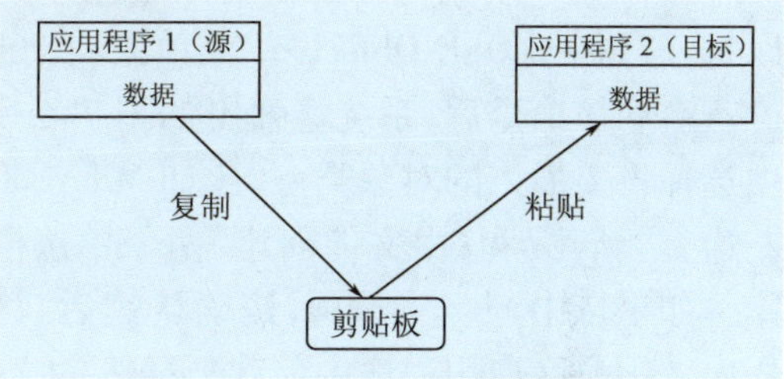

图 7-1　用剪贴板交换数据

在 AutoCAD 中用于剪贴板操作的命令有 3 个，它们分别是 Cutclip、Copyclip、Pasteclip。用户可以直接在命令行内输入以上命令名启动它们，也可以打开“Edit”菜单，选择“Cut”、“Copy”、“Paste”选项来启动。还可以用 Windows 下的标准快捷键 CTRL + X、CTRL + C、CTRL + V 来执行这 3 个命令。CTRL + X 等同于 Cutclip、CTRL + C 等同于 Copyclip、CTRL + V 等同于 Pasteclip，建议用户采用快捷键来操作。

下面通过一个例子来说明剪贴板在 AutoCAD 中的应用。

例 7-1　利用剪贴板把 AutoCAD 中图形复制到 Word 文档中。

（1）先后启动 AutoCAD 和 Word。

（2）在 AutoCAD 中，绘制如图 7-2 所示的空心板图形。

（3）在命令行内输入 Copyclip，或按 CTRL + C。

（4）Select Object：选择空心板图形。

（5）在 Word 文档中，按 CTRL + V。将图 7-2 的图形复制到当前光标处。

操作之后，其结果见 7-3。

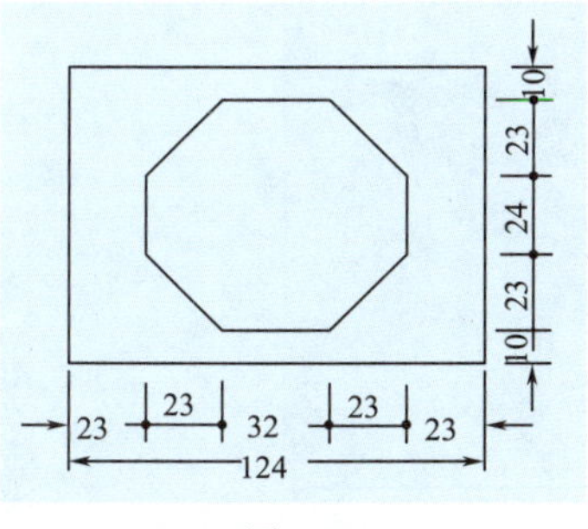

图　7-2

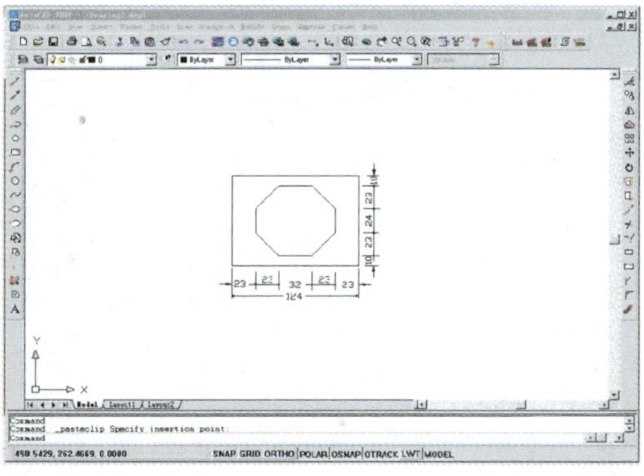

图　7-3

二、用对象链接与嵌入来进行数据交换

对象链接与嵌入是一种较为复杂的、以文档为中心的数据(对象)交换模型,对象链接与嵌入即 Object Linking and Embedding,简称 OLE。它可以在一个文档中嵌入一个对象,也可以把一个对象从一个应用程序链接到另一个应用程序中,并且这两个应用程序还保持着一定联系。它是 Windows 早期的客户/服务器数据模式,OLE 容器(客户端)是一个嵌入或链接了对象的应用程序,而 OLE 服务器则是建立被链接或嵌入对象的应用程序。例如把 Word 表格嵌入或链接到 AutoCAD 中,Word 应用程序是服务器,AutoCAD 应用程序为客户端,Word 表格是对象。

在 AutoCAD 中对象链接的命令是 Insertobj,用户可以在命令行内直接输入 Inserobj,也可以打开“Insert/OLE Object…”菜单来启动此命令。

启动该命令后,系统将弹出如图 7-4 所示的插入对象对话框。用户在对象类型列表框中选择将要插入的对象类型,比如 Microsoft Word 文档、Microsoft Excel 图表等。该对话框的左边有“新建”和“由文件创建”两个单选框。

如果选中“新建”选项,按确认键后,将启动选中的对象类型应用程序,比如 Word 应用程序。用户在应用程序中新建要插入的文档。

如果选中“由文件创建”选项,将显示图 7-5 所示的对话框。在该对话框的文件列表框中选择要插入的文档(可以借助浏览按钮),如果要链接则点击“链接”单选框,再按“确认”按钮。

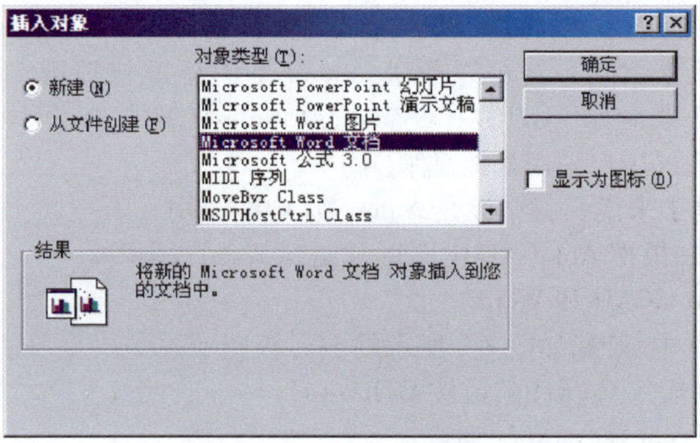

图 7-4 插入新建对象

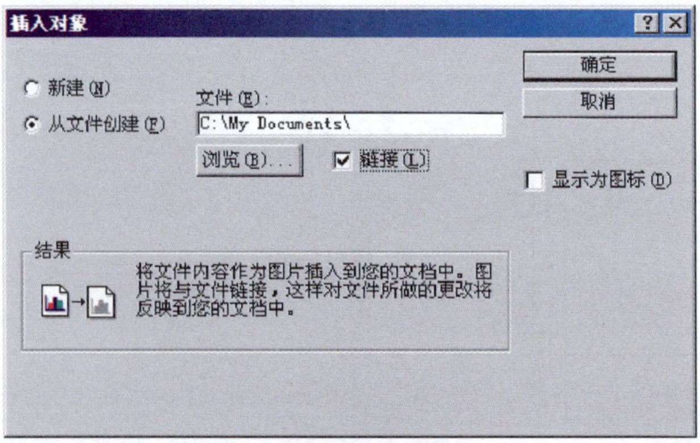

图 7-5 插入已有文件对象

例 7-2 应用 OLE 功能将 Word 文档中的表格插入到 AutoCAD 中。

(1) 先启动 AutoCAD 2002，打开“Insert”菜单，再选择“Object…”选项，启动 Insertobj 命令。

(2) 启动该命令后，系统会自动弹出如图 7-4 所示的插入对象对话框，在对话框中选择“新建”按钮，再选择对象类型列表框中的 Microsoft Word 文档，按“确认”按钮将启动 Word 应用程序。

(3) 在 Word 环境中，用户编辑如图 7-6 所示的表格。

(4) 编辑完表格后，打开“文件”中的“关闭并返回”菜单，此时系统自动返回到AutoCAD 2002 环境。Word 中的表格将会插入到 AutoCAD 图形中，见图 7-7。

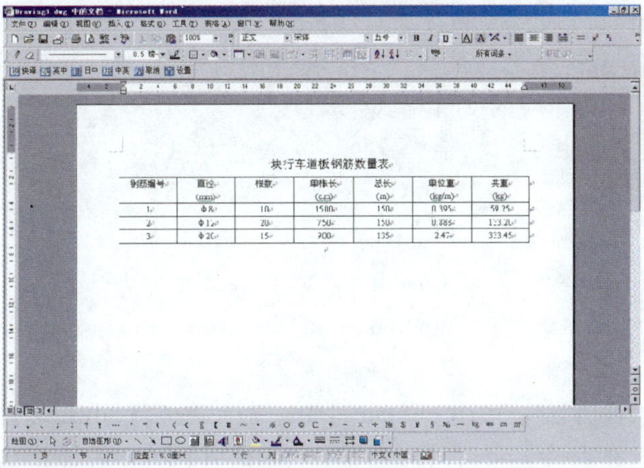

图 7-6 Word 中的表格

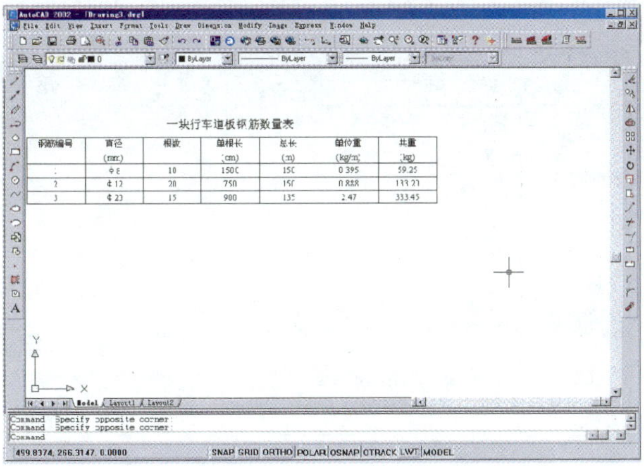

图 7-7 嵌入在 AutoCAD 2002 中的表格

(5) 在 AutoCAD 中，双击该表格，系统将会自动打开 Word 并显示该表格。

(6) 在 Word 中将 1 号钢筋的根数改为 15，并改动相应的总长和共重。再按上面的方法返回到 AutoCAD 中。

(7) 返回到 AutoCAD 后，用户将会发现表格中的 1 号钢筋的根数、总长和共重都已经改变成 Word 文档中的数据。由此可见，利用 OLE 链接功能可以轻松实现 AutoCAD 2002 与

Word 之间的数据交换。

第二节 格式转换

AutoCAD 图形是以. dwg 格式进行存储的,这种格式只有在 AutoCAD 应用程序下才能打开。若要想将. dwg 图形文件应用到其他应用程序中,就需要将. dwg 文件转换成其他应用程序能够接受的文件格式。在 AutoCAD 中,系统可以将. dwg 文件转换成其他多种格式的文件,如国际上通用的. dxf 文件、. bmp 文件等,以便 AutoCAD 与其他应用程序之间的联系,扩大其应用范围。

在 AutoCAD 中进行格式转换的方法有两种,一种是在命令行内直接输入相应的转换命令,然后按系统提示给出转换之后的文件名,系统便自动将. dwg 文件转换成用户需要的文件格式。下面是命令名及相应的文件格式:

命令名	文件格式	命令名	文件格式
3dout	. 3ds	Attext	. dxx
Bmout	. bmp	Psout	. ep
Dwfout	. dwf	Acisout	. sat
Dxfout	. dfx	Wmfout	. wmf
Stlout	. stl		

格式转换的第二种方法是利用"Export Data"对话框,将. dwg 文件转换成上面格式的数据文件。用户可以在命令行内直接输入"Export"并回车,系统将会弹出如图 7-8 所示的"Export Data"对话框,在该对话框中选择文件名和文件格式,按"保存"按钮就可以实现文件格式的转换。

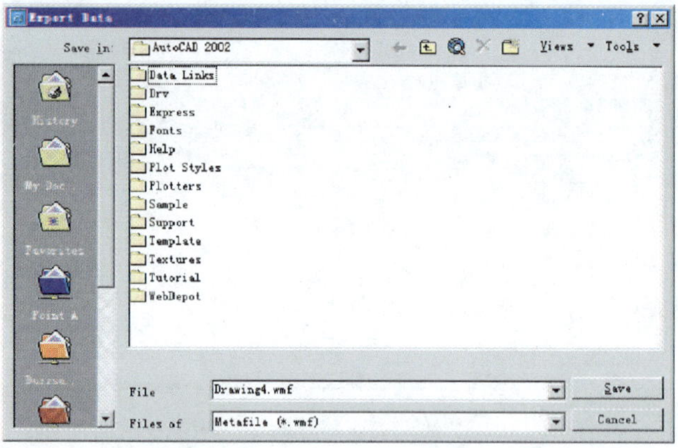

图 7-8 "Export Data"对话框

第三节 DXF 文件格式和应用

DXF 文件是标准的图形交换文件,它是以后缀名为(. dxf)的 ASCII 格式保存在计算机中,用户可以用任何文字处理软件如写字板,Word 等来读取或修改文件内容,这就为高级语言与 AutoCAD 之间提供了一个“接口”。用户采用高级语言如 Bacis 进行编程，就可以获取丰富的 AutoCAD 图形信息，也可以实现在 AutoCAD 中绘制图形和编辑图形。要正确应用 DXF 文件，实现上述功能，首先要了解和熟悉 DXF 文件格式。

一、DXF 文件格式

通常一个 DXF 文件都很长，为了方便了解其格式，用户可先将一个简单图形用 Dxfout 命令生成一个 DXF 文件，作为参考。一个完整的 DXF 文件由下面 6 个段组成：

HEADER(标题)段。此段区包含图形的基本信息，它由一个 AutoCAD 数据库版本号和许多系统变量组成。

CLASSES(类)段。此段处理要出现在 BLOCKS、ENTITIES、OBJECTS 等段区数据库中的应用程序定义说明。

TABLES(表)段。此段专门记录图形文件中有关特殊列表的定义。如 APPID、DIMSTYLE、LAYER、LTYPE、STYLE、UCS、VIEW、VPORT 等列表定义。

BLOCKS(块)段。此段包括块定义和组成图形中每个块引用的图形图元。

ENTITIES(实体)段。此段包含图形文件中的所有图形对象(图元)。

OBJECTS(非图形图元)段。此段包含图形文件中的所有非图形对象，包括非符号表记录的、符号表的和非图元对象。

DXF 文件的最小组成单元是组(Group)，即一个 DXF 文件由一系列组构成。每个组在文件中占两行，第一行称为组码(Group Code)，第二行称为组值(Group Value)。组码是一种标识，组码在不同的段区中有不同的含义，组值则是表示组码所代表内容的数值，在不同的段区中其含义也是有区别的。组值的数据类型取决于组码的数值：

组码数值范围	组值数据类型
0 ~ 9	字符串
10 ~ 59	浮点数
60 ~ 79	整型数

标题段的内容是由数十个变量给出的，表段的内容是由诸表项给出的，而块段和实体段的内容由实体描述来说明。所有变量、表项、实体描述总是先由一个组来给出名称(如变量)或类型(如表类型或实体类型)，后面跟着几个组来说明该项的内容(如变量的值、实体说明等)。

除此之外，还有几个特殊的组作为文件段落分隔符，如 SECTION 表示一个新段开始，ENDSEC 表示该段结束；TABLE 表示新表开始，ENDTAB 表示该表结束；文件结束则以 EOF 表示等。

下面给出一个仅有段标记的 DXF 文件的格式说明示例：

0	组码：表示段、表项、实体、文件的开始或结束
SECTION	组值：SECTION 表示新段开始
2	组码：属性特征值、段、块、实体名称等
HEADER	组值：HEADER 表示标题段开始
9	组码：变量名称标识，仅用于标题段

$ACADVER	组值:变量名称
⋮	段内容描述
0	组码:同上
ENDSEC	组值:ENDSEC 表示 HEADER 段结束
0	组码:同上
SECTION	组值:新段开始
2	
CLASSES	CLASSES 段开始
0	
CLASS	
⋮	CLASS 节段内容描述
0	
ENDSEC	CLASSES 段结束
0	
SECTION	新段开始
2	
TABLES	TABLES 段开始
0	
TABLE	
⋮	TABLE 节段内容描述
0	
ENDSEC	TABLES 段结束
0	
SECTION	新段开始
2	
BLOCKS	BLOCKS 段开始
0	
BLOCK	
⋮	BLOCK 节段内容描述
0	
ENDSEC	BLOCKS 段结束
0	
SECTION	新段开始
2	
ENTITIES	ENTITIES 段开始
⋮	ENTITIES 节段内容描述
0	
ENDSEC	ENTITIES 段结束

0	
SECTION	新段开始
2	
OBJECTS	OBJECTS 段开始
⋮	ENTITIES 节段内容描述
0	
ENDSEC	OBJECTS 段结束
0	
EOF	文件结束

二、高级语言读取 DXF 文件示例

在 DXF 文件中，所有的图元对象都包含在实体（ENTITIES）段中，对于电子地形图中的等高线一般用组值为“LWPOLYLINE”的实体来描述，一段等高线由若干个点组成，这些点的三维坐标均以特定的组码和对应的组值来说明，如表示高程的组码是“38”，表示点的 x 坐标的组码是“10”，表示 y 坐标的组码是“20”，而表示该段等高线的节点数的组码是“90”。在充分了解 DXF 文件结构和知道了要获取的图元对象的组码后，就可以用高级语言编写对应的程序来获取图形数据。下面是一个从 DXF 文件中读取图形实体三维坐标的 VB 程序示例，通过该程序可以从一个由 AutoCAD 电子地形图生成的 DXF 文件中快速获取等高线节点的平面坐标和高程。

```
Public Sub ReadDXF(outFile As String, inFile As String)
  '用 code1 读取组码,code2 读取组值。
  Dim codes As String, code1 As String, code2 As String
  Dim x As String, y As String, z As String
  Dim n As Integer, I As Integer
  '打开一个要读取数据的 Dxf 文件 outFile
  Open outFile For Input As #1
  '打开一个要写入地形数据的文件 inFile
  Open inFile For Output As #2
  '从文件 outFile 中读取第一组数据,组码和组值。
  Line Input #1, code1
  Line Input #1, code2
  '如果组值为"EOF"则结束程序。
Do While Trim(code2) 〈〉 “EOF”
    Line Input #1, code1
    Line Input #1, code2
    '如果组值为"ENTITIES",则进入实体段读取数据,并记录该组值。
  If Trim(code2) = "ENTITIES" Then
    codes = Trim(code2)
```

```
End If
'如果组值为实体段中的"LWPOLYLINE"节,则说明进入描述等高线的数据区。
If codes = "ENTITIES" And Trim(code2) = "LWPOLYLINE" Then
'搜寻等高线的结点数,当组码为"90"时,该组值表示的是该等高线的结点数,并将结点数赋值给变量 n。
For I = 1 To 10
Line Input #1, code1
Line Input #1, code2
If Trim(code1) = "90" Then
  n = Int(Val(Trim(code2)))
  I = 10
End If
Next I
Line Input #1, code1
Line Input #1, code2
Line Input #1, code1
Line Input #1, code2
'当组码为"38"时,该组值表示的是等高线的高程,否则等高线高程 = 0,并且读取的组值是 x 坐标值。
Line Input #1, code1
Line Input #1, code2
If Trim(code1) = "38" Then
  z = code2
  Line Input #1, code1
  '读取第 1 个结点的 x 坐标。
  Line Input #1, code2
Else
  z = 0#
End If
x = code2
Line Input #1, code1
'读取第 1 个结点的 y 坐标。
Line Input #1, code2
y = code2
'将该段等高线第 1 个结点的三维坐标写入 inFile 中。
Print #2, "x = " & x
Print #2, "y = " & y
Print #2, "z = " & z
```

```
'循环读取 n-1 个结点的 x 和 y 坐标,并将结点的三维坐标写入 inFile 中。
For I=1 To n-1
  Line Input #1, code1
  Line Input #1, code2
  x=code2
  Line Input #1, code1
  Line Input #1, code2
  y=code2
  '将等高线结点的三维坐标写入 inFile 中。
  Print #2, "x=" & x
  Print #2, "y=" & y
  Print #2, "z=" & z
        Next I
     End If
  Loop
  Close #1
  Close #2
End Sub
```

程序运行结束后,就生成了一个包含等高线所有结点三维坐标的数据文件,该数据文件经过处理后,就可以为生成数字地面模型提供地形数据,或在路线设计中提供中桩地面数据和横断地面数据。

第八章 路线设计

路线设计是计算机技术在公路设计中应用最早的领域,20 世纪 60 年代,计算机便开始运用到路线设计中,但主要是解决大量的繁复计算问题,如平面几何线型计算,纵断面设计计算,横断面土石方计算等。随着计算机软硬件技术的发展,计算机在路线设计方面的应用由完成单一的计算工作,逐渐拓展到路线优化设计、自动化绘图与制表等设计全过程。特别是随着航空摄影测量与数字地面模型在公路设计中的应用,逐渐形成了从数据采集、建立数字地面模型,优化设计以及进行路线设计的全套计算、绘图和表格输出的完整的路线 CAD 系统,路线 CAD 技术也日趋成熟和普及。

路线 CAD 系统在我国已经历了 30 多年的发展历史,目前,国内使用较多的是性能更加优越的第二代路线 CAD 系统,其主要特点是可视化程度高、交互性强、集成化程度高。

本章主要根据目前路线 CAD 系统的开发、应用情况,并结合其发展,介绍路线 CAD 系统总体结构及设计流程,平、纵、横设计,土石方计算。

第一节 路线 CAD 系统总体结构及设计流程

一、路线 CAD 系统总体结构

按单独的路线 CAD 系统来构思系统的总体结构,则可将定为数据采集、优化技术以及计算机设计绘图与制表三位一体的组合体系,如图 8-1 所示。

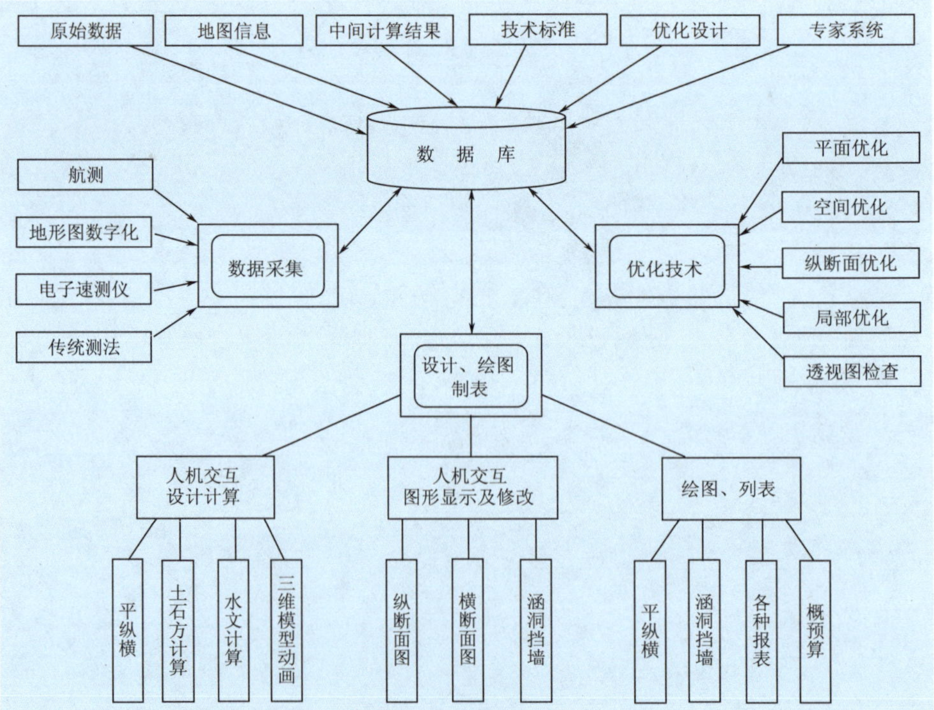

图 8-1 路线 CAD 系统总体结构示意图

按我国公路工程设计要求，一个工程项目通常可分为可行性研究、初步设计和施工图设计三个阶段进行。各个设计阶段都应有独立的成果，按阶段从粗到细地提供设计文件。各个设计阶段在数据采集、优化设计和绘图制表三个环节上都应有不同的要求。下面对各个设计阶段在这三个环节上各自不同的要求作简要叙述。

1. 地形数据采集

道路路线设计必须依靠大量的地面信息和地形数据，否则巧妇难为无米之炊。如果数据采集仍然停留在繁琐的原始手工采集和输入状态，则后续的快速计算机辅助设计制图和优化技术难以实施。因此，数据采集必须采用快速和自动化的现代化手段，建立起易于调试的工程数据库。

在各个不同设计阶段，所需要采集的数据由粗到精，在广度和深度上各不相同。在可行性分析阶段，需要各种社会、经济和交通运输信息，如人口、工农业生产、运输量生成和分布规律、交通流量等数据。社会和经济信息由全国、一个省、地区或城市范围内由统计部门统一组织收集，建立常年的统计数据库，信息共享，供全国各部门使用。道路部门为预估远景交通所需交通量，应在全国、一个省、地区或城市范围内建立各个路口长期的交通量连续自动观察站，收集入交通信息库，以备随时调用。

现代化的地面信息和地形数据收集方法是采用航空摄影测量手段建立数字地面模型。但在各个设计阶段所需数据的广度和精度要求不同。在进行可行性研究时，宜采用高空航测成果或采用现成的1:10000至1:50000航测相片或地形图提供宽约10km的地带建立数字地面模型；在初步设计时宜采用5000m高度带状航测成果，建立1km宽度范围内的数字地面模型；在施工图设计阶段，如采用1000m以下低空摄影，这在国内目前还难于大面积推广应用。

国内在采用航测手段采集地面数据进行道路测设方面处于起步阶段，获取航测成果采用两种途径：一是为某一设计道路专摄航片；二是利用原有航测资料。采用专摄航片，受到时间、费用等因素的限制，在目前条件下对于一般道路建设项目很难推广。利用原有航测资料是一种可行的方法，由于我国大多数地区都已拥有一定精度的航片资料，可用来作为可行性分析和初步设计的原始依据。若遇到某些航测资料质量不高或过于陈旧，必须进行现场检核和补侧，补绘成等高线地形图后，再用数字化仪输入计算机建立数字地面模型，同时对土壤地质、水文、地物地面覆盖物等信息也一并补充采集收入。

在航测资料无法满足要求时，可采用全站仪地面实测的方法直接建立三维的数字地面模型，或是采用红外测距仪和手持计算机采集和存储数据。特别在施工图设计阶段，需要较高精度的数据资料，目前只有采用地面实测的手段。

在详细测量中采用传统的经纬仪、水准仪和大平板仪测取横断面和地形图，在我国目前仍占一定的比重。如何进一步革新，至少在取消手工记录，简化测设步骤，加快速度，还有很多工作值得去做。致力于把繁重的野外测量任务缩减至最小程度，把采集数据能直接用于地面数字模型的建立，仍然是首要解决的问题之一。

2. 路线优化设计

要使道路CAD系统具备经济效益和获得质量较高的设计方案，必须采用优化技术。在进行优化设计时，如果选择的可行区域范围过大，对原始数据的要求和评优目标过多过精时，势必会造成计算工作量和数据存储量过大。因此，在各不同设计阶段，应有不同的重点要求，建立从粗到细逐级优化的思路。还应注意到多种复杂因素的干扰，在优化设计过程中，可不断发挥人机交互作用，以获得切实可行的最优方案。下面是不同设计阶段中可考虑的优化子项目：

（1）在可行性分析阶段，适宜于采用在宽带范围内走向方案的优化。特别在平原微丘地区，工程师往往难于直接在地形图上评判出较佳路线走向。利用研制的计算机程序系统，设计人员就可对路线可行区域的各种因素作出定量评价。这些定量评价可以按点、按线或按面列出费用值表，然后建立地面费用模型。计算机将可行区分成连接的网络结点，自动生成可能的路线走向方案，计算出通过个连接点方案的费用总和，采用动态规划法优选出路线方案。

（2）在初步设计阶段，宜采用在平面或空间一定范围内移线以改善设计方案的优化技术。目前国内外对平面和空间线形优化，采用单个或多个目标函数，已经开展了不少研究。但如果优化选择可行区的范围过大，涉及的地形数据和其他因素过多，要使程序系统达到实用有效的目的难度较大。如果能在可行性分析阶段已经优选出合理的最佳走向，并通过工程师的经验选定合适的转折点和曲线要素，然后在窄带范围内实现小距离移线以获得最佳方案，看来更为切实可行。优化方法可采用在一定的较小范围内做随机搜索或动态规划。在采用平面优化方案时，也必须平纵优化交叉多次进行，此时对纵断面线形设计要采用某些概略化的措施。如采用空间优化方案时，则可使转折点在一个较小的空间范围内挪动搜索优化方案。在计算机容量和速度容许时，除采用造价或工程量作为目标函数外，尚可选择另一个如营运费用作为第二个目标函数。

（3）在技术设计阶段，宜采用多个目标函数的公路纵断面优化程序系统。经过在初步设计中运用上述方法进行平面或空间线形优化后，此时应注重于纵断面最佳方案的研究。一个好的路线方案，除土石方量和造价较小外，还必须考虑运输经济、行程时间、线形质量（包括行驶安全和舒适）等指标，研究沿线随线形变化的行车速度和燃料消耗等，建立具备若干个目标函数的优化程序。此外，还可建立对局部路段、个别平曲线或竖曲线（包括半径改变和缓和曲线段改变）优化技术的程序，以便在技术设计与施工图编制时视需要随时采用。

（4）对已完成的道路路线技术设计运用连续绘制的透视图或道路三维动画进行评价，如发现有不符合安全行驶和景观环境要求的路段，进行切实的改进，提高设计质量，也是一种优化设计的手段。

在道路路线 CAD 系统中如能按上述各个不同阶段纳入优化技术，可以有把握地使设计方案的土石方、小桥涵、挡土墙、道路用地等工程费用降低 10% 左右，并可提高道路线形质量，明显降低营运费用，达到路线安全、舒适和良好景观的要求。

3. 计算机辅助设计、绘图和制表

在可行性研究阶段，可根据采集到的经济、运输信息，建立数学模型，预估远景年交通流量，绘制出交通流量图。根据小比例尺的数字地面模型绘制出包括各个可行方案的路线基本走向图，通过投资估算提供费用效益评价表等。

在初步设计阶段，根据 1∶2000 航测成果建立的数字地面模型，可以绘制出平面和紧缩纵断面图等，并编制土方量、工程量及概算文件。

在施工图设计阶段，如果没有精度很高的航测成果，则需要用地面实测的方法或传统的测量方法采集数据，并建立沿线的鱼骨状数字地面模型，据此可以绘制出带状等高线路线平面图，路线纵断面设计图，大比例尺的横断面设计图以及小桥、涵洞、挡土墙、排水等结构物的施工图表。最后打印输出各种设计报表、工程量详表和施工预算文件。

二、路线 CAD 系统设计流程

现代路线 CAD 系统，其功能除包括平面、纵断面、横断面、土石方计算及调配、立交、排水及构造物（小桥涵、支挡结构）等传统设计内容外，还应包含对数字地面模型系统以及地形原始数据的处理。在路线 CAD 系统中，各个专业部分一般以子系统或功能模块进行分散开发，整体集成。各子系统之间高内聚低耦合，以数字地面模型为基础，工程数据库为支撑，实现数据共享，快速传输。采用路线 CAD 系统进行路线设计的流程如图 8-2 所示。

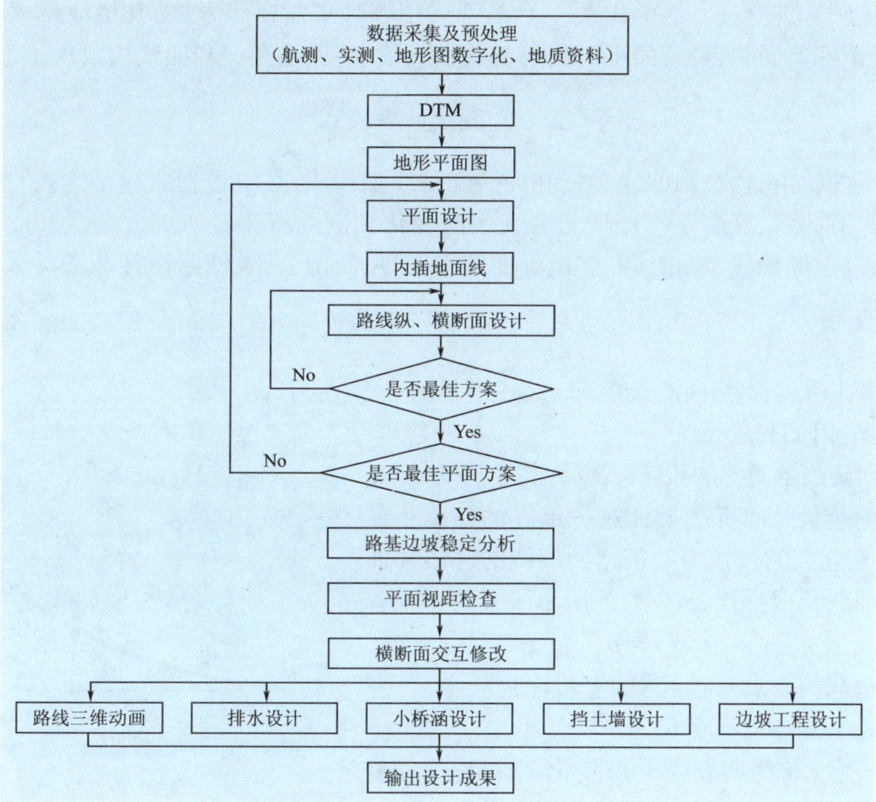

图 8-2 路线设计流程示意图

第二节 平 面 设 计

一、平面设计方法

最近十几年来，在计算机软硬件技术的快速发展，以及我国公路建设步伐加快对设计提出了更高要求的背景下，许多道路工程设计和研究人员在道路设计领域中，对道路平面线形设计进行了大量的研究,提出了很多有应用价值的平面线形设计新方法。这些方法对传统的平面线形设计方法在理论上及技术应用上均有创新,丰富和完善了道路平面线形设计方法。

(1) 按定线的主导方法可分为直线型和曲线型两大类方法。

(2) 按曲线构造方法可分为组合线型(直线、圆曲线和回旋线)构造法和样条曲线拟合法两类。

(3) 按具体应用方法可分为交点法、卵形曲线法、复合导线法、五单元导线法、模式法、积木法、线元法、控制法、参数法、位移法、试算优化法、三次样条曲线拟合法等。

(4) 按曲线形式可分为单圆曲线、复曲线、凸形曲线、卵形曲线、S 形曲线、C 形曲线等。

(5) 按定线的过程可分为静态法和动态法两种。

上述每一种方法都有自己的特点和具体应用场合,如曲线法适用于立交定线,而传统的交点法适用于常规测设方法的定线。但不管采用哪种平面定线方法,其最终结果都是一样的,也就所谓殊途同归,最后的平面线形都是由直线、圆曲线和缓和曲线构成的平面线串。

二、回旋线计算公式

公路平曲线由直线、圆曲线和缓和曲线 3 种线型构成,其中缓和曲线是连接直线和圆曲线之间的过渡曲线,其曲率半径从无穷大逐渐变化到圆曲线半径 R。适合缓和曲线的线型有回旋线、三次抛物线、双扭线和多圆弧曲线等几种,我国公路、铁路设计标准均采用回旋线作为缓和曲线。

1. 回旋线参数

如图 8-3 所示,A 为回旋线的起点,其半径为∞,称为直缓点,用 ZH 表示。

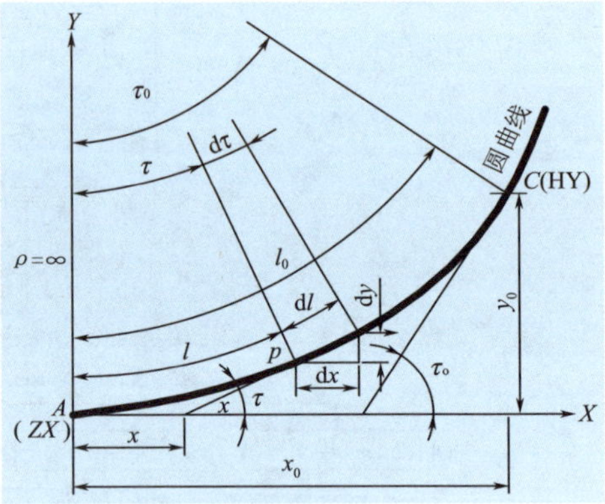

图 8-3

C 为回旋线的终点,用 HY 表示,其半径为 R,L_s 为回旋线的全长。回旋线上任意一点 p 的曲率半径为 ρ,该点至起点的弧长为 l,根据回旋线的性质,(曲率半径与曲线长成反比)p 点处的曲率半径为:

$$\rho = c/l \text{ 或 } c = \rho/l$$

在回旋线的终点处,$\rho = R$,$l = L_s$,则有

$$c = RL_s$$

令 $c = A^2$,c 称为回旋线半径变化率,A 称为回旋线参数。

2. 回旋线的中心角

回旋线上任意一点 p 与起点之间的弧长所对应的夹角称为中心角,用 τ 表示。在 p 点取一微分段 dl,它对应的中心角为 dτ,则

$$d\tau = \frac{dl}{\rho} = \frac{l \cdot dl}{c} = \frac{l \cdot dl}{RL_s}$$

从而

$$\tau_0 = \frac{L_s^2}{2RL_s} = \frac{L_s}{2R} = \frac{A^2}{2R^2} = \frac{L_s^2}{2A^2}$$

当 $l=L_s$，则回旋线全长所对应的圆心角为：

$$\tau=\int_0^{l_s}\frac{l}{RL_s}\mathrm{d}l=\frac{l^2}{2RL_s}$$

3. 回旋线的参数方程

如图 8-3 所示，取 A 点为坐标原点，过该点切线为 x 轴，垂直方向为 y 轴，则回旋线上任一点 p 的坐标为 (x,y)，微分段 $\mathrm{d}l$ 在坐标轴上的投影长度分别为 $\mathrm{d}x$ 和 $\mathrm{d}y$，则

$$\left.\begin{aligned}\mathrm{d}x&=\mathrm{d}l\cdot\cos\tau\\ \mathrm{d}y&=\mathrm{d}l\cdot\sin\tau\end{aligned}\right\}$$

取 $\cos\tau$ 与 $\sin\tau$ 的级数展开式为：

$$\left.\begin{aligned}\sin\tau&=\tau-\frac{\tau^3}{3!}+\frac{\tau^5}{5!}-\cdots\\ \cos\tau&=1-\frac{\tau^2}{2!}+\frac{\tau^4}{4!}-\cdots\end{aligned}\right\}$$

代入上式，积分得到

$$\left.\begin{aligned}x&=l-\frac{l^5}{40R^2L_s^2}+\frac{l^9}{3456R^4L_s^4}-\cdots\\ y&=\frac{l^3}{6RL_3}-\frac{l^7}{336RL_s{}^3}+\cdots\end{aligned}\right\}$$

在回旋线的终点处，HY 的坐标为：

$$\left.\begin{aligned}x_0&=L_s-\frac{L_s^3}{40R^2}\\ y_0&=\frac{L_s^2}{6R}\end{aligned}\right\}$$

4. 旋线的内移值及起点后退值

由于回旋线的存在，圆曲线的原起点产生了一个 y 方向的内移值 p，和 x 方向的后退值 q。由几何关系可知：

$$p=y_0-R(1-\cos\tau_0)$$

$$q=x_0-R\sin\tau_0$$

将上式用 $\cos\tau_0$、$\sin\tau_0$ 的级数展开式代入，略去高次项，经整理后得到：

$$p=y_0-\frac{L_s^2}{8R}=\frac{L_s^2}{24R}$$

$$q=\frac{L_s}{2}-\frac{L_s^3}{240R^2}$$

通常对于低等级公路设计为了计算上的方便，回旋线计算公式只取其展开式的前二、三项。但对于高等级公路设计和立交定线时，要求精度较高，应取更多的项计算，这样可以保证计算精度。

三、导线法平曲线设计

导线法是传统的路线线形设计方法，该方法的设计要点是先设计出控制线位的导线位

置，然后根据具体情况在导线交点处设置圆曲线和缓和曲线。选择圆曲线和缓和曲线的方法主要是，根据地形、地物、前后曲线关系等约束条件，调整曲线半径、切线长、外矢距、曲线长、回旋线参数等参量，使平曲线设计的各项指标趋向合理。当缓和曲线对称设置时，称为对称型曲线，否则为非对称曲线；当地形受限时，也可以只设缓和曲线而不设圆曲线，这就构成了不完整的曲线。通常曲线设计是完整的，将缓和曲线 1 ＋ 圆曲线 ＋ 缓和曲线 2 组合的曲线称为基本型曲线。基本型曲线是导线法计算的基本线型，而其他非对称曲线均可以通过基本型来演变。

1. 基本型曲线计算

1）曲线元素计算

如图 8-4 所示，已知交点桩号为 JD，偏角为 α，半径为 R，前后回旋线长分别为 L_{s1} 和 L_{s2}（或给出回旋线参数 A_1 和 A_2）。计算曲线要素第一切线长 T_1、第二切线长 T_2 和曲线全长 L；曲线主点桩号。

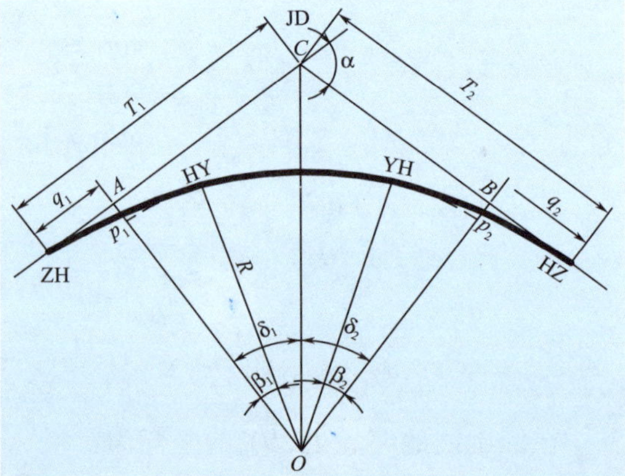

图 8-4　基本型曲线

先求内移值 p_1 和 p_2，切线增长值 q_1 和 q_2，由前面公式得到：

$$p_1=\frac{L_{s1}^2}{24R};\qquad p_2=\frac{L_{s2}^2}{24R};$$

$$q_1=\frac{L_{s1}}{2}-\frac{L_{s1}^3}{240R^2};\qquad q_2=\frac{L_{s2}}{2}-\frac{L_{s2}^3}{240R^2}$$

对于非对称型曲线设计计算的关键在于求解出两个不相等的切线长 T_1 和 T_2。为此做辅助线 OC，构成两个直角三角形 $\triangle AOC$ 和 $\triangle BOC$，利用辅助线 OC 是两个三角形的公共边的特点，并注意到：

$$AO=R+p_1;\qquad BO=R+p_2$$

的关系，于是得到：

$$\delta_1=\frac{\dfrac{R+p_2}{R+p_1}-\cos\alpha}{\sin\alpha};\qquad \delta_2=\alpha-\delta_1$$

$$AC=AO\cdot\tan\delta_1=\frac{R+p_2-(R+p_1)\cos\alpha}{\sin\alpha}$$

从而得到切线长

$$T_1=q_1+\frac{R+p_2-(R+p_1)\cos\alpha}{\sin\alpha}$$

$$T_2=q_2+\frac{R+p_1-(R+p_2)\cos\alpha}{\sin\alpha}$$

曲线长 $$L=R\cdot\alpha+\frac{L_{s1}+L_{s2}}{2}$$

2）基本型曲线设计

在平曲线设计中，路线的定线常常会受到地形、地物、设计标准及规范等条件的限制，此外当前后曲线位置较近时还要考虑曲线间的协调关系。这些因素构成了设计中的约束条件，如受到地形、拆迁物的影响时，圆曲线半径 R 或外矢距 E 值不能超过某一数值，考虑前后交点太近时，切线长度 T 值不能过大等。大多数情况只有一个约束条件，但有时会有几个约束条件同时影响设计，在定线时可以按影响因数的主次顺序来分别考虑。由于存在 R、L_s 两个未知参数，无法同时求解，通常可先选定一个满足设计规范要求的缓和曲线长度，然后在再解算 R 值；或按 $L_{s1}:L_y:L_{s2}=1:1:1$ 的线型协调要求，解算出 R 和 L_s 值。下面以最常见的对称基本型曲线为例，介绍在各种约束条件下，确定设计参数的思路和方法。

（1）选定 L_s 值，由外距 E 控制反求半径 R

根据前述有关公式推导有

$$E=\left(R+\frac{L_s^2}{24R}\right)\cdot\sec\frac{\alpha}{2}-R$$

将其变换为有关 R 的一元二次标准方程：

$$\left(\sec\frac{\alpha}{2}-1\right)R^2-E\cdot R+\sec\frac{\alpha}{2}\cdot\frac{L_s^2}{24}=0$$

令

$$B=-E$$

则方程的根，即 R 为

$$A=\sec\frac{\alpha}{2}-1;R=\frac{-B+\sqrt{B^2-4AC}}{2A};C=\sec\frac{\alpha}{2}\cdot\frac{L_s^2}{24}$$

（2）选定 L_s，由切线长 T 反求半径 R

由前面公式可得

$$T=\left(R+\frac{L_s^2}{24R}\right)\tan\frac{\alpha}{2}+\frac{L_s}{2}-\frac{L_s^3}{240R^2}$$

此式是有关 R 的一元三次方程，一般可采用逐次逼近法，通过程序来求解 R 的近似解。当要求精度较低时，T 值可采用下面的近似公式，按一元二次方程来求解 R 值。

$$T=\left(R+\frac{L_s^2}{24R}\right)\tan\frac{\alpha}{2}+\frac{L_s}{2}$$

（3）考虑线性关系，由切线长 T，求解曲线半径 R 和回旋线长 L_s

由于待求量有两个未知量 R 和 L_s，一个方程无法求解。增加一个线形协调条件，即 $L_s:L_y:L_s=1:1:1$。利用此条件可以解出此方程。

具体算法如下：

$$L_y=(\alpha-2\tau_0)R=\alpha R-L_s$$

因为 $$L_y=L_s$$

所以 $$L_s=\alpha R/2$$

将此式代入前面切线长表达式，经整理后可得到：

$$T=R\left(1+\frac{\alpha^2}{96}\right)\tan\frac{\alpha}{2}+\alpha R\left(\frac{1}{4}-\frac{\alpha^2}{8\times240}\right)$$

从而解出圆曲线半径 R 为：

$$R = \frac{T}{\left(1+\frac{\alpha^2}{96}\right)\tan\frac{\alpha}{2}+\frac{\alpha}{4}-\frac{\alpha^3}{1920}}$$

上述3种情况均以对称基本型为例来推导的，在实际应用时会遇到不少非对称设置的曲线，但计算方法和思路都是一样的，只要将公式中的 T 以 T_1 或 T_2 代替，L_s 以 L_{s1} 或 L_{s2} 来代替即可求出待求量。

2. 凸形曲线计算

凸形曲线是指两个回旋线直接连接，无中间圆曲线的曲线形式。这种线型较少用，只有在路线严格受到地形、地物限制时才采用，如图8-5所示。凸形曲线可看成是非对称曲线中圆曲线长度为零的特例。因此，只需求得两个回旋线连接处的半径 R，就可按基本型曲线设计方法计算凸形曲线。

已知两回旋线参数 A_1、A_2 和偏角 α，$L_y=0$，由图中几何关系可求得 R：

$$R = \sqrt{\frac{A_1^2+A_2^2}{\sqrt{2\cdot\alpha}}}$$

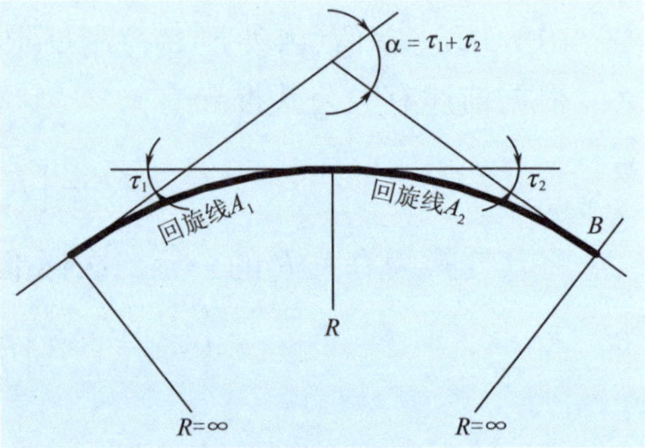

图8-5 凸形曲线计算图

3. S形曲线计算

S形曲线是高等级公路线形设计中采用较多的一种组合线型，它是由两个反向圆曲线用回旋线连接的组合线型，如图8-6所示。设计时可将S形曲线看成是两个独立的基本型曲线反向连接，先计算一个曲线，然后由切线长度控制另一个曲线。

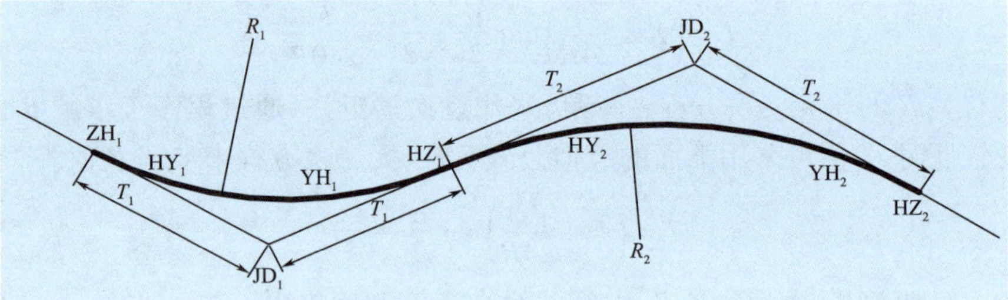

图8-6 S形曲线

为保持各线型参数间的均衡性，《公路路线设计规范》中对S形曲线的主要参数 A_1、A_2、R_1、R_2 有一定的要求：$A_1/A_2<1.5\sim2.0$，$R_2/R_1=1\sim1/3$ 之间。在初步拟定S形曲线的各参数后，要检验这些约束条件是否满足，对不符合设计规范要求的参数要进行调整，直到各设计参数在合理的范围为止。

4. C形曲线计算

C形曲线是同向曲线的两回旋线在曲率为零处相接的形式，如图8-7所示。其设计计算过程与S形曲线一样，不同之处就是两个曲线的偏向不一样。将两个曲线看成是相互独立的，先设计其中一个曲线，然后再用切线长来控制第二个曲线的切线长 T_2，反算 R_2，设计过程中要注意满足《公路路线设计规范》的有关要求。C形曲线一般只在特殊情况下才使用。

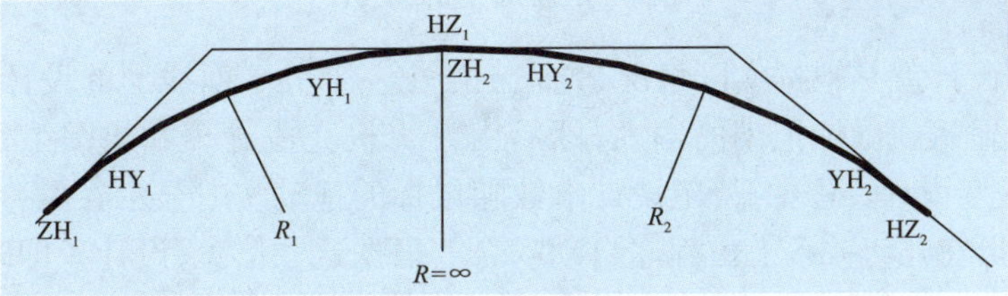

图 8-7　C 形曲线

5. 卵形曲线计算

卵形曲线是用一个不完整的缓和曲线连接两个半径不同的同向圆曲线，主要用于小圆半径较小，且大圆半径大于小圆半径两倍以上($R_1>2R_2$)的情况。如图 8-8 所示，卵形曲线具有如下特点：

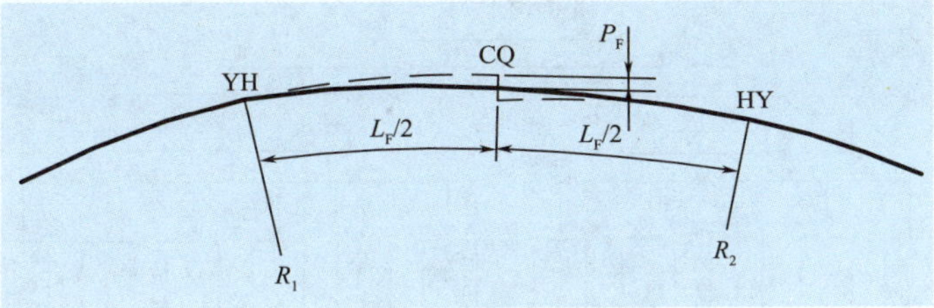

图 8-8　卵形曲线

(1) 中间回旋线两端点的曲率半径分别与相应的圆曲线半径一致；

(2) 小圆应包在大圆之内，并且两个圆一般不应成为同心圆；

(3) 较小半径圆曲线对应于较大半径圆曲线内移一定距离 P_F；

(4) 中间回旋线被原公切点中分，回旋线分别插入两圆曲线各一半；

(5) 根据回旋线特性，回旋线中点通过两圆曲线内移值 P_F 的中点。

设两圆曲线半径分别为 R_1 和 R_2，两端回旋线长度分别为 L_{s1} 和 L_{s2}。

由前面内移值计算公式和切线增长值计算公式可知其曲线要素为：

$$p_1=\frac{L_{s1}^2}{24R};\qquad p_2=\frac{L_{s2}^2}{24R};$$

$$q_1=\frac{L_{s1}}{2}-\frac{L_{s1}^3}{240R^2};\qquad q_2=\frac{L_{s2}}{2}-\frac{L_{s2}^3}{240R^2};$$

中间回旋线长度 L_F，由两圆曲线之间的内移距离 P_F 和两圆曲率差 R_F 按下式计算：

$$L_F=\sqrt{24R_FP_F}$$

式中：两圆曲线之间的内移距离 P_F 等于两个圆内移值之差，即 $P_F=P_1-P_2$；

两圆曲率差 R_F 为

$$\frac{1}{R_F}=\frac{1}{R_2}-\frac{1}{R_1}$$

《公路路线设计规范》规定，卵形曲线回旋线参数 A 应符合 $R_2/2\leqslant A\leqslant R_2$ 的要求；两圆曲线半径之比 $R_2/R_1=0.2\sim0.8$ 为宜；两圆曲线的间距以 $P_F/R_2=0.033\sim0.03$ 为宜。在程序设计时，应对这些规定的范围进行检查，对不符合的指标，及时指示用户修改。

四、交互式平面设计

交互式平面设计就是根据实际情况，先人工给出一部分平面线形的设计参数，剩余的设计参数通过键盘输入或鼠标拖动的输入，然后由计算机完成计算和绘图工作。为了使人机更好地配合，在交互设计过程中，待定设计参数随鼠标的拖动实时显示在屏幕上，待定设计参数与先给出的线形在几何关系上由程序自动吻合。根据这些信息，设计者即时调整设计参数使之满足设计规范要求，符合地形、地物等约束条件，就可快速得到比较合理的平面设计线形。

1. 交互式平面设计模式

交互式平面设计的核心是不同线型之间的合理设置，不同线型之间进行衔接其计算方法是完全不同的，这就构成了不同的设计模式。按现有的设计模式大致可分为二单元模式和三单元模式两大类，具体分类如图 8-9 所示。

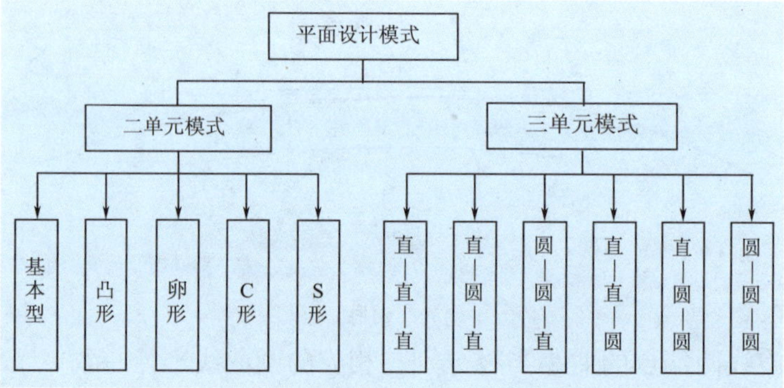

图 8-9 交互式平面设计模式分类

两单元模式是在给定的两个线型单元之间，用一段或两段回旋线光滑连接。根据两个给定单元的线型和位置的不同，可分成基本型：直线—回旋线 1—圆弧线—回旋线 2—直线；凸形：直线—回旋线 1—回旋线 2—直线；卵形：圆弧线 1—不完整回旋线（曲率半径 R_1—R_2）—同向圆弧线 2；C 形：圆弧线 1—回旋线 1—回旋线 2—同向圆弧线 2；S 形：圆弧线 1—回旋线 1—回旋线 2—反向圆弧线 2。

三单元模式是在两个给定单元之间插入一个可动单元，并以回旋线将 3 个单元相连。根据可动单元的不同，可分为插入圆曲线类：在两个给定单元之间插入一段圆弧，两端分别以回旋线与给定单元相连接；插入直线类：在两个给定单元之间插入一段直线，两端分别以回旋线与给定单元相连接。

上述各种模式必须依靠各种线形间的拟合计算才能完成，计算公式要根据给定单元的线型和位置，以及动单元的线型，合理选择一个或两个动单元的控制参数作为自变量，在某个合理的范围内，以一定的步长，采用逐次逼近或反复跌代的算法，实现动单元与定单元之间的合理连接。各种设计模式的具体计算公式可参考有关路线 CAD 线形计算的专用书籍。

2. 交互式平面设计的实现方法

交互式平面设计的方法通常有参数输入法和鼠标拖动法两种。

1）参数输入法

参数输入法是早期路线 CAD 系统中平面设计采用的方法，它从键盘输入设计控制参数，由程序计算出设计结果，并以对话框形式或图形形式显示在屏幕上，设计者主观判断设计结果是否合理，主要依据经验作出对设计参数的进一步调整，直到认为设计结果比较满意为止。在设计过程中，计算机只完成其中的计算内容和结果显示部分，对参数的选择和调整还需人工通过键盘输入完成。这种方法定线速度慢，受主观因数控制，通常适用于简单线形的定线工作。

2）鼠标拖动法

鼠标拖动法的主要特征是“交互设计、动态修改”，当设计者对设计结果不满意时，无需从头重新设计，只要在前次设计结果的基础上，通过鼠标拖动即可对设计参数进行动态修改，直至设计结果满意为止。整个设计过程动态连续，设计结果实时可视。从控制内容上看，鼠标拖动法可包括以下设计功能：动态导线布设、交互式平面布线、动态修改圆曲线半径、回旋线参数或长度、交点位置等。

较好的路线 CAD 系统的平面设计应该同时具备参数输入法和鼠标拖动法两种功能，最初的控制设计参数从键盘输入，设计参数的寻优通过鼠标拖动逐步完成。

3. 导线法交互式平面设计应用

下面以纬地道路 CAD（HintCAD）系统为例扼要介绍导线法交互式平面设计的方法。

HintCAD 系统的导线法交互式平面设计界面如图 8-10 所示，可选择的控制参数有交点位置、第一缓和曲线、第二缓和曲线和圆曲线半径 4 项。

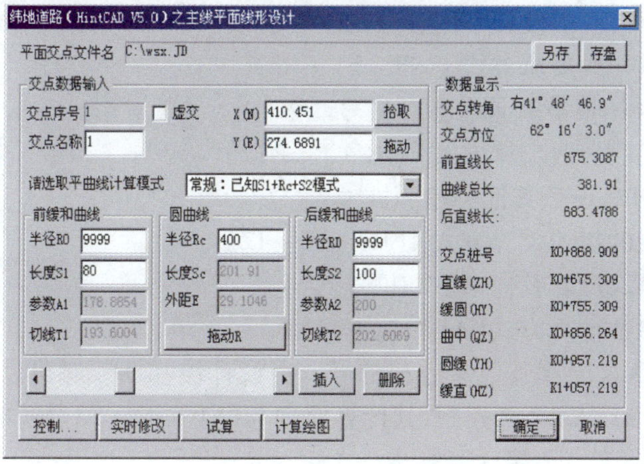

图 8-10　导线法平面设计界面

1）平曲线设计模式

平曲线设计模式有 13 种，如图 8-11 所示。

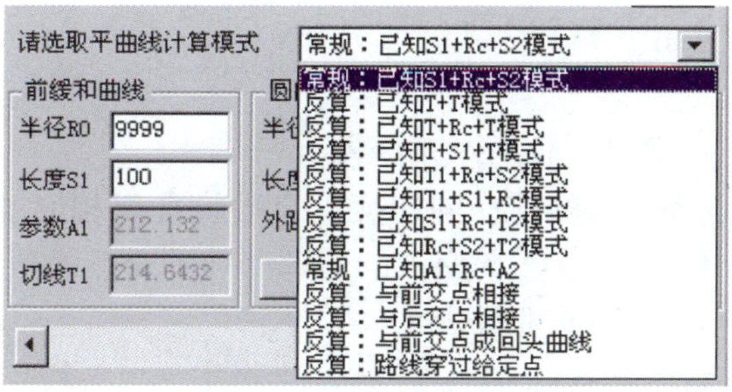

图 8-11　平曲线计算模式

(1) 常规方法(S1 + Rc + S2)

这种方法是常规通用计算方法，已知 S1、S2 和 Rc，计算主曲线长度 Sc，外距 E，切线长 T1 和 T2，缓和曲线参数 A1 和 A2。交点桩号(JD)及 5 个主点桩号(ZH、HY、QZ、YH、HZ)；前直线长、后直线长、曲线总长。

(2) 圆曲线的切线反算方式(T + T)

输入切线长度(T = T1 = T2)，反算圆曲线半径 RC 和长度 Sc。当用户所输入的切线长度大于前一交点曲线的缓直(HZ)点到本交点之间的直线长度时，程序将提示输入有误，并自动以前一交点曲线的缓直(HZ)点到本交点之间的直线长度为切线长，计算得到其他曲线数据。

(3) 称曲线的切线反算方式 1(T + Rc + T)

输入切线长度(T = T1 = T2)、圆曲线半径 RC，反算 S1、S2、SC。当程序通过计算发现缓和曲线的长度太小(< 10.0)或太大(> 1000)时，会发出警告。

(4) 对称曲线的切线反算方式 2(T + Ls + T)

输入切线长度(T = T1 = T2)、S1，反算 S2、SC。

(5) 非对称曲线切线反算方式 1(T1 + Rc + S2)

输入 T1、Rc 和 S2，反算其他参数和桩号。此方式下交点的曲线组合为非对称组合方式，即中间设置圆曲线，两端设置不同参数的缓和曲线。

(6) 非对称曲线切线反算方式 1(T1 + S1 + Rc)

输入 T1、S1 和 Rc，反算其他参数和桩号。

(7) 非对称曲线的切线反算方式 3(S1 + Rc + T2)

输入 S1、Rc 和 T2，反算其他参数和桩号。

(8) 非对称曲线的切线反算方式 4(Rc + S2 + T2)

输入 Rc、S2 和 T2，反算其他参数和桩号。

(9) 常规曲线参数计算方式(A1 + Rc + S2)

输入 A1、Rc 和 A2，反算其他参数和桩号。在设计缓和曲线时可以选用 A1 和 A2 来控制缓和曲线，此法由 A1 和 A2 来控制，其计算原理与(S1 + Rc + S2)模式相同。

(10) 反算—与前交点相接计算方式

此法进行与相邻交点平曲线相接的计算，以及复曲线、卵形曲线等的设计。先选择该计算模式，输入前后缓和曲线控制参数，单击“试算”按钮，系统即自动反求圆曲线半径，使该交点平曲线直接与前一交点平曲线相接。

(11) 反算—与后交点相接计算方式

与前一种方法类同。

(12) 反算—与前交点成回头曲线计算方式。

此法用于将当前交点和相邻的前一同向交点自动设计成相同半径的圆曲线，且两交点的圆曲线直接相接。用户还可以在当前交点的后部和前一交点的前部指定一定长度的缓和曲线。此法主要用于自动设置回头曲线。

(13) 反算—穿过路线给定点。

在设计曲线时，需要经过某一平面控制点，如桥梁控制点，建筑物控制点等。用户可以在平面图中，用鼠标点击该控制点，系统会自动计算经过此点的曲线参数，当计算成功后，显示计算后的参数。如果计算失败，则显示提示信息。

2）交互式平面曲线设计

交点数据输入有如下3种方法：从对话框输入；从图形屏幕上拾取；用鼠标在屏幕上拖动。鼠标拖动方式不仅支持交点数据的动态修改，而且还支持曲线数据的动态修改。

对圆曲线和缓和曲线设计的功能主要包括：曲线设计模式的选择、各种设计模式的计算及结果显示、用鼠标拖动动态修改圆曲线的半径。每个功能都由一个控制按钮启动相应的命令执行该功能。

通过移动横向滚动条分别给每个交点设置平曲线，用平曲线计算模式选择曲线组合，然后选择相应的参数设计曲线。曲线设置可按下面步骤进行：

（1）用横向滚动条选择要设置平曲线的交点，用平曲线计算模式选择曲线组合；

（2）设置“前缓和曲线”、“圆曲线”和“后缓和曲线”参数；

（3）点击“试算”按钮，进行各种接线计算，如果所选曲线参数超出线形几何条件，系统将反馈计算有关失败的信息，在满足几何条件的情况下，系统将计算结果显示在相应的参数框内。

另外，用户可以点击“实时修改”和“拖动R”按钮，根据命令行的提示实时拖动修改交点位置和平曲线半径R，以达到路线平面优化的目的。

（4）用户根据计算结果，判断参数是否满足《公路工程技术标准》和《路线设计规范》的要求，是否满足线形设计要求等，如果不满足上述要求，则调整曲线参数重新计算直至满意为止。

在设计曲线的过程中，要随时注意主对话框右边“数据显示”区内的信息，如“前直线长”、“后直线长”及各主点桩号等。

（5）点击“控制”按钮，选择平面图控制参数，如图8-12所示。

（6）在“主线设计控制参数设置”对话框内，设置“绘图与标注”参数，“标注位置”参数，“路线起始桩号”等，按“确定”按钮返回主对话框。

（7）点击“计算绘图”按钮，系统自动绘制路线平面图形，当计算不能完成时，对话框中的数据将没有刷新，并且在AutoCAD命令行中将出现计算不能完成的提示信息，用户在调整参数后继续进行计算。

（8）点击“存盘”或“另存”按钮，将平面设计数据保存到指定的数据文件中。

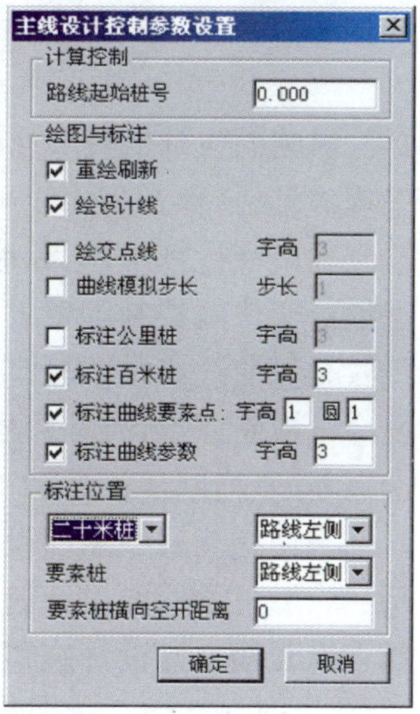

图　8-12

第三节　纵断面设计

当路线平面设计完成后，就可以进行纵断面设计工作，首先要输入路线纵地面线数据，然后在纵断面地面线图上进行拉坡，确定变坡点桩号和标高，进行纵断面设计。在纵断面设计时往往要考虑平、纵配合以及横断面地面线的协调，需参照平面设计和横断面地面线的情况反复推敲，从而得到一个平、纵、横相协调的设计。所以，在纵断面设计时采用交互设计手段尤为重要。

一、纵断面地面数据的获取

纵断面地面数据获取的传统方法通常有两种。第一种是按传统方式在野外进行实地路线勘测,用水准测量,或红外测距仪三角高程测量,或全站仪高程测量得到中桩地面高程。野外实测的地面数据精度高,适用于施工图设计阶段。第二种是在初步设计阶段采用纸上定线时,在大比例尺地形图上根据绘出的路中心线和桩号,在图上读出各中桩地面高程。

在新一代的路线 CAD 系统中,从数字地面模型中读取纵断面地面数据,数据采集与处理的速度快,信息量大,有利于提高设计质量、缩短设计周期。

无论用哪种方式获取的纵断面地面线数据,均要保存在计算机中。保存地面线数据有数据文件和工程数据库两种方式,目前大多数路线 CAD 系统均采用数据文件方式保存地面线数据。地面线数据文件的格式与具体的路线 CAD 应用程序有关,下面是通常采用的数据文件格式。

纵断面地面数据的数据文件格式:

中桩桩号,地面高程

…

二、纵断面交互设计

纵断面设计的任务是根据绘出的路线纵断面地面线,进行拉坡设计,确定纵向变坡点的里程桩号、高程及竖曲线半径等设计参数。在传统的路线 CAD 系统中计算机主要完成图形绘制和设计计算工作,纵坡设计和竖曲线半径确定需要人工完成。在整个设计过程中,要依据地形变化及控制点要求,兼顾平纵配合,经过多次试算和反复调整才能确定每一个变坡点位置和竖曲线半径,设计工作量很大。在考虑土石方工程量和填挖平衡等经济问题时,必须要经过横断面设计,计算土石方量后才能核准。每个纵坡方案的修改和调整,无异于重做一次纵断面、横断面设计和土石方计算,大大延长设计时间,增加工作量。

采用交互式纵断面设计,设计者在一个近似的三维设计空间中进行拉坡,能实时得到平、纵、横三方面的设计信息,设计方案的修改和调整是在动态可视的环境中进行和完成的。通常纵断面交互设计应包括如下功能:

1. *动态拉坡设计和修改*

用户在图上用鼠标拖动坡度线进行纵坡设计,坡度线随鼠标移动而驱动,使设计者随时看到设计线与地面线的高差变化。用鼠标对修改对象进行拖动时,屏幕上实时显示相应的设计参数(桩号、高程、坡度、坡长、竖曲线半径、切线长、外距等)。可以方便地选择拖动步长、拖动比例和拖动方式对修改对象进行高精度的调整。

2. *多参数控制设计*

在纵断面设计和修改中,可以对多个参数进行控制和调整。如变坡点桩号、高程、坡度、坡长、竖曲线半径、切线长、外距等。

3. *多视窗同步显示*

纵断面设计时要考虑兼顾平纵配合和横断面填挖情况,采用多视窗同步显示是很有必要的。通常可以分割成3个视窗，较大的主视窗显示纵断面设计信息，按思维习惯将平面信息安排在主视窗下面的视窗中显示，在左上角或右上角开启另一个视窗显示横断面填挖信息。在主视窗中进行纵断拉坡时，同步显示拉坡区段内平曲线的位置和鼠标位置处桩号的横断面填挖状态。

4. 丰富的查询功能

除了可动态查询纵断面设计的各项技术参数和随时查询设计线要素、控制点、断链等信息外，还能进行全线技术指标分析，估算填挖工程量和绘制给定路段的土石方累计曲线。

5. 灵活多变的图表绘图功能

对路线纵断面设计图的图幅大小、绘图范围与比例、图框样式、栏目内容与栏数、标注顺序、标注文字样式与属性等内容，均可由用户自由选择，并保存备用。

交互式纵断面设计时，首先人工输入或人机交互输入平面设计资料和控制点资料，计算机显示中桩地面线，以便设计者进行拉坡，然后设计者在可视环境中用鼠标和键盘进行动态拉坡和实时检查，对不合理的地方反复进行修改，直到满意为止，交互过程中可以实时观察到平纵面配合的情况，最后由计算机完成后续的计算，输出设计结果。纵断面交互设计的流程如图8-13所示。

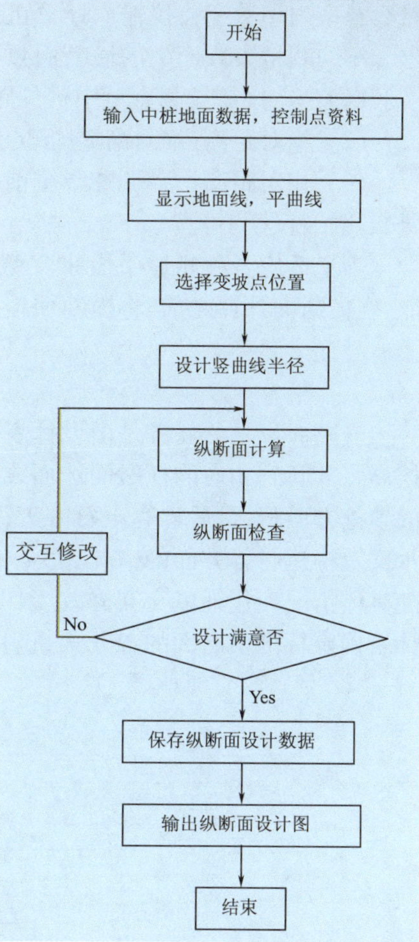

图8-13 纵断面交互设计流程示意图

第四节 横断面设计

在路线平面、纵断面设计完成之后，就可以进行路基横断面设计和土石方工程量的计算。横断面设计的工作内容是，按纵断面填挖高将横断面设计线放置在横断面地面线图形上，并向地面线进行放坡，根据需要设置边沟、排水沟及支挡结构物等设施。该工作在技术上并不复杂，但要考虑的方面较多，计算工作量大，最适宜采用计算机来进行。

一、横断面地面数据的获取

横断面地面数据的获取方法通常有两种：一种是用水准仪、皮尺、花杆、全站仪等测量仪器实地采集横断面地面数据；另一种是利用数字地面模型，根据平面设计提供的路线逐桩坐标和切向方位角，从数模中内插地面数据。

野外测量的横断面地面数据主要用于施工图设计阶段，将其输入计算机有两种途径：一是采用人工直接输入数据，方便简单但易于出错；二是先将所测数据按比例绘成横断面图，然后在室内用数字化仪输入计算机，经过处理后生成横断面地面数据。

不同测量方式产生的横断面数据，其数据格式也不同。通常有下面 3 种格式：

(1) 绝对距离(测点至中桩的距离)、绝对高程，用水准仪、皮尺测得。

(2) 绝对距离、绝对高差(测点与中桩的高差)，用水准仪、皮尺测得。

(3) 相对距离(后一测点至前一测点的距离)，相对高差(后一测点与前一测点的高差)，用抬杆法测得。

为了适应各种测量手段采集数据，通常道路 CAD 系统提供对不同数据格式的转换功能，在横断面计算之前，将横断面地面数据转换成 CAD 系统需要的格式。

二、横断面交互设计

横断面设计的任务是由设计者确定横断面的各种形式和尺寸、坡度等参数，根据中桩填挖高将其套到相应的横断面地面线上，然后计算出设计线与地面线的交点，从而确定各断面的填挖方面积，最后计算土石方工程数量。由于横断面设计时要综合考虑地形、地物、地质、水文及构造物等方面的情况，完全依赖程序的自动设计，很难完全实现设计者的意图，必须随具体情况变化辅以交互修改工作。所以横断面交互设计可分成三大步进行，第一步由设计者确定标准横断面的各元素，包括路幅、填挖边坡和边沟及排水沟，然后由程序按标准横

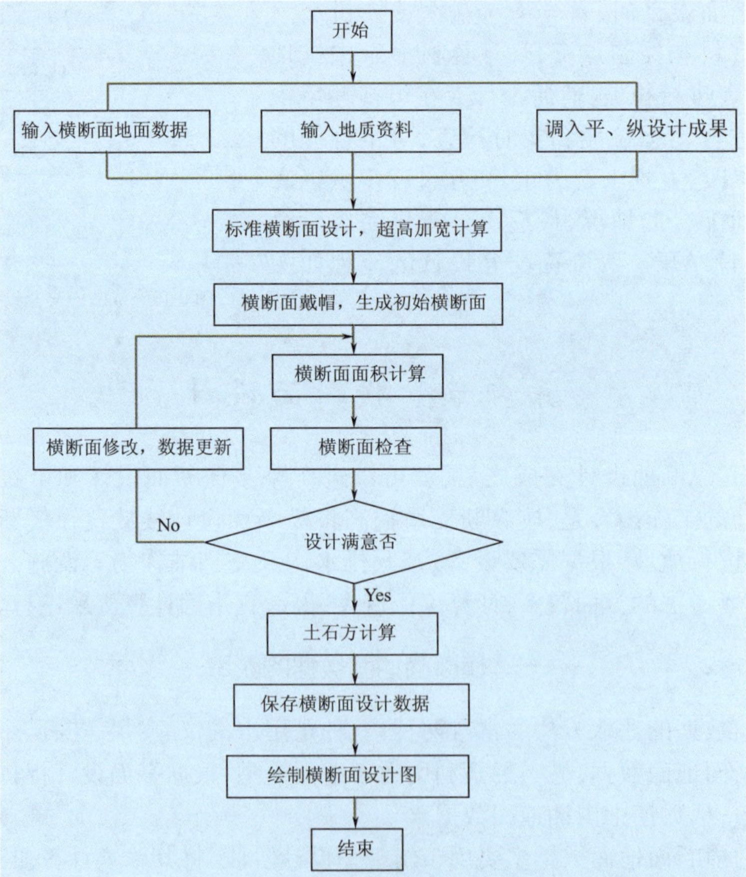

图 8-14　横断面设计流程示意图

断面"戴帽"进行自动设计,绘制出初始横断面设计图。第二步在可视化环境中,利用系统提供的多功能交互修改工具,对初始横断面设计图进行检查、交互修改,并实现图、表和数据的联动修改。第三步由设计者选择土石方计算方法、确定土石分类比例及区段,再由程序自动计算填挖方面积和土石方工程量。横断面设计流程如图 8-14 所示。

1. 标准横断面设计

标准横断面是程序进行自动戴帽时采用的横断面设计模板,它包括路幅、填、挖边坡和两侧边沟或排水沟等 3 部分,如图 8-15 所示。

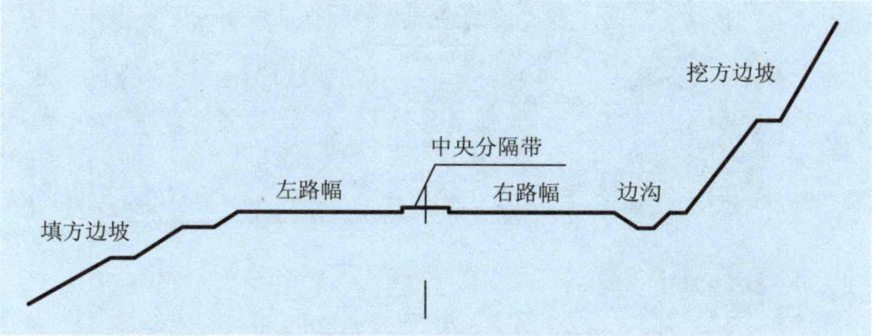

图 8-15 标准横断面设计模板示意图

1)路幅设计

路幅包括道路宽度和横向坡度,路幅的形式由道路类型来确定。公路及互通立交匝道的路幅由行车道、路缘带、硬路肩、土路肩组成,对高速公路、一级公路等对向分道行驶的道路还应设置中央分隔带,如图 8-16 所示。城市道路及城乡结合部的道路通常采用 3 块板以上的断面形式,其路幅一般包括中央分隔带、行车道、侧分带、非机动车道、人行道等,如图 8-17 所示。

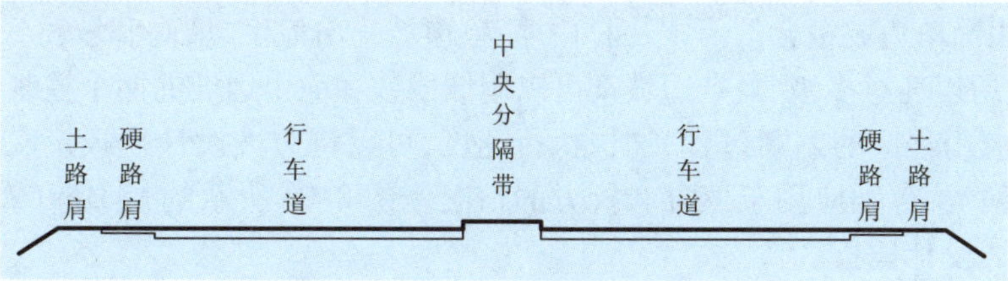

图 8-16 公路标准横断面示意图

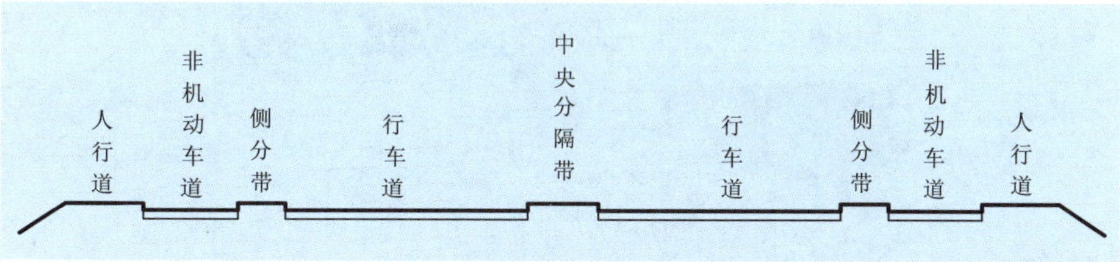

图 8-17 城市道路标准横断面示意图

对双向对驶道路的路幅设计,一般以道路中心线为轴线,将道路分为左右两幅(有中央分隔带时将其分成左右两部分)分别设计,采用双向横坡度,由道路中心线或中央分隔带边缘向两侧倾斜,其坡度值根据路面类型和当地自然条件确定。而对分离式单向行驶的道路和立交单向匝道的路幅设计按单幅考虑,采用单向横坡度。

为了能适应多种路幅形式的设计,可以将行车道、路缘带、硬路肩、土路肩、中央分隔带等道路单元组成通用设计模板，用于各级公路及互通立交匝道的路幅定义，单元宽度和坡度由程序提供的交互窗口输入，或在系统的设计向导引导下定义。当不设中央分隔带时将其宽度置为零。将侧分带、非机动车道、人行道等单元组成附加设计模板，用于城市道路及城乡结合部的道路设计。图 8-18 所示的是 HintCAD 系统设计向导中的路幅设计模板。

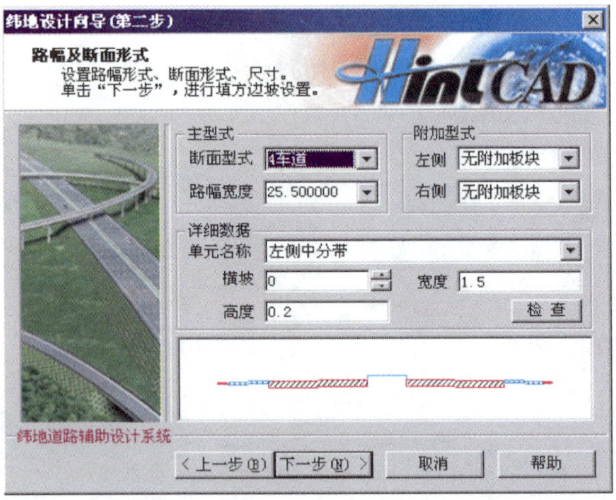

图 8-18　设计向导中的路幅设计模板

2）填挖边坡设计

路基边坡设计是横断面设计中较难处理的部分，主要体现在边坡形式的多样性。从路基填挖情况看，分填方边坡和挖方边坡两类；从边坡段数看，有单级边坡和多级边坡几种；从边坡坡度看，分陡坡、缓坡和平坡 3 种。经过对边坡的仔细分析后，发现无论多么复杂的边坡形式都可以分解成由简单边坡组合的形式，而每一简单边坡均由坡度、坡高和坡宽 3 个参数中任意两个参数控制，所以任意多级、复杂边坡都可以用坡段数和简单边坡的两个控制参数来描述。

为了减少应用程序的判断过程，加快执行速度，可以将边坡设计模板定义成挖方边坡和填方边坡模板两类，分别应用于填方和挖方的情况。图 8-19 所示的是 HintCAD 系统设计向导中的填方边坡设计模板。

图 8-19　设计向导中填方边坡设计模板

3）边沟及排水沟设计

边沟及排水沟的断面形式分为矩形、梯形和三角形3种类型。可以用一个边沟设计通用模板来统一定义，梯形沟由沟深、沟底宽、内侧坡率和外侧坡率4个参数控制；矩形沟可看成是梯形沟的特例，内外侧坡率均为直坡；三角形沟是沟底宽为零时的梯形沟的特例。

2. 路面加宽与超高

在曲线段上除了按标准横断面设计外，还要考虑曲线段的路面加宽与超高设置。

1）路面加宽

公路或立交匝道曲线部分的加宽值，由圆曲线半径大小来决定，对于标准宽度的行车道采用规范规定的值进行加宽，而对于某些特殊断面，其加宽值应于调整，使加宽后的总宽与标准一致。

路面加宽理论上应设置在曲线内侧，当内侧加宽有困难或会影响到其他构造物的设计时，可采用内外侧均等分配设置加宽的方法。路面加宽过渡段应在缓和曲线内完成，过渡方式可采用线性或高次抛物线两种线型。

2）路面超高

当圆曲线半径小于规范规定不设超高的最小半径时，应在曲线上设置超高缓和段。控制超高的两个参数是超高值和超高缓和段长度。超高值即最大超高横坡度按公路等级、设计行车速度和曲线半径等情况确定；超高缓和段长度应小于缓和曲线的长度。

超高缓和段的形式根据旋转基线的不同和有无中央分隔带的情况，分成6种形式：

（1）无中央分隔带的公路

①绕内边轴旋转：先将外侧车道绕路中线旋转，待达到与内侧车道相同横坡后，整个断面再绕未加宽前的内侧行车道边缘旋转，直到超高值。此方法常用于新建公路。

②绕路中线旋转：先将外侧车道绕路中线旋转，待达到与内侧车道相同横坡后，整个断面再绕路中线旋转，直到超高值。此方法常用于改建公路。

③绕外边轴旋转：先将外侧车道绕外侧边缘线旋转，内侧行车道坡度不变随中线降低，待达到与内侧车道相同横坡后，整个断面再绕未加宽前的外侧行车道边缘旋转，直到超高值。此方法常用于高填方路段。

（2）有中央分隔带的公路

①绕中央分隔带中心线旋转：先将外侧车道绕中央分隔带中心线旋转，待达到与内侧车道相同横坡后，整个断面再绕路中线旋转，直到超高值，而中央分隔带呈倾斜状。

②绕中央分隔带边缘旋转：将两侧车道分别绕近侧分隔带边缘旋转，直到超高值，使之成为各自独立的单向超高断面，而中央分隔带保持原来状态。

③绕各自行车道中线旋转：将两侧车道分别绕各自行车道中线旋转，直到超高值，使之成为各自独立的单向超高断面，而中央分隔带分别随近侧行车道升高或降低成为倾斜断面。

对路面加宽和超高的设计计算，一般可由设计者向系统提供公路等级、设计行车速度、曲线半径、缓和曲线长度、断面形式、道路横坡度以及超高旋转方式等参数，由程序自动进行计算完成。

三、横断面填、挖面积计算

在道路CAD系统中，横断面填、挖面积的计算方法有条分法和闭合多边形法两种。

1. 条分法

该方法的基本思路是在路基填、挖范围内,过设计线各转折点向地面线作垂线,并过地面线各转折点向设计线作垂线,将整个断面划分为如图8-20所示的若干个小面积。对每一个转折点,不论是地面线还是设计线,都将有一个 x 值和一个 Δy 值(设计线至地面线高差),Δy 为正时表示填,否则表示挖。按照梯形面积和三角形面积的计算公式,计算出所有的梯形面积和三角形面积并分别按填、挖累积之,即得到该断面的填、挖面积。

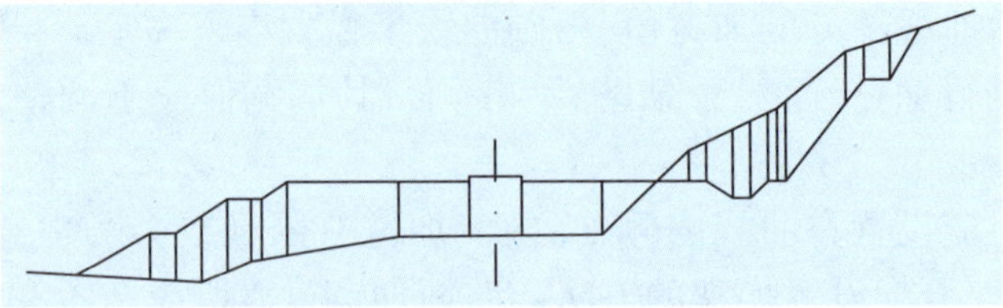

图8-20 横断面填、挖面积计算示意图

2. 闭合多边形法

条分法计算填、挖面积需要经过对向引垂线、求交点、排序、算面积、判断、累加等过程,程序计算步骤多,排序繁琐,而闭合多边形法能较好地处理这些问题。

如图8-21所示,闭合多边形法的思路是在路基填、挖范围内,从路中线分别向两侧对设计线与地面线求交点,这样设计线与地面线就组成了一些彼此相邻、互不交叉的闭合多边形。每一个闭合多边形都由设计线与地面线共同组成,多边形的面积由折点坐标计算之,填、挖类型由设计线与地面线的相对位置判断。

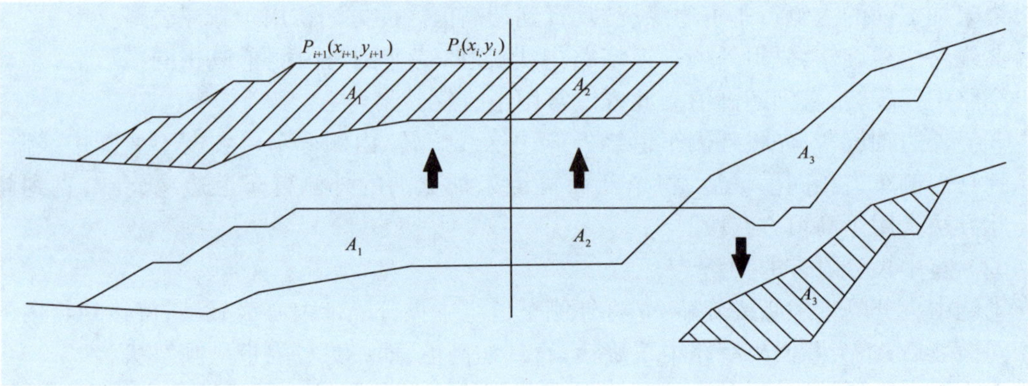

图8-21 多边形法计算填、挖面积示意图

多边形折点顺序当从设计线到地面线,右侧顺时针为填方断面,反之为挖方断面;左侧逆时针为填方断面,反之为挖方断面。

多边形面积计算公式:

$$A_i = \frac{1}{2} \cdot \sum_{j=1}^{m} (y_j + y_{j+1}) \cdot (x_{j+1} - x_j)$$

填、挖类型判别:右侧 $A_i > 0$ 为填方,$A_i < 0$ 为挖方;左侧 $A_i > 0$ 为挖方,$A_i < 0$ 为填方。填、挖方总面积计算公式:

$$A_T = \sum_{i=1}^{n} A_{ti}; \qquad A_w = \sum_{i=1}^{n} A_{wi}$$

四、土石方工程量的计算

CAD 系统计算土石方数量的方法有平均断面法和棱台法两种。

1. 平均断面法

设相邻断面的填方面积分别为 A_{T1} 和 A_{T2}，挖方面积分别为 A_{w1} 和 A_{w2}，两断面桩距为 L，则两桩号之间的填方体积 V_T、挖方体积 V_w 分别为：

$$V_T = \frac{1}{2}(A_{T1} + A_{T2})L$$

$$V_w = \frac{1}{2}(A_{w1} + A_{w2})L$$

平均断面法是建立在两断面之间的设计线及地面线呈线性变化关系上的，实际上地面情况远比线性变化复杂，平均断面法很难反映地形的变化，两相邻断面面积的比值越小，计算的体积误差将越大，面积比值接近于 0 时，体积误差将达到 50%。

2. 棱台法

棱台法计算公式如下：

$$V = \frac{1}{3}L(A_1 + A_2 + \sqrt{A_1 + A_2})$$

式中：A_1、A_2——相邻两断面面积；

L——两断面间的桩距。

棱台法考虑了两断面的变化影响，通常情况下两断面间的土体可近视地分解为若干个棱台体，因此公式具有较高的计算精度，适合于计算机计算土石方量。

3. 土石分类

土石方数量计算还要考虑实际土石变化的情况，通常由设计者根据沿线地质调查情况确定每段土石分类比例，程序自动分别计算处理。根据公路工程施工定额规定，土石种类分为软土、普通土、硬土、软石、次坚石、坚石等Ⅵ类，设计者可根据沿线地质调查情况，将路线挖方路段内土石变化情况编写成土石比例文件。其文件格式如下：

分段起始桩号，Ⅰ类土百分比，Ⅱ类土百分比，Ⅲ类土百分比，Ⅳ类土百分数，Ⅴ类土百分比，Ⅵ类土百分比。

……

计算机程序在计算完土石方数量后，将根据土石比例文件分别计算各类土的挖方数量。该方法估算土石比例可能会有较大的误差，因为土石比例文件中各类土的百分比是相对于该断面上总挖方面积而言的，但设计断面的总挖方面积预先是不知道的。所以此法对于平原地区地质变化不大、较小挖深的情况时误差不大。但对于山区公路，沿线地质变化复杂，地形频繁起伏，断面挖深较大的情况其估算结果将存在较大的误差。

土石方数量计算实际上是一个较为复杂的问题，上述计算方法仅考虑了土体体积。但在实际路基施工中，土石方数量会受许多因素影响，如天然方与压实方换算、清除表土、零填和耕地填前压实、高路堤软土沉陷、左右侧宽填等，这些因素将以不同程度及不同方式影响土石方工程。因此，一个功能完善、又能服务于工程施工的 CAD 系统，在土石方数量计算中应考虑上述因数的影响，并允许用户根据实际情况自行选定。

五、横断面交互修改

任何横断面自动设计程序都不能像人脑那样灵活地洞察地面线的各种变化，尽管大多数设计断面在自动戴帽下完成得几乎完美，但总会有少量设计断面不能完全符合设计者的意图。因此，在横断面自动戴帽完成之后，对那些不满意的设计断面进行交互修改是必不可少的环节。

横断面修改内容主要包括横断面设计线的修改（边坡线、边沟位置等）、地面线修改（地面线外延、挖台阶处理等）、挡土墙设计修改、与横断面设计相关的文件及表格的刷新（横断面数据文件、填挖面积表等）。

横断面交互修改可通过人机交互设计的方法来完成。首先要检查出那些不合理的设计断面，这步工作采用人工检查和计算机分类检索相结合的方法完成。第二步对有问题的断面实施修改，此步工作量最大，系统应提供一些灵便的修改工具，如挖台阶处理工具、挡土墙设计工具等，设计者借助系统提供的修改工具和修改命令进行修改可达到事半功倍的效果。最后要对修改变动的内容自动进行数据刷新，这是横断面交互设计的关键，这步工作必须由系统来完成。横断面交互修改流程如图 8-22 所示。

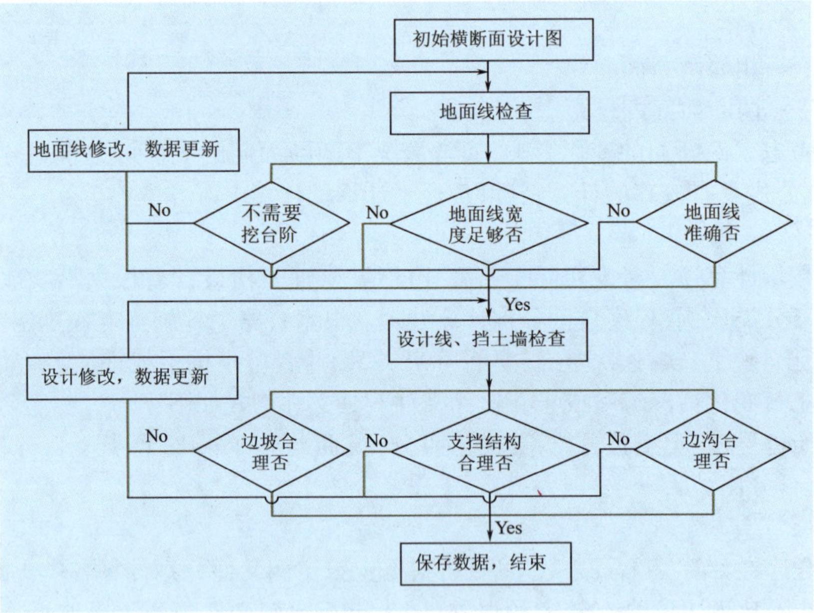

图 8-22　横断面交互修改流程示意图

第九章　桥梁三维建模技术

在桥梁初步设计方案中，需要设计者将桥梁设计方案制作成三维模型，从立体角度观察，以便找出设计方案中不合理之处，对缺陷进行修改，使桥梁设计在方案设计阶段得以优化并趋向合理。由此可见，桥梁三维建模是检验桥梁设计方案是否合理的重要手段，也是现代大跨径桥梁设计中不可缺少的设计环节。本章主要介绍三维建模的基础知识和创建三维面及三维实体的几种方法，并介绍几个常用桥梁三维建模的实例，以期收到举一反三之功效。

第一节　三维建模基础

一、三维构造模型

准确描述一个三维物体的形态和空间位置对于产品设计是至关重要的，在计算机中表示三维物体的构造模型主要有：线框模型、表面模型和实体模型。

1. 线框模型

线框模型描绘的是三维物体的框架，模型中没有面，只有描绘物体边界的点、直线和曲线。线框模型由三维空间直线和曲线组成，用直线和曲线来表示物体的轮廓线，这些线是沿物体表面边界绘制的，只显示模型中的中空轮廓。它对所描述的三维物体没有实在的面和体的信息，因而不能对线框模型进行消隐、渲染和阴影处理，对于复杂物体用它表示存在着很大的局限性。线框模型是三维物体最简单的描绘方法，通常用于描述一些简单的三维物体。

2. 表面模型

表面模型描绘的是三维物体的表面，它用空间平面、曲面以及面之间的相贯线来模拟物体的表面。在建模时，需要确定用以模拟物体表面的每一个平面的空间位置，对于不规则形体可以通过增加模拟的平面（曲面）的个数来实现模拟物体的表面特征。例如不规则的曲面，可以划分成有限个规则平面，用这些更小的面来拟合物体的表面。

3. 实体模型

实体模型描述的是物体的面和体的特征，在各类三维建模中，实体的信息最完整，歧义最少，不仅可以像表面模型那样对实体模型进行渲染处理，而且可以对实体模型进行剖切，得到其内部特征。桥梁建模一般采用实体模型。

二、设置三维坐标系

绘制三维图形必须在三维坐标系中进行，在AutoCAD中，用户可以根据需要来设置三维坐标系，即建立用户坐标系——UCS（Use Coordinate System）。建立三维坐标系的命令是UCS。具体操作步骤如下：

Command：UCS，并回车。

系统给出如下提示信息："Enter an option [New/Move/orthoGraphic/Prev/Restore/Save/Del/Apply/? /World]"

其中各选项的功能介绍如下：

(1) New

该选项用于建立新坐标系。当输入"n"并回车后，系统出现如下提示：

"Specify origin of new UCS or[ZAxis/3Point/OBject/Face/View/X/Y/Z]〈0,0,0〉："

其中：

● Orgin 用于确定新的坐标原点并使坐标轴的方向保持不变。用户可输入新的坐标原点值，或用鼠标在屏幕上直接选取。坐标原点改变后，屏幕上的 UCS 图标会立即移动至新的位置。这里要注意的是：只有将 UCSICON(UCS 图标显示参数)的值设为在原点显示状态时，屏幕上的 UCS 图标才会随着原点位置的改变而变化。否则，即使设置了新的原点。UCS 图标也可能在原位不动。

● ZAxis 用于将当前坐标系沿 Z 轴正方向移动一段距离。该选项的优点是能快速明确地确定 Z 轴的方向。

● 3Point 用于定义三点坐标系。三点分别为原点、X 轴正方向上的一点和坐标值为正的 XOY 平面上的一点。

● OBject 用于指定实体定义新的坐标系。被指定的实体将与新坐标系有相同的 Z 轴方向，原点及 X 轴正方向的取法见表 9-1 中规定。确定了 X 轴和 Z 轴之后，Y 轴方向则由右手定则确定。

坐标轴原点及 X 轴正向取法 表 9-1

实 体 类 别	坐标轴原点及 X 轴正向取法
圆弧	圆心为新原点，X 轴通过拾取点最近点的端点
圆	圆心为新原点，X 轴通过拾取点
直线	离拾取点较近的端点为新原点，X 轴正向沿此直线方向
2D 多义线	多义线的起点为新原点，X 轴通过多义线的第二个顶点
3D 面	3D 面上第一点为原点，X 轴通过其第二点，3D 面上第三点确定 Y 方向
点	选取点为新原点，X 轴方向由系统随机确定
文本	文本插入点为新原点，用户坐标系被旋转到与文字角度相匹配的位置
轨迹	轨迹第一点为新原点，轨迹自身为 X 轴方向
块	块插入点为新原点，块旋转角方向为 X 轴正向
尺寸标注	尺寸文本中心点为新原点，X 轴平行于绘制尺寸文本时的 X 轴

● Face 表示通过选取平面来设置坐标系。

● View 选项将坐标系的 XY 平面设为与当前视图平行，且 X 轴指向当前视图下的水平方向，原点不变。

● X/Y/Z 这 3 个选项可以将当前坐标系分别绕 X、Y、Z 轴旋转一指定角度，以 X 选项为例，选择该选项，AutoCAD 出现如下提示："Specify rotation angle about X axis 〈90〉："

用户可在此提示符下输入旋转角度，逆时针为正，顺时针为负。

（2）Move

该选项用于将坐标系移动到指定的位置。

（3）orthoGraphic

该选项通过选取系统定义的标准正交视图方向来设置用户坐标系的位置。

（4）Previous

该选项用于返回上一坐标系统。重复使用该选项，可以退回至任一个用户曾经设置过的坐标系。

（5）Restore

该选项用于调用存储的UCS系统，使之成为当前坐标系。

（6）Save

该选项用于存储当前坐标系统。

（7）Del

该选项用于删除已存储的坐标系统。

（8）World

该选项为缺省项，即将坐标系统设置为世界坐标系统WCS。

在AutoCAD中，除了可以用UCS命令设置用户坐标系统外，还提供了对话框操作方式，使用对话框来设置用户坐标系统的命令是DDUCS或DDUCSP。

1．DDUCS命令

该命令使用对话框管理用户坐标系统，当存储的坐标系统较多时比较方便。启动DDUCS命令后，将弹出如图9-1所示的对话框。该对话框中有3个选项卡。

（1）“Named UCSs”选项卡

通过该选项卡可以对已经存在的UCS坐标系进行重命名设置。在“Current UCS”列表框中，列出了所有的UCS名称，用户双击UCS名称，可以重新修改该UCS名称。单击“Set Current”按钮，可以将选中的UCS设置为当前坐标系。还可以单击“Details”按钮，查看被选中UCS的详细信息。

（2）“Orthographic UCSs”选项

点击“Orthographic UCSs”选项卡，出现如图9-2所示的对话框。该对话框是用列表视图

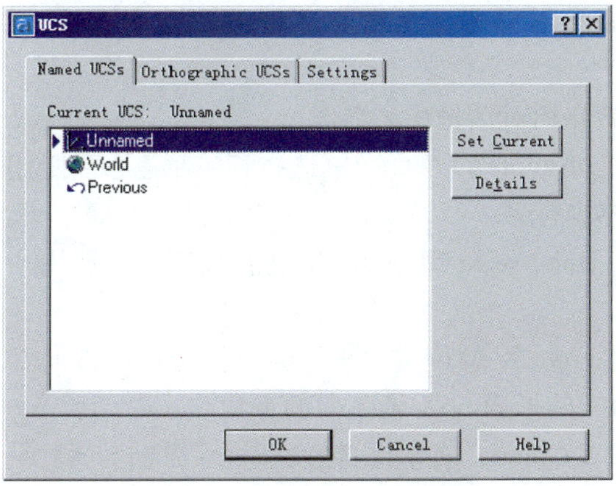

图9-1　“Named UCSs”对话框

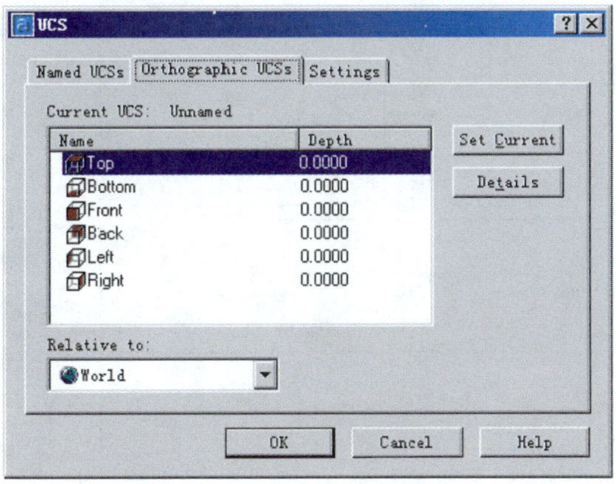

图9-2　“Orthographic UCSs”对话框

方式来选择6个正交面定义用户坐标系，其功能与上面 Orthographic 参数相同。在该对话框中用户可以选择任意一个面，然后单击“Set Current”按钮，将选中的面设为当前坐标系。

（3）“Settings”选项卡

该选项卡用来设置 UCS 图标显示方式和用户坐标系保护方式。点击“Orthographic UCSs”选项卡，出现如图9-3所示的对话框。

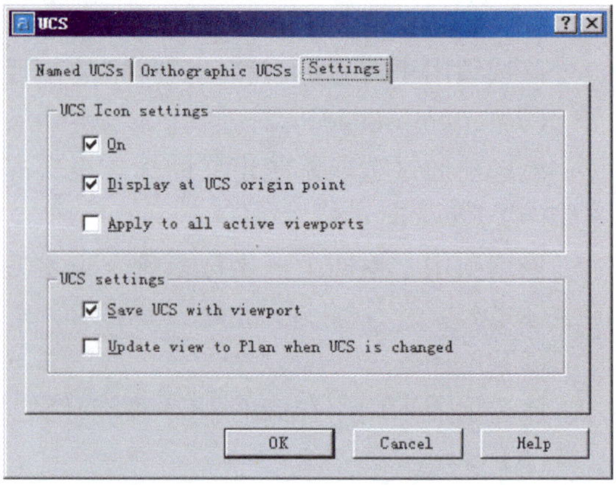

图9-3 “Settings”对话框

（1）“UCS Icon settings”区

● “ON”选项。选择此项后，系统将显示 UCS 图标，否则不显示。

● “Display at UCS origin point”选项。选择此项系统将在当前坐标系原点处显示 UCS 图标。

● “Apply to all active viewports”选项。选择此项系统将在所有激活的视口中显示 UCS 图标。

（2）“UCS settings”区

● “Save UCS with viewport”选项。选择此项系统将 UCS 图标与视口一起保存。

● “Update view to plan when UCS is changed”选项。当改变 UCS 时，视图也随之变化。

三、设置三维视点

所谓三维视点是指用户观察立体图形的位置及方向，假定用户绘制了一个正方体，如果用户位于平面坐标系中，即 Z 轴垂直于屏幕，则此时仅能看到正方体的在 XY 平面上的投影，即一个正方形。如果用户将视点置于当前坐标系的左上方，则可以看到一个正方体。AutoCAD 提供了多种灵活方便的选择视点的方法，下面分别介绍这些方法：

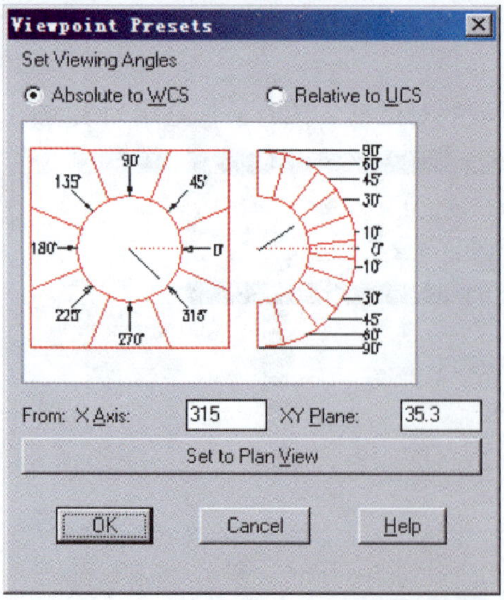

图9-4 “Viewpoint Presets”对话框

1. 用 DDVpoint 命令设置视点

用户可以在命令行内直接输入“DDVpoint”或“vp”并回车，即可启动该命令。启动后，将弹出如图9-4所示的对话框，用此对话框可以方便地设置视点。

下面介绍对话框中的各含义：

● “Absolute to WCS”单选按钮：确定是否使用绝对世界坐标系。

● “Relative to UCS”单选按钮：确定是否使用用户坐标系。

● “From X Axis”文本框：确定新的视点方向在 XY 平面内的投影与 X 轴正向的夹角。

● “XY plans”文本框：输入新视点方向与 XY 平面的夹角。

● “Set to Plan View”按钮。单击该按钮，可以返回到 AutoCAD 初始视点状态，即与 Z 轴正方向相同的视点方向。

2. 用预置视点

预置视点就是系统预先设置的标准视图，它包括 6 个视图和 4 个轴测视图。预置视点的命令是 View。启动 View 命令的方法有 3 种：

● 从工具条

上启动；

● 在下拉菜单“View”下选择“3Dviews”；

● 从命令行输入“View”并回车。

6 个视图分别是：俯视图（Top）、仰视图（Bottom）、左视图（Left）、右视图（Right）、主视图（Front）和后视图（Back）。4 个轴测视图分别是：西南等轴测视图（SW Isometric）、东南等轴测视图（SE Isometric ）、东北等轴测视图（NE Isometric）、西北等轴测视图（NW Isometric）。

3. 三维动态观察器（3D orbit）

三维动态观察是 AutoCAD 2000 的新功能，在 AutoCAD 2002 中该功能得到进一步的增强，通过它用户可以动态地观察三维图形。三维动态观察的命令是 3dorbit，从命令行输入“3dorbit”，回车。启动 3dorbit 命令后，屏幕显示如图 9-5 所示。

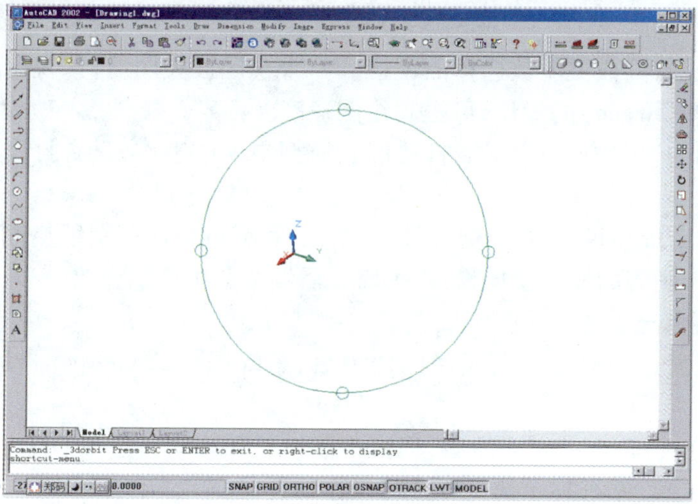

图 9-5　三维动态观察器

三维观察器操作方法：光标在观察器内，用户按住鼠标左键沿任意方向拖动时，坐标轴随拖动方向旋转；光标在观察器外，当按住左键上下拖动时，坐标轴才随拖动方向旋转。光标在上下两个小圆圈中，按住左键上下拖动，坐标轴作上下方向旋转；光标在左右两个小圆圈中，按住左键左右拖动，坐标轴作左右方向旋转。

四、设置多视窗

在绘制二维图形时我们总是把整个绘图区域作为一个视窗来观察和绘制图形的。在绘制三维图形时，为了更加全面的观察物体，要将一个绘图区分割成几个视窗，而每个视窗设置不同的视点。如图9-6所示屏幕被分割成3个视窗。

设置多视窗的命令有两个,在图纸空间中建立多视窗的命令是 Mview,而在模型空间中建立多视窗的命令是 Vports。通常我们在模型空间中按尺寸绘图,而在图形空间的图形以不同比例的视图进行搭配,再添加些文字注释,从而形成一幅完整的图形。

图纸空间与模型空间的切换很简单,只需用户在状态栏上单击"MODEL/PAPER"按钮,即可实现二者之间的切换。

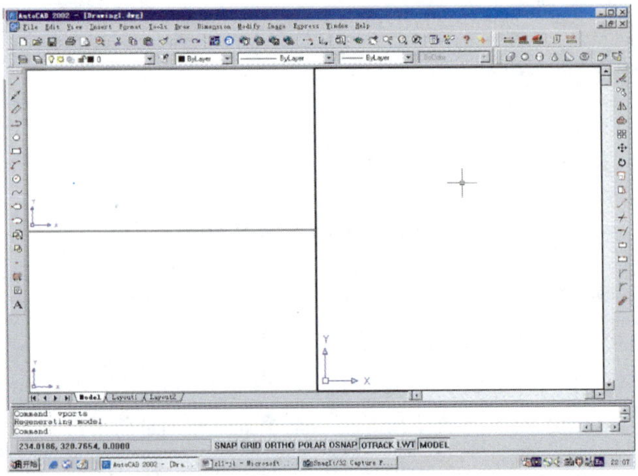

图9-6　三视窗屏幕

1. 在图纸空间中设置多视窗

将绘图状态切换为图纸空间,在命令行直接输入"Mview"并回车。系统将出现如下提示:

"[ON/OFF/Fit/Hideplot/Lock/Object/Polygonal/Restore/2/3/4]〈Fit〉:"。其中各选项功能介绍如下:

(1) ON/OFF:打开或关闭被选择的视区。一个视区被关闭后,该视区内的实体将不再参加重新生成视图(Regen)的操作,可提高绘图速度。

注意:在关闭的视区中,用户不能直接回到模型空间中工作,只有打开该视区才可返回到模型空间中。

(2) Hideplot:自动消除隐线。选择该选项,可使 AutoCAD 在图纸空间中输出图形时自动进行消隐。关于消隐的概念及操作,本书将在后续章节中详细介绍。

(3) Fit:使视窗充满整个绘图区域。

(4) Lock:视窗是否锁定。当选择此选项后,系统提示:"Viewport View Locking [ON/OFF]:"

选项 ON 锁住视窗,当视窗锁住后,视窗不能缩放和移动。选项 OFF 打开锁定的视窗。当选择 ON 或 OFF 后,系统提示选择要进行操作的视窗。

(5) "Object"选项是 AutoCAD 2000 以后新增的功能,系统允许用户选择任何连续封闭实体作为浮动视口,比如圆、矩形、多边形等。

(6) Polygonal:多边形视窗。用户根据提示,直接在图纸空间下输入由折线或弧段构成的封闭实体。

(7) 2:该选项表示将屏幕分为两个视区。选择该选项,AutoCAD 有下面提示:"Horizontal/〈Vertical〉:"

"Horizontal"选项表示将当前视区从水平方向分割成两个视图,"Vertical"选项则可以将当前视分割为两个垂直方向的视图。

(8) 3:该选项将当前视区分成3个视区。选择该选项,AutoCAD 会提示:"Horizontal/Vertical/Above/Below/Left/ < Right > :"。其中的选项用于选择不同分割视区。

(9) 4:该选项将当前视区等分成 4 个视区。

(10) Restore:调用由 Vports 命令创建并存储的视窗分区。选择该选项,AutoCAD 出现提示“ ? /Name of Window Configuration to Insert(* ACTAVE *):”

这时用户可直接输入要调用的视窗名,也可输入“?”,AutoaCAD 将列表显示当前图形文件保存的所有视窗设置。

提示:如果用户在模型空间中使用 Mview 命令,则 AutoCAD 将自动转换到图纸空间,在执行空 Mview 命令后,再返回模型空间。

2. 在模型空间中设置多视窗

在模型空间中设置多个视窗的命令是 Vports 命令,启动命令后,系统将弹出如图 9-7 所示的对话框。

在该对话框中的“Standard Viewports”标签中,用户可以选择要设置视窗的类型,右边的视窗预览区将显示视窗的布局。

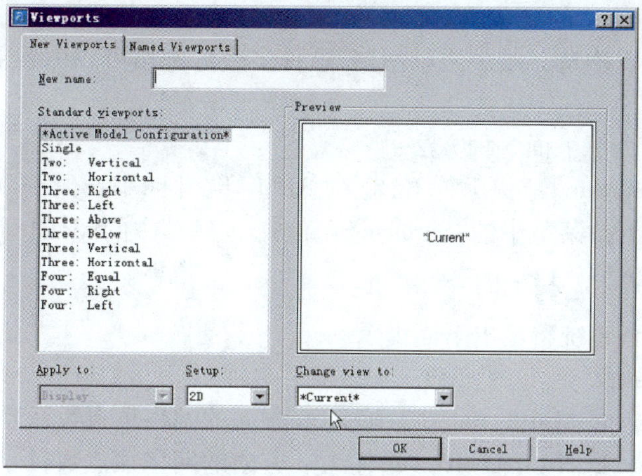

图 9-7 “Viewports”对话框

第二节 绘制三维面

构造三维实体的方法之一是用三维面来表示三维形体的表面。在 AutoCAD 中三维面有三维平面和曲面二种。

一、绘制三维平面

绘制三维平面的命令是 3Dface,系统规定用该命令可以构造空间任意位置的三维平面,平面的顶点可以有不同的 X、Y、Z 坐标,但不能超过 4 个顶点。构造的三维平面在屏幕上只显示其轮廓线。

启动 3Dface 命令有下面 3 种方法:

- 在命令行“Command:”提示符下,输入“3Dface”并回车。
- 打开“Draw”下拉菜单中的“Surface”子菜单,选择其中的“3Dface”项。
- 单击“Surface”工具栏上的按钮。

启动该命令后，系统将会出现如下提示：

Command：3dface

Specify first point or[Invisible]：（输入第一顶点）

Specify second point or [Invisible]：（输入第二顶点）

Specify third point or [Invisible]〈Exit〉：（输入第三顶点）

Specify fourth point or [Invisible]〈Create three-sided face〉：（输入第四顶点）

Specify third point or [Invisible]〈Exit〉：（相邻平面的第三点；输入第三顶点）

当输入完4个顶点之后，系统回自动将最后两个顶点当作下一个平面的第一、第二个顶点，并要求用户输入相邻平面的第三、第四个顶点。如果不想建立下一个三维面，可在“Third Point”提示符下直接回车，结束本次命令。

二、绘制三维多边形网格

用三维平面只能构造的比较简单的实体，而且只显示三维实体的轮廓线。AutoCAD 提供的3DMesh命令可以构造三维多边形网格，这种多边形网格可以由若干个平面网格构成近似曲面或平面。

启动3DMesh命令有下面3种方法：

- 在命令行“Command：”提示符下，输入“3DMesh”并回车；
- 打开“Draw”下拉菜单中的“Surface”子菜单，选择其中的“3DMesh”项；
- 单击“Surface”工具栏上的按钮。

启动该命令之后，系统将给出下面提示：

Command：3dmesh

Enter size of mesh in M direction：（3，输入m方向的网格顶点数目）

Enter size of mesh in N direction：（2，输入n方向的网格顶点数目）

Specify location for vertex (0，0)：（输入第一行，第一列的顶点坐标）

Specify location for vertex (0，1)：（输入第一行，第二列的顶点坐标）

Specify location for vertex (1，0)：（输入第二行，第一列的顶点坐标）

Specify location for vertex (1，1)：（输入第二行，第二列的顶点坐标）

Specify location for vertex (2，0)：（输入第三行，第一列的顶点坐标）

Specify location for vertex (2，1)：（输入第三行，第二列的顶点坐标）

……

Specify location for vertex (m-1，n-1)：（输入第m行，第n列的顶点坐标）

当输入完所有的顶点坐标之后，若无错误，系统将自动生成一组多边形网格曲面。规定在行和列方向上最多允许有256个顶点。使用3DMesh命令可以绘制较复杂的曲面，如构造道路模型，地形模型等。但使用3DMesh命令绘制三维实体非常麻烦，而且很难创建出理想的曲面，用户一般用得较少。

三、绘制直纹曲面

所谓直纹曲面是指由两条指定的直线或曲线为相对的两边而生成的一个用三维网格表

示的曲面，该曲面在两相对直线或曲线之间的网格是直线的。

绘制直纹曲面的命令是 Rulesurf，启动该命令有下面 3 种方法：

● 在命令行"Command："提示符下，输入"Rulesurf"并回车；

● 打开"Draw"下拉菜单中的"Surface"子菜单，选择其中的"Ruled surface"项；

● 单击"Surfaces"工具栏上的按钮。

启动该命令之后，系统将给出如下提示：

Select first defining curve：（选择第一条曲线）

Select second defining curve：（选择第二条曲线）

选择完两条曲线之后，系统检查满足要求后，便会自动在两条曲线之间生成一个直纹曲面。用来创建直纹曲面的曲线可以是线、点、弧、圆、样条曲线、二维多义线和三维多义线。直纹曲面的网格密度有系统变量 Surftab1 控制，其初始值为 6，值越大其网格密度越大。图 9-8 显示了 Surftab1 不同的值对网格密度的影响。

练习 9-1 用 Rulesurf 命令绘制一个圆台直纹曲面。

（1）单击菜单"View"→"3D Views"→"SE Isometric"设置成东南轴测视图；

（2）在命令行输入"Surftab1"，回车后，输入 20。（将系统变量 Surftab1 设为 20）；

（3）用 Circle 命令绘制两个圆，绘制结果如图 9-9 所示；

（4）Command：Rulesurf；

（5）Select first defining curve：选择小圆；

（6）Select second defining curve：选择大圆。

结束后绘图区就出现了如图 9-10 所示的圆台图形。

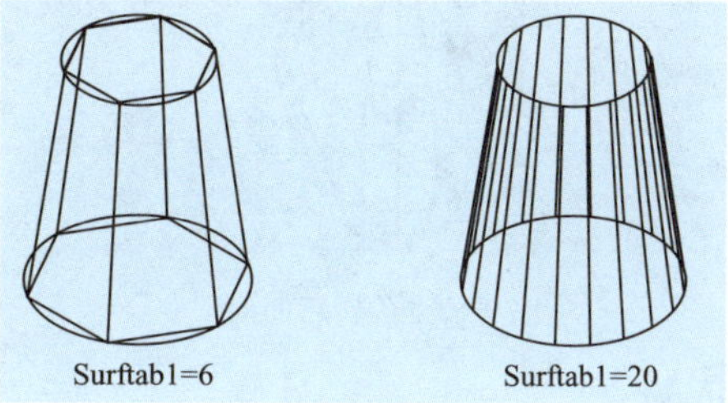

图 9-8 不同 SurfTab1 的直纹曲面

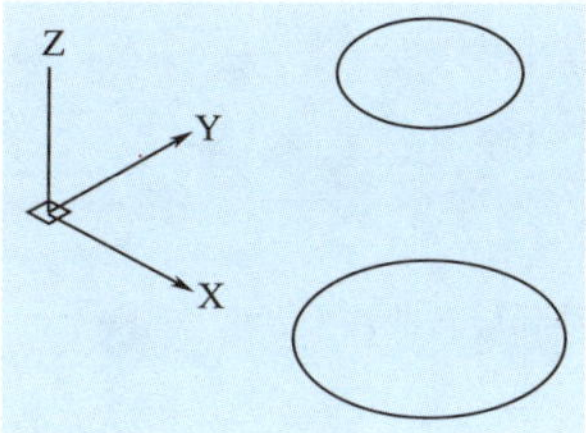

图 9-9

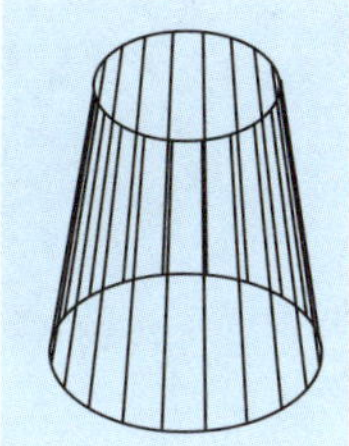

图 9-10

四、绘制旋转曲面

和数学中的曲面一样，AutoCAD 中有些曲面是由旋转曲面构成的，它是利用一条曲线围绕某一个轴旋转一定的角度，而生成一个光滑的旋转曲面。旋转面是由三维多边网格表示的网格的密度在旋转方向和轴线方向分别由两个系统变量控制。绘制旋转曲面的命令是 Revsurf。启动该命令有下面 3 种方法：

● 在命令行"Command："提示符下，输入"Revsurf"并回车。

● 打开"Draw"下拉菜单中的确"Surface"子菜单，选择其中的"Revolved surface"项。

● 单击"Surfaces"工具栏上的按钮。

启动该命令之后，系统将给出如下提示：

Command: _revsurf

Current wire frame density: (SURFTAB1 =20 SURFTAB2 =6)

Select object to revolve: (选择旋转曲线)

Select object that defines the axis of revolution: (选择旋转轴)

Specify start angle 〈0〉:(输入旋转起始角)

Specify included angle (+ = ccw, - = cw) 〈360〉:(输入旋转角度。逆时针为正,顺时针为负)

练习 9-2 用 Revsurf 命令来绘制一个旋转曲面。

(1) 单击菜单"View"→"3D Views"→"E Isometric"设置成东南轴测视图;

(2) 设置系统变量 SURFTAB1 =20,SURFTAB2 =6;

(3) 绘制如图 9-11 所示的旋转轴和旋转曲线;

(4) Command:Revsurf;

(5) Select path curve:选择旋转曲线;

(6) Select axis of revolution:选择旋转轴;

(7) Start angle 〈0〉:回车;

(8) Included angle (+ = ccw, - = cw) 〈Full circle〉:360,并回车。

命令执行后,绘图区就出现了如图 9-12 所示的旋转曲面。

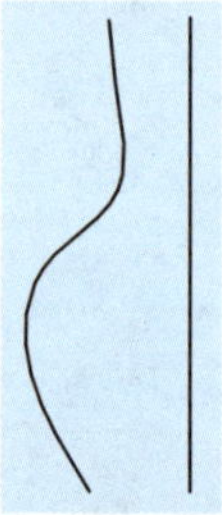

图 9-11 旋转轴和旋转曲线

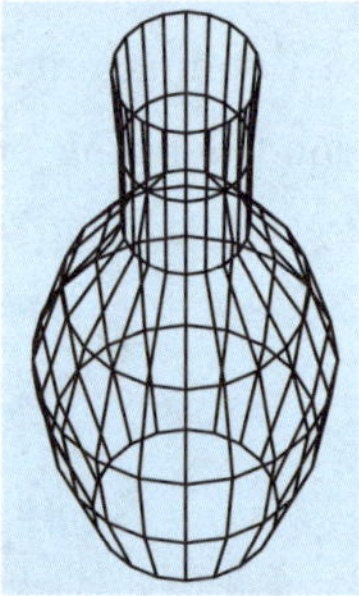

图 9-12 旋转后曲面

五、绘制拉伸曲面

拉伸曲面是直纹曲面的一个特例,在直纹曲面中,当两条曲线具有相同的形状,而且相互平行,由此而生成的曲面就是拉伸曲面,但拉伸曲面的生成方法与其不同。拉伸曲面是由一条初始轨迹线沿指定的矢量方向伸展而成的曲面。绘制拉伸曲面的命令是 Tabsurf ,启动该命令有如下 3 种方法:

● 在命令行"Command:"提示符下,输入"tabsurf"并回车。

● 打开"Draw"下拉菜单中的"Surface"子菜单,选择其中的"tabulateed surface"项。

● 单击"Surfaces"工具栏上的按钮。

启动该命令之后,系统将会出现如下提示:

Command: tabsurf

Select object for path curve: (选择欲拉伸的轨迹线)

Select object for direction vector:（确定轨迹线的拉伸方向）

拉伸曲面是由多边形网格构造而成，其网格密度由系统变量 Surftab1 控制。

第三节　绘制三维形体表面

便于用户绘制三维图形，AutoCAD 提供了一些基本形体函数，利用这些函数可以直接绘制三维形体表面。这些形体表面主要有长方体（Box）、棱锥体（Pyramid）、楔形体（Wedge）、圆顶（Dome）、球面（Sdhere）、圆锥（Cone）、圆环（Torus）、圆盘（Dish）、四边形网格（Mesh）。

绘制三维形体表面可以利用对话框，也可以利用绘图工具栏来操作。

打开“Draw”下拉菜单中“Surface”子菜单，选择其中的“3D Surface”子项，将激活“3D Objects”对话框，该对话框中有 9 个图标菜单对应上述 9 个三维形体表面，如图 9-13 所示。

将光标停留在任意一个绘图工具栏上单击右键，将弹出“Toobars”对话框，选择其中的“Surfaces”工具栏，此工具栏中有 16 个绘制形体表面的工具，如图 9-14 所示。

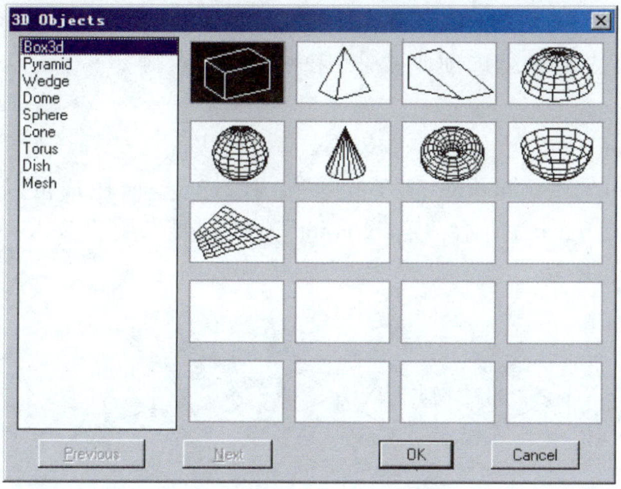

图 9-13　“3D Objects”对话框

图 9-14　“Surfaces”工具条

一、长　方　体

选择对话框中的“Box”图标之后，AutoCAD 将给出如下提示序列：

Specify corner point of box:（输入长方体的一个顶点坐标）

Specify length of box:（输入长方体的长度）

Specify width of box or [Cube]:（缺省项 Width 提示用户输入长方体的宽度值。若选择“Cube”项，则出现提示“Rotation angle about Z axis:”要求用户输入绕 Z 轴的旋转角）

Specify height of box:（输入长方形高度）

Specify rotation angle of box about the Z axis or[Reference]:(输入绕 Z 轴的旋转角)

二、棱锥体表面

该命令既绘制三棱锥或四棱锥体表面,也可以绘制三棱台或四棱台形体表面。选择该选项后,AutoCAD 出现如下命令序列:

Command: ai_pyramid

Specify first corner point for base of pyramid:(输入第一基点)

Specify second corner point for base of pyramid〈Ortho on〉:(输入第二基点)

Specify third corner point for base of pyramid:(输入第三基点)

Specify fourth corner point for base of pyramid or[Tetrahedron]:该提示符中的两个选项含义如下:

(1) 默认值输入第四基点,绘制四棱锥体表面或四棱台体表面。输入第四基点后,提示如下:

Specify apex point of pyramid or[Ridge/Top]:有 3 个选项,"apex point"选项,输入四棱锥顶点,绘制四棱锥,如图 9-15a)所示;"Top"选项,要求用户输入 4 点确定一个平面,形成一个,如图 9-15b)所示;"Ridge"选项则要求用户输入两点确定一条作为四棱台的脊线,如图 9-15c)所示。

(2) "Tetrahedron"选项用于绘制三棱锥或三棱台表面。选择该选项,AutoCAD 提示:

Specify apex point of tetrahedron or[Top]:(利用 Top 选项,用户可以输入 3 个顶点,绘制一个三棱台表面,如图 9-15e)所示;"Apex Point"选项则要求用户输入一个顶点,创建一个三棱锥表面,如图 9-15d)所示)。

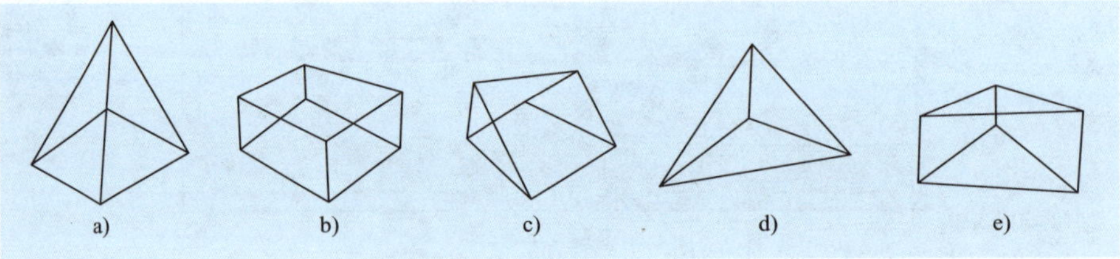

图 9-15 棱锥形体示意图

三、楔形体表面

选择该项后,AutoCAD 将出现如下提示,要求用户逐步确定楔形体的尺寸;

Command: ai_wedge

Specify corner point of wedge:(确定楔形体角点坐标)

Specify length of wedge:(输入楔形体长度)

Specify width of wedge:(输入楔形体宽度)

Specify height of wedge:(输入楔形体高度)

Specify rotation angle of wedge about the Z axis:(输入楔形体绕 Z 轴的旋转角度,输入以上参数后,楔形体便绘制出来了)

四、绘图顶表面

该选项绘制圆球的顶面，类似于一个球盖。选择这一选项，AutoCAD 将出现如下提示序列：

Command：ai_dome

Specify center point of dome：（输入圆顶表面中心的坐标）

Specify radius of dome or [Diameter]：（指定圆顶的直径或半径）

Enter number of longitudinal segments for surface of dome〈16〉：（输入圆顶面在经度方向的网格数）

Enter number of latitudinal segments for surface of dome〈8〉：（输入圆顶面在纬度方向的网格数）

五、球 形 表 面

在“3D Objects”对话框中选择该选项后命令行出现如下提示序列：

Command：ai_sphere

Specify center point of sphere：（指定球面中心位置）

Specify radius of sphere or [Diameter]：（输入球面半径或直径）

Enter number of longitudinal segments for surface of sphere〈16〉：（输入球面经度方向网格数）

Enter number of latitudinal segments for surface of sphere〈16〉：（输入球面纬度方向网格数）

六、圆 锥 表 面

选择该选项后，AutoCAD 命令行出现如下提示序列：

Command：ai_cone

Specify center point for base of cone：（确定圆锥底面圆的中心点）

Specify radius for base of cone or [Diameter]：（输入圆锥底面圆的直径或半径）

Specify radius for top of cone or [Diameter]〈0〉：（输入圆锥顶面上圆的直径或半径，若取缺省值 0，则生成圆锥表面，若不为 0，则生成圆台表面，如图 9-16 所示）

七、圆环体表面

该选项创建一个圆环体的表面。选择该选项后，AutoCAD 将给出如下提示序列：

Command：ai_torus

Specify center point of torus：（确定圆环体中心点的位置）

Specify radius of torus or [Diameter]：（输入圆环体中心线的直径或半径）

Specify radius of tube or [Diameter]：（输入圆环管体的直径和半径）

Enter number of segments around tube circumference〈16〉：（输入圆环在圆周方向的网格表）

Enter number of segments around torus circumference〈16〉：（输入绕圆环横截面中心线方

向的网格数）

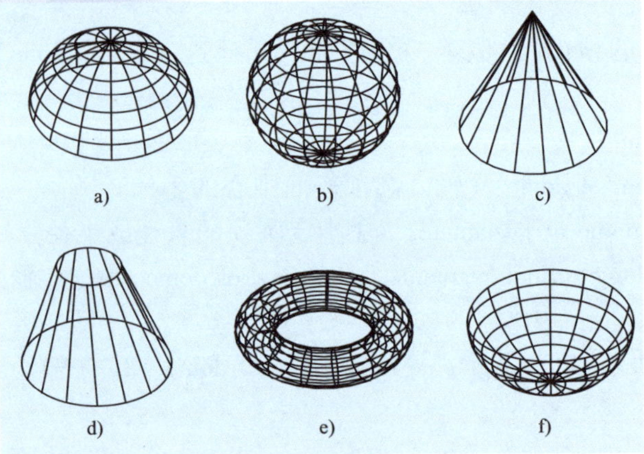

图 9-16　条种标准形体表面

a）圆顶；b）圆球；c）圆锥；d）圆台；e）圆环；f）圆盘

八、圆 盘 表 面

该选项绘制圆盘表面，如图 9-18 所示，选择该选项后，AutoCAD 出现下列提示序列：

Command：ai_dish

Specify center point of dish：（输入圆盘的中心点）

Specify radius of dish or [Diameter]：（输入圆盘的直径或半径）

Enter number of longitudinal segments for surface of dish 〈16〉：（输入圆盘表面经度方向的网格数）

Enter number of latitudinal segments for surface of dish 〈8〉：（输入圆盘表面纬度方向的网络数）

注意：在上述基本形体表面的绘制过程中，形体控制点的坐标可以在命令行输入，也可以用光标在屏幕上直接点取。当用光标点取时，应注意所点取的点是否在希望的平面上。图 9-16 中列出了各种形体表面的形状。

第四节　绘制三维实体

前面所学的三维形体表面只是一个空壳，本节中要讲的三维实体（Solid）它具有实体的特征，即其内部是实体的，是三维图形中最重要的部分。用户可以对三维实体进行打孔、挖槽等布尔运算，从而形成具有实用意义的物体。创建三维实体，可以通过两种途径，一种是直接输入实体的控制参数，由 AutoCAD 相关函数自动生成，另一种是由二维图形以旋转或拉伸等方式生成。前者只能创建一些基本的规则实体，后者则可以创建出更为灵活的实体。

创建三维实体可以输入命令，也可使用屏幕菜单或工具栏按钮。AutoCAD 2002 主菜单中“Draw”下拉菜单中的“Solids”子菜单全部是绘制三维实体的命令。用户还可以通过“Solids”工具条绘制三维实体。加载“Solids”工具条的方法如下：

单击菜单“View”→“Toolbars”，系统将弹出如图 9-17 所示的对话框。在该对话框中选择“Toolbars”选项卡，选中左侧“Toolbars”列表框中的“Solids”选项，将“Solids”工具条加载到屏幕上，“Solids”工具条如图 9-18 所示。

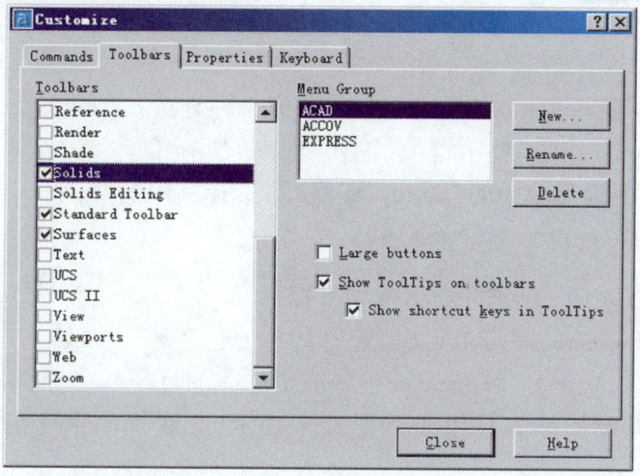

图 9-17　“Customize”对话框

图 9-18　“Solids”工具条

本节将先介绍用命令直接绘制三维实体，然后再介绍用二维图形生成三维实体的方法。

一、用命令直接绘制三维实体

在 AutoCAD 中用命令可以直接绘制的三维实体有：长方体（Box）、圆锥体（Cone）、球体（Sdhere）、圆柱体（Cylinder）楔形体（Wedge）、圆环（Torus）。

1. 绘制长方体

绘制长方体的命令是 Box，启动该命令有下面 3 种方法：

- 在命令行“Command：”提示符下，输入“Box”并回车。
- 打开“Draw”下拉菜单中的“Solids”子菜单，选择其中的“Box”子项。
- 单击“Solids”工具栏上按钮。

启动 Solids 命令之后，系统将会出现如下提示：

Command：box

Specify corner of box or[CEnter]〈0,0,0〉：有两个选项：

（1）选项 corner of box，默认值输入立方体的一个角点坐标；

（2）选项 Center，输入输入立方体中心点。

当用户输入立方体的一个角点坐标后，系统接着提示：

Specify corner or[Cube/Length]：有两个选项：

（1）选项 Cube，绘制正方体；

（2）选项 Length，选择。

当用户输入L并回车，系统提示：

Specify length：（输入立方体的长度）

Specify width：（输入立方体的宽度）

Specify height：（输入立方体的高度）

2. 绘制球体

绘制球体的命令是Sphere，启动该命令有下面3种方法：

- 在命令行"Command："提示符下，输入"Sphere"并回车。
- 打开"Draw"下拉菜单中的"Solids"子菜单，选择其中的"Sphere"子项。
- 单击"Solids"工具栏上的按钮。

启动Sphere命令之后，系统将会出现如下提示：

Specify center of sphere〈0,0,0〉：（确定球体中心位置）

Specify radius of sphere or [Diameter]：（确定球体的直径或半径）

用Sphere命令绘制的球体是用线框形式来表示的，线框的密度由系统变量isolines控制。其值越大线框越密。

3. 绘制圆柱体

该命令用来绘制圆柱体或椭圆柱体，启动Cylinder命令有3种方式：

- 在命令行"Command："提示符下输入"Cylinder"并回车。
- 打开"Draw"下拉菜单中的"Solids"子菜单，选择其中的"Cylinder"选项。
- 单击"Solid"工具栏上的按钮。

启动Cylinder命令后，用户可执行如下命令序列：

Specify center point for base of cylinder or [Elliptical]〈0,0,0〉：该提示符中两个选项含义分别如下：

(1) ElliPtical 该选项用来生成椭圆柱体，选择该选项后，AutoCAD提示：

Center/〈Axis endPoint〉：在此提示符下确定椭圆柱底面的形状，与绘椭圆命令相同，这里不再叙述。

(2)〈Center Point〉该选项为缺省项，用来绘制圆柱体，在该选项下确定圆柱体端面中心点的位置，AutoCAD便出现下列提示：

Specify radius for base of cylinder or[Diameter]：（输入圆柱体的半径或直径）

Specify height of cylinder or[Center of other end]：（输入圆柱的高度）

4. 圆锥体

该命令用来绘制圆锥体或椭圆锥体，启动Cone命令有3种方式：

- 在命令行" Command："提示符下输入"Cone"并回车。
- 打开"Draw"下拉菜单中的"Solids"子菜单，选择其中的"Cone"选项。
- 单击"Solid"工具栏上的按钮。

启动Cone命令后，用户可执行如下命令序列：

Command：cone

Specify center point for base of cone or [Elliptical]〈0,0,0〉：该提示符中两个选项含义分

别如下：

（1）“ElliPtical”选项用来生成椭圆锥体，选择该选项后，AutoCAD 提示：

Specify axis endpoint of ellipse for base of cone or [Center]：在此提示符下确定椭圆锥底面的形状，与绘椭圆命令相同，这里不再叙述。

（2）“Center Point”选项为缺省项，用来绘制圆锥体，在该选项下确定圆锥体底面中心点的位置，AutoCAD 便出现下列提示：

Specify radius for base of cone or[Diameter]：输入圆锥体底面的直径或半径；

Specify or [Apex]：有两个选项：

（1）“Height of cone”选项用于输入圆锥体；

（2）“Apex”选项用于输入圆锥体顶点坐标。

5. 楔形体

该命令用来绘制楔形体，启动 Wedge 命令有 3 种方式：

● 在命令行 “Command:”提示符下输入“Wedge”并回车。

● 打开“Draw”下拉菜单中的“Solids”子菜单，选择其中的“Wedge”选项。

● 单击“Solid”工具栏上的按钮。

启动 Wedge 命令后，用户可执行如下命令序列：

Command：wedge

Specify first corner of wedge or[CEnter]〈0,0,0〉:该提示符中两个选项含义分别如下：

1）“CEnter”用于选择输入楔形体斜面上的中心点方式，选择该选项后，AutoCAD 提示：

Specify center of wedge〈0,0,0〉:输入底面中心点位置。接着系统提示如下：

Specify opposite corner or [Cube/Length]：三项选择具体含义介绍如下：

（1）“Cube”选项生成一个长、宽、高等边的楔形体。

（2）“Length”选项依此输入楔形体的长、宽、高的尺寸。

（3）“Corner of Wedge”为缺省项，要求用户输入楔形体的顶点的位置。

2）选择“first corner of wedge”响应后，系统接着提示如下：

Specify corner or[Cube/Length]：其中选项 Cube 和 Length 的用法与前面相同，输入楔形体底面另一个角点位置后，系统提示：

6. 圆环体

用该命令可以绘制实体圆环，绘制圆环体的命令是 Torus，启动该命令的方法有 3 种：

● 在命令行 “Command:”提示符下输入“Torus”并回车。

● 打开“Draw”下拉菜单中的“Solids”子菜单，选择其中的“Torus”选项。

● 单击“Solid”工具栏上的按钮。

启动 Torus 命令后，用户可执行如下命令序列：

Command：_torus

Specify center of torus〈0,0,0〉:（确定圆环中心的位置）

Specify radius of torus or [Diameter]：（输入圆环中心线的直径或半径）

Specify radius of tube or [Diameter]：（输入圆环管体的直径或半径）

上面6种方法绘制的实体图形如图9-19所示。

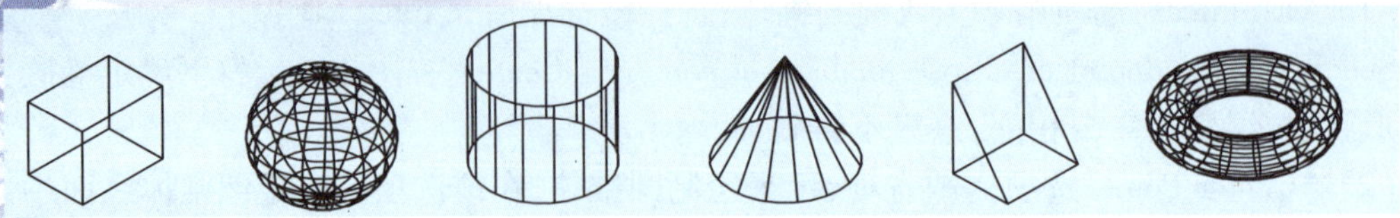

图9-19　六种实体图形

二、拉伸二维实体

用命令直接绘制的三维实体，都比较简单，对一个二维实体进行拉伸而可以得到较为复杂的三维实体。被拉伸的二维实体必须是封闭的，它包括闭合多义线、多边形、3D多义线、圆和椭圆以及上述二维组合闭合体。

拉伸实体的命令是Extrude，启动该命令有下面3种方法：

- 在命令行"Command:"提示符下输入"Extrude"并回车。
- 打开"Draw"下拉菜单中的"Solids"子菜单，选择其中的"Extrude"选项。
- 单击"Solid"工具栏上的按钮。

启动该命令之后，系统将出现如下提示：

Command: extrude

Select objects:（选择被拉伸的二维实体）

Select objects:（回车，结束选择）

Specify height of extrusion or [Path]:有两个选项其含义如下：

（1）"Path"选项用于选择某实体作为要拉伸的路径。

（2）"height of extrusion"选项，按指定高度进行拉伸，该项为缺省项。要求用户输入拉伸的高度，拉伸方向与Z轴相同。接着系统提示如下：

Specify angle of taper for extrusion 〈0〉:要求用户输入拉伸实体的侧面倾斜角度。角度的范围从 $-90°$ 到 $+90°$。默认值为0°，即为柱体。

练习9-3　用Extrude命令拉伸二维实体来创建一个三维实体。

（1）XOY平面上用Ploygon命令绘制一个闭合六边形；

（2）Command: extrude

（3）Select objects: 选择闭合六边形；

（4）Select objects: 回车；

（5）Specify height of extrusion or[Path]: 80，回车；

（6）Specify angle of taper for extrusion 〈0〉: 25，回车。

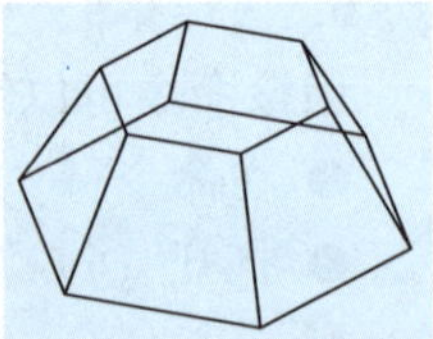

图9-20　拉伸后的实体

拉伸结束后的三维图形见图9-20。

三、旋 转 实 体

旋转实体是将二维封闭的图形绕指定的旋转轴，旋转一周而生成的三维实体。用于旋转的二维对象包括圆、椭圆、二维多义线及面域。

旋转实体的命令是 Revolve,启动该命令有 3 种方法:

- 在命令行 “Command:”提示符下输入“Revolve”并回车。
- 打开“Draw”下拉菜单中的“Solids”子菜单,选择其中的“Revolve”选项。
- 单击“Solid”工具栏上的  按钮。

启动该命令之后,系统将出现如下提示:

Command: Revolve

Select objects:(选择要旋转的二维实体)

define axis by[Object/X (axis)/Y (axis)]: 三种选择旋转的方法:

(1)“Object”选项要求用户指定一条直线作为旋转轴。选定之后,系统出现提示:

Angle of revolution〈full circle〉。该提示要求输入旋转角度,缺省值为 360°。

(2)“X/Y”选项要求用户指定 X 或 Y 轴作为旋转轴。选择之后,系统出现提示:

“Angle of revolution〈full circle〉:”。该提示要求输入旋转角度,缺省值为 360°。

(3)“Start point of axis:”选项为缺省项,它是通过确定两点来指定旋转轴。指定第一点后,系统提示“Specify endpoint of axis:”。该提示要求输入另一端点。

当用户确定旋转轴后,系统接着提示:

“Specify angle of revolution 〈360〉:”,该提示要求输入旋转角度,缺省值为 360°。

练习 9-4 用 Revolve 命令旋转一个二维实体从而生成一个三维实体。

(1) 在 XOY 平面上绘制二维封闭图形。

(2) Command:Revolve,回车;

(3) Select objects:选择二维实体;

(4) Select objects:回车;

(5) define axis by[Object/X (axis)/Y (axis)]:选择旋转轴的一个端点;

(6) Specify endpoint of axis: 选择旋转轴的另一个端点;

(7) Specify angle of revolution 〈360〉:回车。

操作结束后,得到如图 9-21 中右边的三维实体图形。

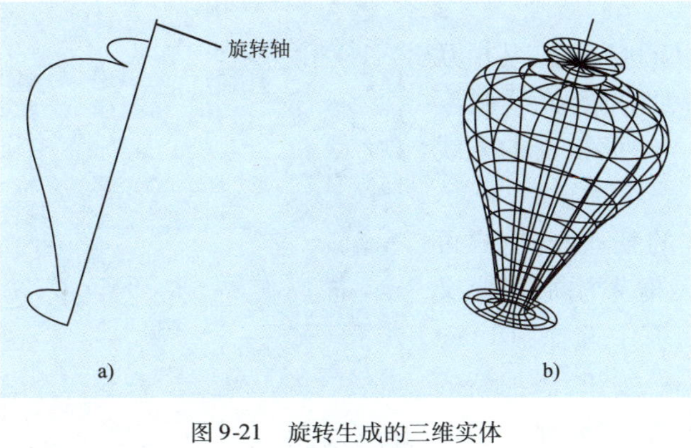

图 9-21 旋转生成的三维实体

a)旋转之前;b)旋转之后

第五节　三维实体渲染

1. 光源

对三维模型可以用 Render 命令进行渲染，生成具有真实感的三维实体，提高建模效果。一般在进行渲染之前要设置光源，设置光源的命令是 Light。在命令行输入“Light”并回车则启动该命令，系统弹出如图 9-22 所示的对话框。

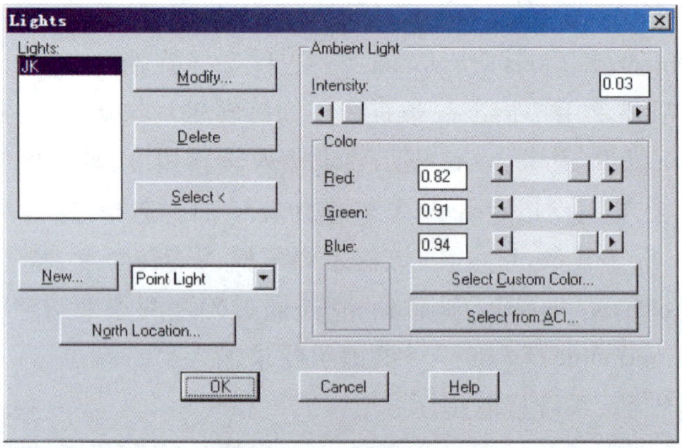

图 9-22　“Light”对话框

在场景中施加不同的光线，可以影响到实体的颜色、亮度，并能生成阴影。在 AutoCAD 2002 中有 4 种类型的光线供用户选择：环境光、点光源、平行光和聚光灯。

1）环境光

环境光(Ambient Light)是系统的默认光线，它接近自然光，其特点是，强度不变，从各个方向射来。由于物体接受到的环境光强度基本相等，所以不能产生有较强明暗对比的效果。用户可以用对话框右边的“Intensity”滑动块进行调整环境光的强度。其范围从 0(关闭)到 1(最强)。

右侧区域的“Color”区是选择光线的颜色，用户可以通过“Select Custom Color”和“Select from ACI”两个按钮来选择和调整颜色。

2）平行光

平行光(Distant Light)是一组相互平行的光线，它很像太阳光，光线强度相等，方向一致。同一平面接受的光线强度相等，受光均匀。

平行光不是系统的默认光，用户可以通过左侧下拉列表框来添加和定义平行光。在下拉列表框中选择“Distant Light”选项，单击“New”按钮，添加新的平行光，系统弹出如图 9-23 所示的对话框。

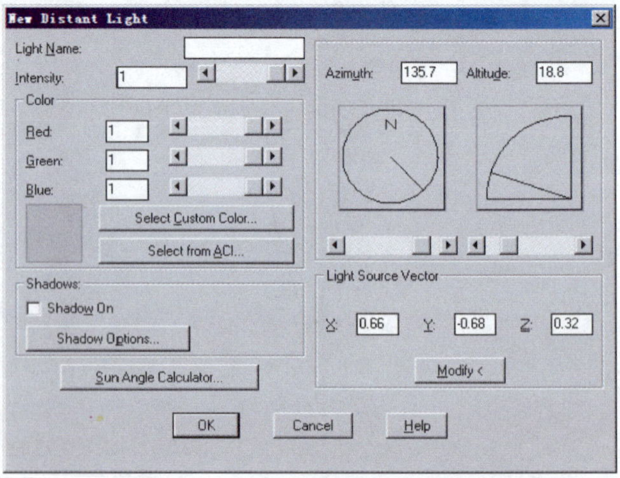

图 9-23　“New Distant Light”对话框

在该对话框中的“Light Name”文本框内输入新的平行光名，用滑动块来调整“Intenity”的大小，即平行光的强度。在右上区域，用户可以通过滑动块来定义光线的“Azimuth（方位）”和“Altitude（仰角）”，也可以直接用鼠标点击图形，改变图中指针位置。用户还可以通过“Light Source Vector（光源矢量）”来指定平行光的光源位置及光的方向。

3）点光源

点光源（Point Light）光线近似电灯泡发出的光，由光源向各个方向照射，光的强度随距离增加明显减弱。用户可以用点光源打照实体产生特殊光照效果。

点光源也不是系统的默认光，用户可以通过左侧下拉列表框来添加和定义点光源。在下拉列表框中选择“Point Light”选项，单击“New”按钮，添加新的点光源，系统弹出如图 9-24 所示的对话框。

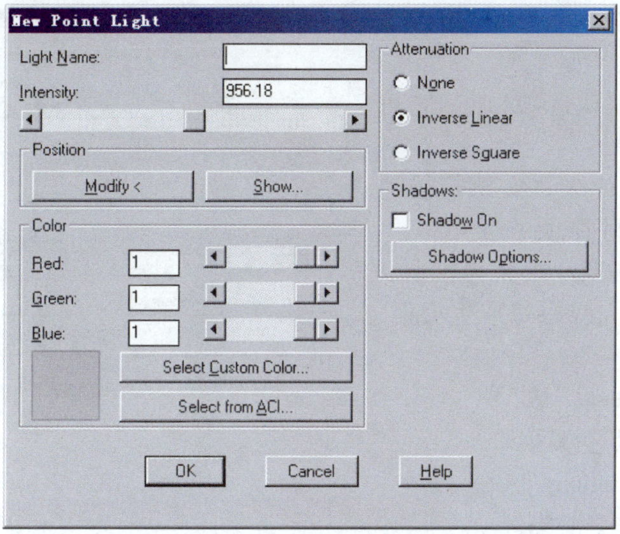

图 9-24　“New Point Light”对话框

在该对话框中的“Light Name”文本框内输入新的点光源名称，用滑动块来调整“Intenity”的大小，即点光源的强度。用户用“Modify”按钮来定义点光源的位置，左下角的“Color”区选择光的颜色。

4）聚光灯

聚光灯（Spotlight）的光束是一个圆锥，用户可以设置目标点，距离和圆锥的尺寸。要添加聚光灯，用户可以通过左侧下拉列表框来添加和定义聚光灯。在下拉列表框中选择“Spotlight”选项，单击“New”按钮，添加新的聚光灯，系统弹出如图 9-25 所示的对话框。

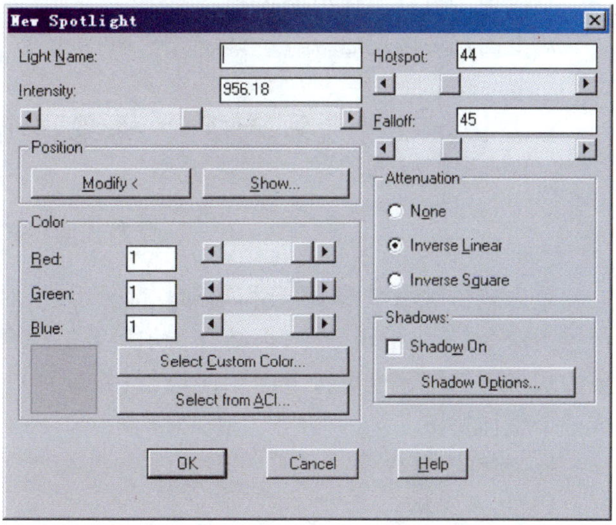

图 9-25　“New Spotlight”对话框

在该对话框中的“Light Name”文本框内输入新的聚光灯名称，用滑动块来调整“Inteni-ty”的大小，即聚光灯的强度。用户用“Modify”按钮来定义聚光灯的位置及方向，左下角的“Color”区选择光的颜色。右上角的“Hotspot”滑动块调整内圆锥角度大小，“Falloff”滑动块调整外圆锥角度大小。

2. 渲染

渲染的命令是Render，用户可以通过菜单、工具条和命令的方式来启动渲染命令。启动该命令后，系统显示“Rendering Preferences”对话框，如图9-26所示。

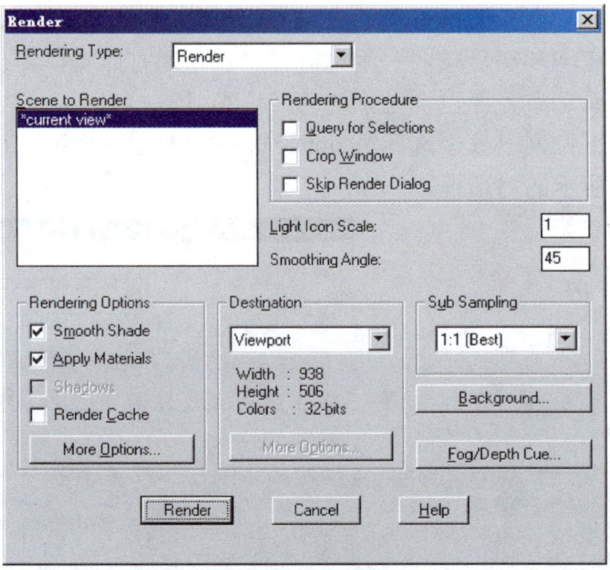

图9-26 “Rendering Preferences”对话框

1）渲染类型

在该对话框的“Rendering Type”文本框中可以选择渲染类型：

Render是系统默认选项，通过它可以获得最佳渲染效果；

Photo Real是照片级真实感扫描渲染选项，它可以显示材质，并产生阴影；

Photo Raytrace是照片级真实感光线跟踪渲染选项，它使光线跟踪产生反射、折射等效果。

2）“Scene to Render”区

该区是渲染场景选择区。

3）“Rendering Options”区

利用该区可以确定渲染选项。

4）“Rendering Procedure”区

利用该区可以选择渲染过程。

对上面选项确定后，用户可以单击“Render”按钮，对所选择的场景进行渲染。

第六节　桥梁三维建模示例

一、重力式梁桥桥墩建模

重力式桥墩由墩帽、墩身和基础三部分组成，对这种专业实体的建模通过AutoCAD的三维绘图命令、三维编辑命令，再结合布尔运算等综合操作，一般可以完成大部分的建模工作。重力式桥墩三维建模可按下面顺序进行：先分别对墩帽、墩身和基础进行建模，然后再组装成一个整体桥墩。

1. 墩帽建模

1）基本资料

平面形状为两侧圆端形，中间直线长982cm，宽130cm，墩帽中间厚40cm，端部厚70cm。

2）操作步骤

先创建底层厚40cm的部分，再创建端部厚30cm的部分，最后叠合成一个整体。

（1）创建底层墩帽。先设置为东南轴测视图，在XOY平面上绘制长982cm，宽130cm端部为两个半圆的封闭图形；

（2）用Boundary命令将其生成一个面域，用实体拉伸命令Extrude拉伸实体，拉伸高度40cm，完成底层墩帽建模。

（3）创建端部墩帽。端部墩帽为半圆形，厚度为30cm。在XOY平面上绘制半径为65cm的圆，用实体拉伸命令Extrude拉伸此圆，拉伸高度30cm，生成圆柱。

（4）用Slice命令将该圆柱沿X轴一分为二。操作如下：

Command：sl，回车；

Select objects：选择圆柱；

Select objects：回车；

Specify first point on slicing plane by[Object/Zaxis/View/XY/YZ/ZX/3points]回车，选择3点确定切平面；

Specify first point on plane：捕捉圆心；

Specify second point on plane：@10,0,0

Specify third point on plane：@0,0,10

Specify a point on desired side of the plane or[Keep both sides]：b，两部分都保留。完成后的实体如图9-27所示。

（5）用Move命令将两个半圆分别移到底层墩帽的两侧顶面，并准确定位。

（6）用Union命令对上面实体做布尔并运算，使其成为一个整体墩帽。

最后生成的三维墩帽如图9-28所示。

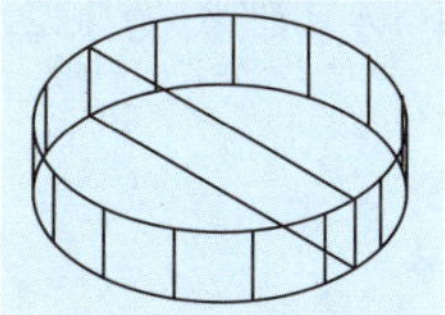

图　9-27

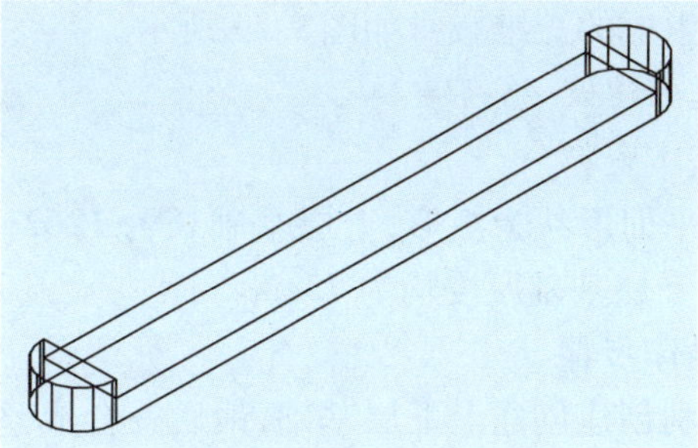

图9-28　三维墩帽

2. 墩身建模

1）基本资料

平面形状为两侧圆端形，中间直线长982cm，宽120cm，墩身高1000cm，纵向、横向侧坡均为20:1。

2）操作步骤

先创建中间墩身部分，再创建端部墩身部分，最后叠合成墩身整体。

（1）创建中间墩身。设置为东南轴测视图，用UCS命令将坐标轴绕X轴旋转90°

（2）在XOY平面上绘制上底宽为120cm，下底宽为200cm，高为1000cm的梯形；

(3) 用 Boundary 命令将其生成一个面域,用实体拉伸命令 Extrude 实体,拉伸高度 982cm,完成中间墩身建模。

(4) 创建端部墩身。端部墩身各为半个圆台,圆台顶面直径为 120cm,底面直径为 220cm,高为 1000cm,拉伸角度 = tan(50/1000) = 2. 2. 8624°。

(5) 接着上面操作,用 UCS 命令将坐标轴绕 X 轴旋转 -90°;

(6) 在 XOY 平面上绘制直径为 220cm 的圆,用实体拉伸命令拉伸此圆,拉伸高度 982cm,拉伸角度为 2. 2. 8624°,拉伸结束后生成圆台;

(7) 用 Slice 命令将该圆台沿 X 轴一分为二。操作如下:

Command: sl,回车;

Select objects: 选择圆台;

Select objects:回车;

Specify first point on slicing plane by [Object/Zaxis/View/XY/YZ/ZX/3points] 回车,选择 3 点确定切平面;

Specify first point on plane:捕捉圆心;

Specify second point on plane: @10,0,0

Specify third point on plane: @0,0,10

Specify a point on desired side of the plane or[Keep both sides]: b,两部分都保留。

(8) 用 Move 命令将两个半圆台分别移到中间墩身的两侧,并准确定位。

(9) 用 Union 命令对上面实体做布尔并运算,使其成为一个整体墩身。

最后生成的三维墩身如图 9-29 所示。

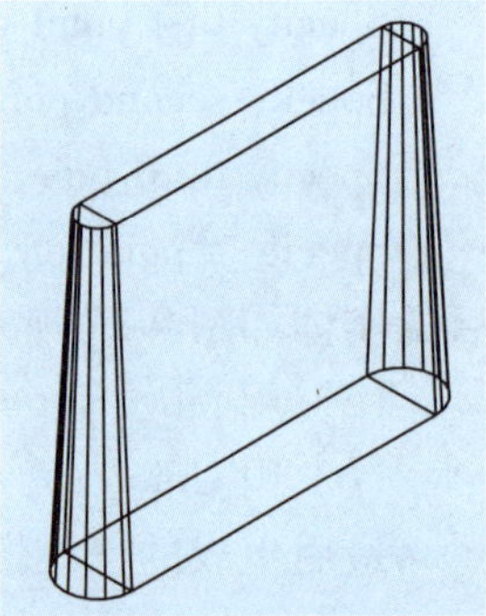

图 9-29　三维墩身

3. 基础建模

1) 基本资料

基础平面形状为矩形,上层基础长为 1262cm,宽为 220cm,下层基础长为 1322cm,宽为 280cm,上下层基础厚度均为 75cm。

2) 操作步骤

先分别创建创建上下层基础,最后叠合成整体。

(1) 用 Box 命令创建上层基础,操作过程如下:

Command: box

Specify corner of box or[CEnter] ⟨0,0,0⟩:在屏幕上拾取一点;

Specify corner or [Cube/Length]: l,回车;

Specify length: 220;

Specify width: 1262;

Specify height: 75。

(2) 用同样的方法绘制下层基础;

(3) 用 Move 命令将两层基础准确定位;

(4) 用 Union 命令对上面实体做布尔并运算，使其成为一个整体。最后生成的三维基础如图 9-30 所示。

4. 桥墩组装

将上面已建成的墩帽、墩身和基础三部分按其准确位置拼在一起，然后用 Union 命令作成一个桥墩。组装后的实体桥墩如图 9-31 所示。

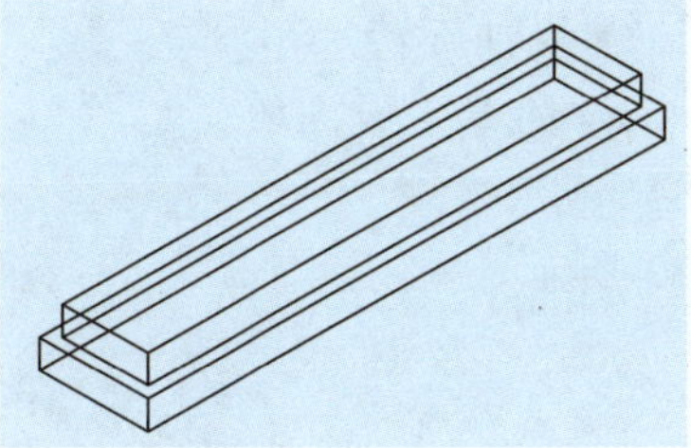

图 9-30　三维基础

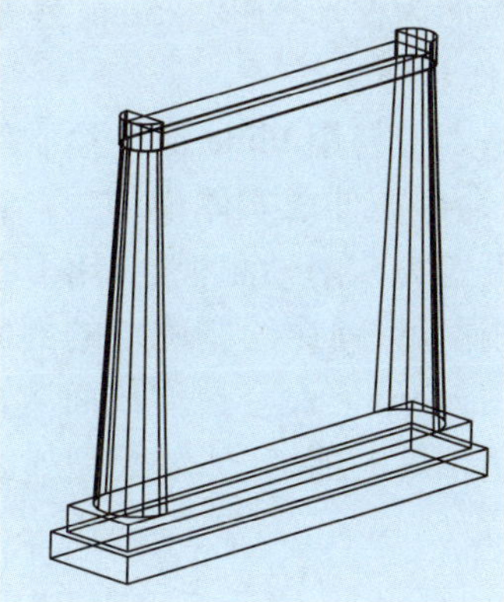

图 9-31　三维桥墩

二、重力式梁桥桥台建模

重力式梁桥桥台由台帽、前墙、侧墙和基础四部分组成。重力式桥台三维建模可按下面顺序进行：分别对台帽、前墙、侧墙和基础进行建模，然后再组装成一个整体桥墩。

1. 台帽建模

1) 基本资料

台帽为立方体形状，长为 1130cm，宽为 96cm，厚度为 40cm。

2) 操作步骤

用 Box 命令创建矩形台帽，操作过程如下：

Command：box

Specify corner of box or[CEnter]〈0,0,0〉：在屏幕上拾取一点；

Specify corner or [Cube/Length]：l，回车；

Specify length：96；

Specify width：1130；

Specify height：40。

2. 前墙建模

1) 基本资料

台口宽 86cm，台口高 170cm，前墙顶宽 75cm，背坡 4∶1，前墙胸高 500cm，前墙长 1120cm，前墙总高 670cm。

2) 操作步骤

先按基本资料用 Pline 命令绘制前墙的剖面图形，然后用 Boundary 命令生成面域，最后用 Extrude 命令拉伸成实体模型。

(1) 设置为东南轴测视图,用 UCS 命令将坐标轴绕 X 轴旋转 90°;

(2) 用 Pline 命令绘制前墙的剖面图形,用 Boundary 命令生成面域;

(3) 用 Extrud 命令拉伸该面域,拉伸高度为 1120cm。

3. 侧墙建模

1) 基本资料

侧墙断面为梯形,顶宽 75cm,底宽 243cm,侧墙高 670cm,侧墙长 584cm。

2) 操作步骤

先按基本资料用 Pline 命令绘制侧墙的剖面图形,然后用 Boundary 命令生成面域,最后用 Extrude 命令拉伸成实体模型。

(1) 设置为东南轴测视图,用 UCS 命令将坐标轴绕 Y 轴旋转 -90°;

(2) 用 Pline 命令绘制侧墙的剖面图形,用 Boundary 命令生成面域;

(3) 用 Extrude 命令拉伸该面域,拉伸高度为 584cm。

操作结束后的前墙、侧墙模型如图 9-32 和图 9-33 所示。

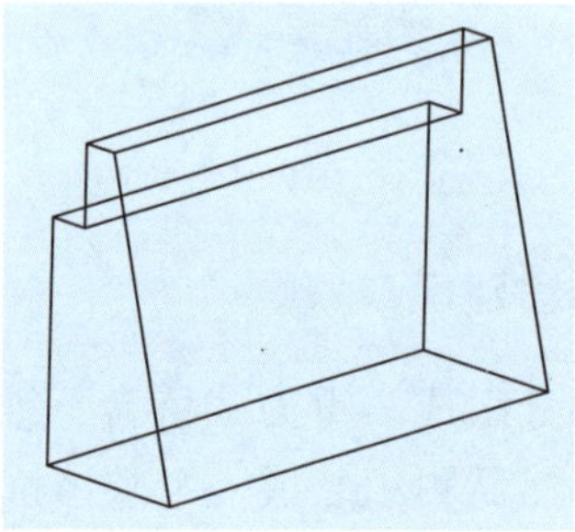

图 9-32　前墙三维模型

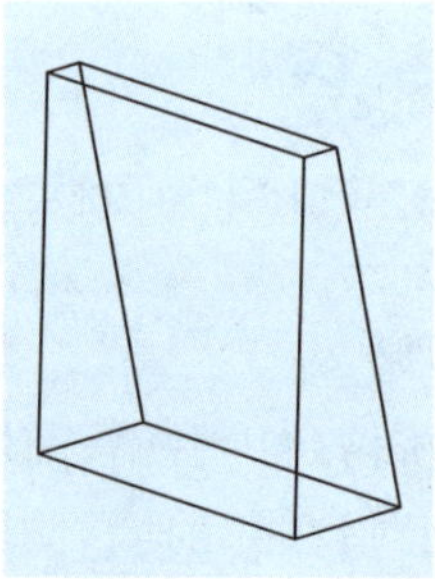

图 9-33　侧墙三维模型

4. 基础建模

1) 基本资料

基础形状为立方体,长为 1200cm,宽为 825cm,厚度为 120cm。

2) 操作步骤

用 Box 命令创建矩形台帽,操作过程如下:

Command: box

Specify corner of box or[CEnter]〈0,0,0〉:在屏幕上拾取一点;

Specify corner or [Cube/Length]: l,回车;

Specify length: 825;

Specify width: 1200;

Specify height: 120。

5. 桥台组装

(1) 先将台帽与前墙拼在一起,再将侧墙拼在前墙左侧后端,利用 Mirror3D 命令,镜像生成右侧侧墙。具体操作如下:

Command: mirror3d

Select objects: 选择左侧侧墙

Select objects:回车;

[Object/Last/Zaxis/View/XY/YZ/ZX/3points]〈3points〉: 捕捉前墙中点;

of Specify second point on mirror plane: @10,0,0

Specify third point on mirror plane: @0,0,10

Delete source objects? [Yes/No]〈N〉:回车,保留源实体。

(2) 将基础与上面前墙、侧墙及台帽拼在一起。

(3) 用 Union 命令合成一个桥台。操作结束后生成的桥台三维模型如图 9-34 所示。

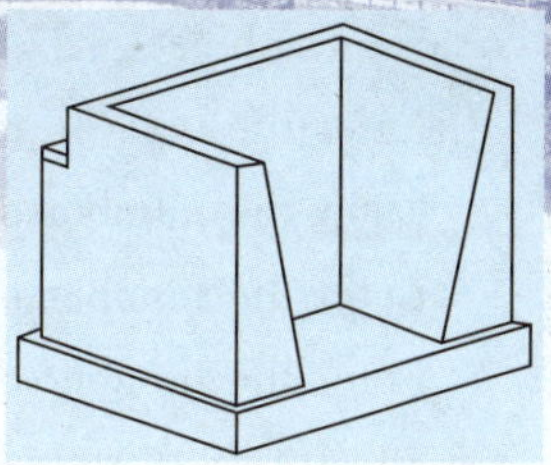

图 9-34　桥台三维模型

三、20mT 型梁上部结构建模

每孔由 7 片主梁构成,主梁为 20m 标准 T 型梁。

1. 主梁建模

1) 基本资料

梁高 130cm,梁长 1996cm,梁宽 158cm,梁肋宽 18 cm,翼缘板端部厚 8cm,根部厚 14cm。

操作过程

操作过程如下:

(1) 设置为东南轴测视图,用 UCS 命令将坐标轴绕 Y 轴旋转 −90°;

(2) 在 XOY 平面内绘制 T 形梁的断面图,并生成面域;

(3) 用 Extrude 命令拉伸面域,拉伸长度为 1996,形成 T 形梁。

2. 横梁建模

1) 基本资料

每片中间主梁两侧各有 5 片横梁,横梁宽 15cm,与主梁同高,横梁间距为 485cm,边主梁 5 片横梁分布在内侧。

2) 操作过程

(1) 先创建一片横梁,横梁外侧高 122cm,内侧高 116cm,宽 70cm,厚 15cm。按此尺寸绘制横梁断面,在用 Extrud 命令拉伸高度为 15。

(2) 将一片横梁距离主梁端部 28cm 处,按横梁在主梁的位置和数量,用 mirror3d 和 3darray 命令分别对外主梁及内主梁进行建模,具体操作如下:

Command: mirror3d

Select objects: 选择一片横梁;

Select objects:回车;

[Object/Last/Zaxis/View/XY/YZ/ZX/3points]〈3points〉: 捕捉主梁中轴;

of Specify second point on mirror plane: @10,0,0

Specify third point on mirror plane: @0,0,10

Delete source objects? [Yes/No]〈N〉:回车;

完成右侧横梁的镜像操作。

Command: 3darray

Select objects: 选择两片横梁;

Select objects:回车;

Enter the type of array[Rectangular/Polar]〈R〉:回车;

Enter the number of rows (---)〈1〉:回车;

Enter the number of columns (|||)〈1〉:5,回车

Enter the number of levels (…)〈1〉:回车

Specify the distance between columns (|||):-485,回车

操作结束后的内主梁三维模型如图9-35所示。外主梁只有5片横梁,操作与外主梁类似。

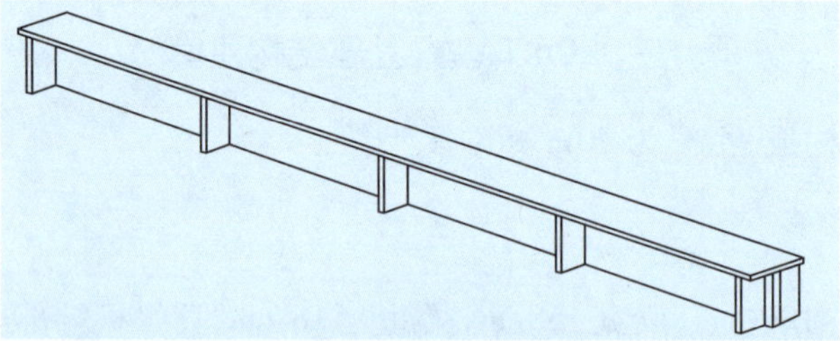

图9-35　内主梁三维模型

3. 拼装一孔上部结构

每孔由7片主梁组成,用Array3d命令拼装一孔上部结构。

四、重力式墩台、20mT型梁桥建模

1. 基本资料

上部为5孔20mT型梁,下部为重力式墩、台,每孔7片主梁。

2. 操作过程

(1) 下部墩台定位。用Copy命令复制3个桥墩,4个桥墩沿X轴方向排成一列,间距为2000cm。用Mirror3d命令镜像另一个桥台,并使两桥台与桥墩对齐,桥台前墙之间的距离为1004cm。

(2) 用Array3d命令将整孔(7片梁)阵列5孔,用Move命令将上部结构抬到墩台上,并使梁轴线与墩台轴线对齐,梁底高度与墩顶相平,每两孔梁端部中心与桥墩中心对齐。完成整座桥梁的拼装操作。最后完成的桥梁三维模型如图9-36所示。

图9-36　20mT型梁桥三维模型

(3) 用渲染命令,选择平行光对上面桥梁三维模型进行渲染后的效果如图 9-37 所示。

图 9-37 经过渲染后的桥梁三维模型

第十章 公路 CAD 二次开发技术

在公路工程设计中会遇到很多问题,有些问题在设计之前是未知的,只有在设计过程中才会遇到,专业软件通常不具备处理这类问题的能力,能否在原有专业软件平台上开发一些有效的专用程序,扩充专业软件功能,提高工作效率呢,答案是肯定的。目前许多专用软件为了扩大其应用范围,允许用户针对个体问题进行二次开发,以扩充软件功能解决各类工程技术问题。因此,在公路 CAD 技术日益普及的今天,如何进一步提高工程设计人员的专业软件应用水平和设计效率,掌握一些 CAD 二次开发知识和技术无疑是一个有效的途径。本章将介绍公路 CAD 二次开发的基础知识,并以 AutoCAD 为平台讲述公路 CAD 二次开发技术。

第一节 公路 CAD 二次开发的主要内容和工具

一、公路 CAD 二次开发的主要内容

公路 CAD 二次开发是指在已有图形支撑系统下进行专业绘图和设计方面的开发工作。作为公路 CAD 系统的图形支撑系统应该满足功能和开放性两个方面的要求,功能上应满足绘图、造型等要求;开放性包括良好的二次开发能力、实体扩充机制、数据交换和数据库连接能力。已有图形支撑系统可以自主开发,也可以引进性能稳定,功能强大的 CAD 通用软件。考虑到自主研制开发公路 CAD 图形支撑系统有很多困难,短期内引用商品化 CAD 图形系统是一种可行方案。AutoCAD 系统是目前应用最为广泛的图形通用软件,其功能强大、性能价格比高、易学易用,选择 AutoCAD 作为公路工程 CAD 集成系统的图形支撑系统,不仅具有广泛的应用基础和广阔的推广前景,而且系统本身具备良好的开放性,能够满足公路 CAD 的要求。

公路 CAD 二次开发不同于公路系统软件的开发,其主要目的是使公路常规设计和重复工作实现可视化、自动化进程,系统标准库用户化,为道路和桥梁设计提供一个可视化、专业化的工作环境。为此,公路 CAD 二次开发的主要内容可考虑以下 5 个方面:

(1) 建立专业样板图形:图层、线型、颜色、单位、文本样式、尺寸样式的设定;

(2) 系统库文件的用户化:定制专业线型库、剖面线图案库、专业符号库及图块库;

(3) 定制专业用户界面:专业菜单、工具条和对话框的开发;

(4) 设计专业宏命令;

(5) 开发专业应用程序。

二、公路 CAD 二次开发的主要工具

AutoCAD 系统良好的开放性和拥有的多种开发工具,是解决专业绘图和设计问题最为有效的手段。AutoCAD 的主要开发工具包括 AutoLISP 语言和 Visual LISP 开发环境、VBA 语言、ObjectARX。

1. AutoLISP 语言和 Visual LISP

AutoLISP 是内嵌于 AutoCAD 中的一种编程语言，其语法简单，易学易用，直接针对 AutoCAD进行编程，交互性强，用户可以用 AutoLISP 对 AutoCAD 命令进行扩展，开发出满足专业需要的绘图命令和应用软件。但由于 AutoLISP 是一种解释型语言，运行速度较慢，加之程序不能加密等原因，因此只能开发一些小型应用程序，无法应用于商业软件的开发。为了解决这个问题，AutoDesk 公司在 AutoCAD 2000 中推出了 Visual LISP 的正式版，该版本完全兼容以前的 AutoLISP，并具有独自的开发环境，增加了应用程序的开发和调试功能，还引进了面向对象技术和 ActiveX 对象，使 Visual LISP 开发的程序功能更强大，运行速度更快。通过实现反应器函数，还扩展了 Visual LISP 响应事件的能力。另外，Visual LISP 还提供了用于发布独立的应用程序的工具。

2. VBA

VBA 的全称是 Visual Basic for Application，它有两个特点：一是与 VB 有几乎相同的开发环境和语法，功能强大且容易掌握；二是它面向对象的功能，针对性强，结构精简，代码运行效率高。

VBA 可提供强大的窗体创建功能，为应用程序建立对话框及其他屏幕界面，非常方便，是替代 DCL 的很好工具；提供与其他应用程序通信的功能，如 Word、Excel、Access、Chart 和 Graph 等；可建立功能强大的模块级宏指令，宏名实质上就是模块的过程名；提供建立类模块的功能，利用类的重用组件功能为开发大型应用软件提供了技术支持；具备完善的数据访问与管理能力，通过 DAO、ADO 可以对 Access、dBase、Foxpro 等数据库实现访问和管理；可以使用 SQL 语句检索数据，与 RDO(远程数据对象)结合起来，能够建立客户机/服务器级的数据通信；能够使用 Win32 API 函数提供的功能，建立应用程序与操作系统之间的通信。本书主要讲述运用 VBA 语言来开发桥梁绘图和设计的应用程序。

3. ObjectARX(AutoCAD Runtime eXtension)

ObjectARX 应用与 AutoCAD 共享同样的内存空间，具有比 AutoLISP 和 VBA 等应用程序更快的运行速度，能够直接利用 AutoCAD 的内核代码，直接访问 AutoCAD 的数据库、图形系统及几何造型核心，扩展 AutoCAD 固有的类及其功能，建立与 AutoCAD 内部命令操作方式相同的新命令。ObjectARX 建立在 C++ 的基础上，具有完全面向对象的 AutoCAD 接口。用户可以创建自定义对象，使之继承 AutoCAD 对象的属性。用 ObjectARX 开发的 CAD 应用程序具有模块性好、独立性强、连接简单、使用方便、高效实现内部功能以及代码可重用性等优点，并且支持 MFC 基础类库。

第二节　定制公路 CAD 系统

一、建立专业样板图形

在专业样板图形中预先包括了许多设置，如图层、线型、绘图单位、文本样式、尺寸样式、图框等内容。使用专业样板图形就可以直接引用这些设置，既减少了绘图前的准备工作，又使一个工程设计中所有的图纸都采用统一标准和相同设置，这对于多用户共同进行设计的工程尤其重要。所以,建立公路样板图形是保证设计图纸采用统一标准,提高图纸质量的重要前提。

1. 桥梁样板图形的设置内容和方法

桥梁样板图形应反映桥梁设计图环境设置的主要内容,通常情况下一座大中桥梁需要几十张、复杂结构需要上百张设计图纸,由于设计图纸内容各不相同,不能只建立一个样板图形来囊括全部设置,可以先对设计图纸按图元内容进行简单分类,如总体布置图、钢筋构造图、梁板构造图、桩柱构造图等,再针对分类样板图分别进行设置,这样既减少设置工作,又方便样板图的引用。通常桥梁样板图形的设置可以按以下方法和内容进行:

(1) 用 Limits 命令设置绘图范围。绘图范围要根据选用图纸和图纸内容来确定,桥梁工程图一般都采用 A3 图幅出图,图纸尺寸是 420mm × 297mm,留出四周图框边,实际绘图区尺寸是 380mm × 277mm。对桥梁总体布置图,当桥孔较长时,需要加长图纸,A3 图幅按 210mm 的整倍数加长,其他图幅的图纸按规定加长。

(2) 用 Layer 命令激活“Layer Properties Manager”对话框,按桥梁组成构建和图元类型建立不同的图层,如在桥梁总体布置图中,把桥台、桥墩、上部结构的梁(板)、地质剖面线、尺寸标注、文本说明等分别置于不同的图层。为便于区分,对各图层的颜色(Color)分别选择明暗相间,色差明显的颜色。再根据专业制图标准对线型(Linetype)、线宽(Lineweight)等属性进行合理设置。

(3) 用 Style 命令激活“Text Style”对话框,根据图中文本情况设置多种文本样式(Style Name),并根据桥梁设计图纸的文本要求和绘图比例,对各文本样式分别选择合适字体(Font Name)、字高(Height)、效果(Effects)等。文本字高还与出图比例有密切关系,出于绘图的方便,绘图比例一般可采用整比例数,如 1:1,但出图比例要根据选用图幅大小和图形尺寸来确定。如一座桥梁的估算总长度为 350m,若以 cm 为单位绘制桥梁总体布置图,实际绘图长度为 350 × 100 = 35000 个绘图单位,选用 A3 图纸的话,其出图比例为 35000/380 ≈ 92,取最接近的较大的整百倍数 100。考虑出图比例时的字高可按下面公式估算:

图中字高 = 实际图纸中要求的字高 × 出图比例

(4) 用 DDim 命令激活“Dimension Style Manager”对话框,根据图中标注尺寸设置多种的标注样式(Style Name),定义标注样式在符合专业制图标准的前提下,还要兼顾标注习惯。设置尺寸箭头与尺寸文本大小时,也要考虑出图比例的要求,方法与上面文本字高选择类似。

(5) 按图幅大小和行业要求设置图框和图标,用 Insert 命令将预先定制好的图框块插入到绘图区域。

完成上述设置后,用 Save As 命令将上述设置保存为 *.dwt文件,如桥梁总体布置.dwt。

2. 引用专业样板图形

引用专业样板图形的方式有多种,一般可用 Open 命令,在“Select File”对话框中选择 .dwt 文件格式,打开要引用的桥梁样板图形。也可以利用 AutoCAD 的命令开关自动加载样板图形,这样在每次启动 AutoCAD 时,系统将自动打开该样板图形。

二、定制专业标准库文件

AutoCAD 系统含有丰富的标准库文件,如标准线型库文件 acad.lin、剖面线图案库文件 acad.pat、幻灯片库等,这些标准库文件为普通用户提供了有效的绘图工具,但不能适合于各专业设计的要求。为此，AutoCAD 为专业用户提供了定制几乎所有标准库文件的开放机制，使用户可以创建自己的专业化库文件，达到提高设计效率的目的。

1. 创建专业线型库

AutoCAD 中有两个标准线型库文件 acad. lin 和 acadiso. lin。它们都是 ASCII 格式的文本文件，所以可以通过修改此文件来创建新的专业线型库文件。AutoCAD 的线型分为简单线型和复合线型两种类型。简单线型由破折线和点组成；而复合线型不仅包括破折线和点，还包括文本和形。

1）创建简单线型

简单线型仅用两行文字即可表述，第一行是标题行，包含线型名称和线型说明，格式如下：

＊线型名，线型说明及线型图例

“＊”是线型说明行开始的标志，线型名和线型说明之间用“，”分开，线型图例用破折线和点来表示。下面是一线型的标题行：

```
*DASHDOT,Dash dot __ . __ . __ . __ . __ . __ . __
```

第二行是线型定义行，简单线型的定义，只能用破折线、点和空格来表示，格式如下：

A，笔划 1，笔划 2，……

其中：必须以字母“A”开头，代表对齐方式；破折线用正数表示其长度；点用零表示；空格用负数表示其长度；各笔划之间用“，”分隔，中间无空格，行长度最多不超过 80 个字符。下面是线型 DASHDOT 的定义行：

A，12.7，－6.35，0，－6.35

2）创建复合线型

复合线型的标题行表示方法与简单线型相同，但定义行内容中在简单线型定义的基础上，增加了文本和形定义部分，其格式如下：

型句法：[形名称，形文件名，细节]

文本句法：[“文本串”，文本样式名，细节]

形文件是指扩展名为 SHX 的文件，在 AutoACD 2004 的 acad. lin 文件中，定义了 5 个含有形定义的复合线型，都采用了 ltypeshp. shx 形文件。下面是一个复合线型定义中使用了形句法的示例：

```
*FENCELINE1,Fenceline circle——0——0——0——0——0——0
A,.25,-.1,[CIRC1,ltypeshp.shx,x=-.1,s=.1],-.1,1
```

定义行中：CIRC1 是形文件 ltypeshp. shx 中的一个形名，x＝－.1，s＝.1 均是对形的细节描述，x＝－.1 定义在 x 反方向上移动 0.1 个单位，s＝.1 将形尺寸缩放为原尺寸的 0.1 倍。

下面的示例则使用了文本句法：

```
*HOT_WATER_SUPPLY,Hot water supply——HW——HW——HW——
A,.5,-.2,["HW",STANDARD,S=.1,R=0.0,X=-0.1,Y=-.05],-.2
```

定义行中：“HW”是文本串，STANDARD 是 AutoCAD 的标准文本样式，S＝.1 是将原文本缩放 0.1 倍，R＝0.0 是文本旋转角度为 0 度，即不旋转，X＝－0.1，Y＝－.05 是文本在 x 和 y 方向上的位移，确定文本在线型中的相对位置。用户试将上面改成“HTW”，STAND-

ARD,S =0.5,R =30.0,重新保存后,再加载该线型,看看绘出怎样的线型。

利用 AutoCAD 定义库文件的功能,用户可以定义自己的专业线型,下面定义的是高速公路防护网平面图中的符号,绘出的线型如图 10-1 所示,格式如下:

```
*FANG - HU - WaNG,fang hu wang—— × —— × —— × ——
A,15, -5.0,[" ×",STANDARD,S =4,R =0.0,X = -2.54,Y = -2], -5.0
```

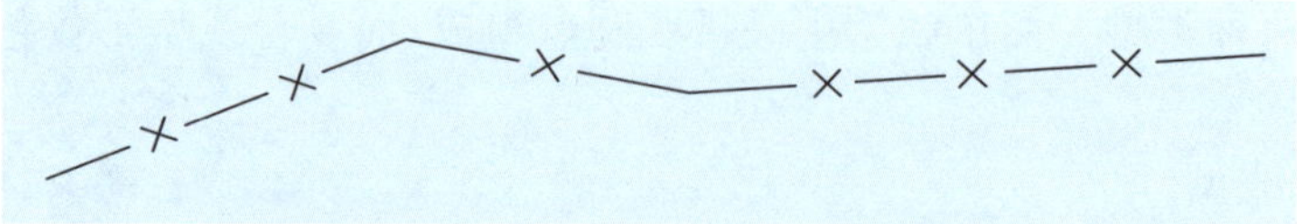

图 10-1　高速公路防护网平面图符号

2. 创建专业剖面线图案库

选择"Hatch Pattern Palette"对话框,可以显示出 acad. pat 文件中已定义的所有剖面线名称,用户可以将自己的剖面线图案添加到 acad. pat 文件中,也可以创建自己的 . pat 文件。与线型定义相似,剖面线定义格式如下:

*图案名 ,说明部分

角度,原点 x,原点 y,x 增量,y 增量,[,笔划 1,笔划 2,…]

下面是剖面线定义的要点:

(1) 图案名称不能有空格,说明部分为可选;

(2) 定义行可以是多行;

(3) 每个定义行不超过 80 个字符,最多有 6 个破折线说明(包括空格和点)

(4) 角度:定义剖面线填充中线的角度;

(5) 原点 x:指定剖面线填充点的 x 坐标;

(6) 原点 y:指定剖面线填充点的 y 坐标;

(7) x 增量:指定后续线在 x 方向上的偏移量,仅用于破折线;

(8) y 增量:指定线间距,既可以用于破折线,也可以用于连续线;

例如定义如图 10-2 所示的剖面线,定义语句如下:

```
*L45,45 degree lines
45,0,0,0,0.5
```

其中定义了角度为 45°、原点为(0,0),而线间空距则简单地用增量(0,0.5)来表示,笔划部分是任选的,它可以是实线,也可以是点划线等。下面是一个点划线和实线相间的剖面图案示例,绘制的图案如图 10-3 所示:

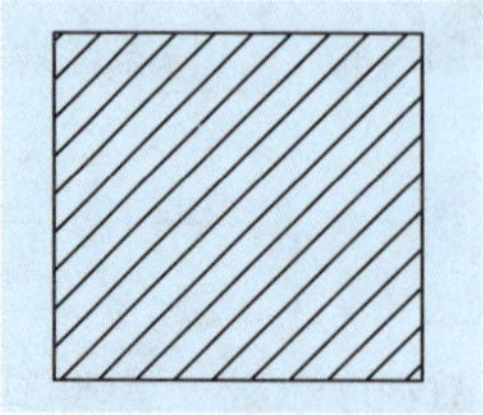

图 10-2　L45 剖面线

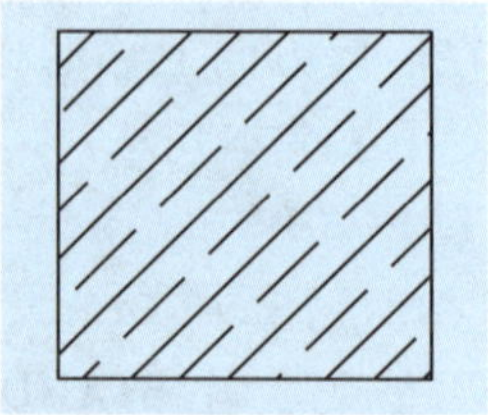

图 10-3　ANSI35 剖面线

```
*ANSI35, ANSI Fire brick, Refractory material
```

```
45, 0,0, 0,.25
45, .176776695,0, 0,.25, .3125, -.0625,0, -.0625
```

用户可以修改 acad. pat 文件中的语句来定义自己的剖面线，一种较简单的方法是将几种图案合成一个图案，如将 L45 剖面线和 AR-CONC 剖面线图案组合成钢筋混凝土 AR-RCONC 图案，如图 10-4 所示，合并时需要将 L45 的增量作适当的调整。

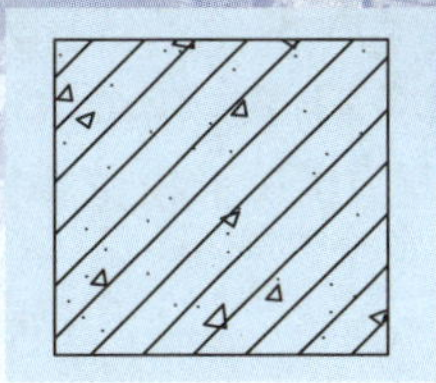

图 10-4　AR-RCONC 剖面线

3. 创建专业符号库和图形库

1）专业符号库和图形库的创建方法

对于桥梁设计图纸中经常出现的一些固定符号，如表示标高的符号、公里桩符号、钢筋符号等，将其预先制作成图块，保存在专业符号库中，在绘图中即时插入可以明显提高绘图效率。从使用角度来看，适合于制作专业符号库的图形，应具有使用频率较高，图形固定，图案简单等特点。在插入专业符号时，有两种情况：一种是只有图形而没有属性，另一种除了图形外，还有属性，对后者可以制作带属性的图块。制作专业符号除了用图块的方法外，还可以用 AutoLISP 或 VBA 编程的方法进行，编程的方法主要适用于有多属性的图形。

与专业符号类似，专业图形也要求是使用频率较高的图形，所不同的是专业图形的尺寸和形状可以随参数的变化而变化，专业图形实际上是参数化图形，如各种钢筋图、挡土墙剖面图、涵洞洞口建筑图等是比较适合于制作成专业图形库的。专业图形的宏命令一般用 AutoLISP、VBA 或其他高级语言完成，本书第三节中介绍的 VBA 编程可用于开发专业图形的宏命令。

为便于使用这些专业符号和图形，应该把它们集成在相应的符号库和图形库中，创建符号库和图形库可按下面两步进行：

（1）用定义图块或编程的方法制作专业符号和图形，符号和图形的尺寸及比例要符合桥梁专业绘图的规定。

（2）运用 Mslide 命令将这些专业符号和图形制作成幻灯片（ *. sld），并按类型组成幻灯片库，保存为幻灯片库文件（ *. slb），以便菜单或对话框的调用。幻灯片的制作方法可参见有关 AutoCAD 二次开发的书籍。

2）专业符号和图形的调用

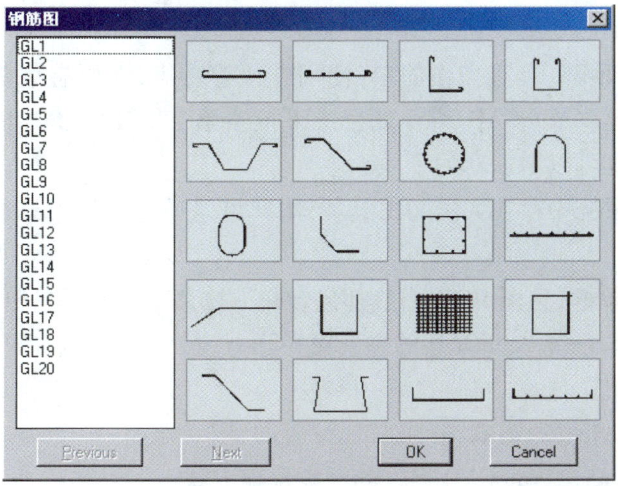

图 10-5　“钢筋图”图标菜单

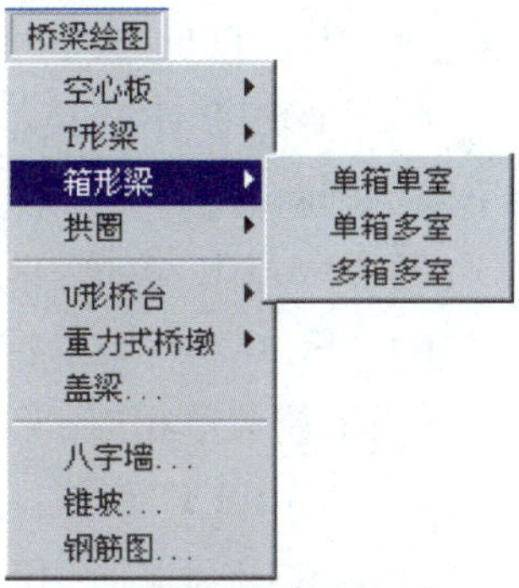

图 10-6　桥梁绘图下拉菜单

一般采用可视化方法来调用专业符号和图形，一种方法是将幻灯片制作成图标菜单，还可以将幻灯片在对话框中以图片形式显示，供用户在菜单中或对话框中可视化调用。图 10-5 是图 10-6 下拉菜单中“钢筋图”子菜单调用的图标菜单。

三、定制专业菜单

AutoCAD 系统中的各类菜单提供了良好的人机交互图形界面，它包括下拉菜单、光标菜单、屏幕菜单、快捷菜单、工具条及按钮等，这些菜单内容主要适用于通用图形的要求，不能满足专业 CAD 系统的需求。AutoCAD 系统提供的菜单开放机制，使用户可以根据公路 CAD 的需要设计自己的菜单文件，设计专业菜单的方法有多种，通常以 AutoCAD 的标准菜单文件为基础，经过适当修改，即能定制出满足专业需求的菜单。本书主要介绍以 AutoCAD 的标准菜单文件为基础，定制桥梁专业下拉菜单的方法。

1. AutoCAD 的标准菜单文件

早期版本的 AutoCAD 系统只有 acad. mnu 菜单文件，AutoCAD 2000 以后版本的菜单系统由多个菜单文件组成，如 acad. mnu、acad. mns、acad. mnr、acad. mnl、acad. mnc 等。各菜单文件的类型、功能及作用是不同的，其中 acad. mnu、acad. mns、acad. mnl 是 ASCII 类型文件，所以用户可以通过文本编辑器对其进行修改、编辑成专业菜单文件，加载该菜单文件后便可获得理想的专业菜单。Acad. mnu 是一个模板菜单文件，当加载该菜单文件时，系统检测到菜单若有更改，则自动生成一个新的 acad. mns、acad. mnr 文件。acad. mns 是一个源菜单文件，由 Acad. mnu 生成，用户可以编辑此文件，并保持修改内容。acad. mnr 文件是经过编译后的二进制文件，系统实际执行该文件，以便提高访问速度。

2. AutoCAD 的菜单结构

AutoCAD 的标准菜单由下面 8 种菜单项组成，它们分别是：

(1)（BUTTONS1-4）菜单：主要控制计算机系统中的定标设备，如果计算机中没有系统鼠标器，那么用户所用的定标设备鼠标器或数字化仪将使用按钮菜单。

(2)“（AUX1-4）”菜单：当计算机中有系统鼠标器，那么系统鼠标器使用辅助菜单，其他各种定标设备均使用按钮菜单。

(3)“POPn”菜单：它位于操作界面顶部，具有操作简单，使用方便等特点，在所有菜单中使用率最高，也是定制菜单的主要内容。AutoCAD 2004 的标准下拉菜单从 POP1 ~ POP11 共 11 项，用户可以修改其中任何一项，也可以增加新的子项。

(4)“TOOLBARS”菜单：AutoCAD 系统中存在大量的工具条，用户可以通过修改工具条菜单来定制新的工具条。

(5)“IMAGE”菜单：具有图像的菜单框，见图 10-5，一般都包含在下拉菜单的子菜单中。

(6)“SCREEN”菜单：该菜单是 DOS 系统 AutoCAD 的主要菜单形式，位于屏幕的右侧，其功能与下拉菜单相似，现在已很少使用。

(7)“TABLET”菜单：用于定制数字化仪的菜单。

(8)“ACCELERATORS（加速）”键：创建 AutoCAD 操作的键盘快捷方式。

上述菜单项由 acad. mnu 菜单文件按规定格式和顺序表述在文件中，每一个菜单项均以"＊＊＊"开始，如"＊＊＊ BUTTONS1"表示按钮菜单 1，"＊＊＊ POP3"表示下拉菜单 5，菜单项下面含有的子菜单用"＊＊"表示。在大多数的情况下，用户只对其中的几种菜单项进行修改，比如下拉菜单、工具条、图标菜单等。

3. 定制专业下拉(快捷)菜单

1）下拉(快捷)菜单的语法

下拉(快捷)菜单用"＊＊＊POPn"表示，其中 POP1 ~ POP11 表示下拉菜单，POP0 及 POP500 ~ POP999 表示快捷菜单。为便于说明问题，下面以 AutoCAD 标准菜单文件 acad. mnu 中的 POP2 菜单项为例来说明下拉菜单的语句构成和特殊字符用法。

```
***POP2
**EDIT
ID_MnEdit     [&Edit]
ID_U          [&Undo\tCtrl+Z]_u
ID_Redo       [&Redo\tCtrl+Y]^C^C_redo
          [--]
ID_Cutclip    [Cu&t\tCtrl+X]^C^C_cutclip
ID_Copyclip   [&Copy\tCtrl+C]^C^C_copyclip
ID_Copybase   [Copy with &Base Point]^C^C_copybase
ID_Copylink   [Copy &Link]^C^C_copylink
ID_Pasteclip  [&Paste\tCtrl+V]^C^C_pasteclip
ID_Pastebloc  [Paste as Bloc&k]^C^C_pasteblock
ID_Pastehlnk  [Paste as &Hyperlink]^C^C_pasteashyperlink
ID_Pasteorig  [Paste to Original Coor&dinates]^C^C_pasteorig
ID_Pastesp    [Paste &Special...]^C^C_pastespec
          [--]
ID_Erase      [Cle&ar\tDel]^C^C_erase
ID_SelAll     [Se&lect All\tCtrl+A]^C^C_ai_selall
          [--]
ID_Links      [&OLE Links...]^C^C_olelinks
          [--]
ID_TextFind   [&Find...]^C^C_find
```

每一行语句中含有 3 个成分，语句开头是名称标识，如"ID_MnEdit"，它的作用是将菜单项和工具条按钮与它们的状态行帮助相联系，名称标识仅用于下拉菜单和工具条，名称标识也可以省略。中间[ ]内的内容为标号，是菜单上实际看到的部分。"&"符号后面的一个字母带下划线显示，即菜单关键字，用户输入该字母就可执行该菜单。标号中的"…"指打开对话框。[--]表示菜单分组线，-> 表示含有子菜单，<- 表示最后一个子菜单。[ ]后面的表达式称为菜单宏，是菜单的核心。^C^C 表示连续按两次 ESC 键，结束其他任何可能执行中的命令。菜单宏可以是一个 AutoCAD 命令、宏命令、AutoLisp、或者是 ActiveX 程序代码。AutoCAD 下拉(快捷)菜单中的常用特殊字符及其作用见表 10-1。

下拉(快捷)菜单中的特殊字符 表 10-1

字　符	作 用 说 明
&	在它后面的字母下设下划线，用户输入该字母可快捷执行该菜单
- -	在各下拉菜单(快捷)项之间设分组线
+	菜单宏的续行符
- >	说明下拉菜单(快捷)项有子菜单
< -	说明该下拉菜单(快捷)项是最后一个子菜单
< - - < -	说明该菜下拉菜单(快捷)是最后一个子菜单，并且终止父菜单
$	用于让下拉菜单(快捷)项标记计算一个 DIESEL 字串宏
~	用于变暗一个菜单项
! C	该标记前缀用于在下拉菜单(快捷)上用非字母数字的特殊字符。C 标记一个菜单项
/C	指定菜单快捷键
^name^	在下拉菜单(快捷)中为该菜单标记显示 Name 图标

2）分级子菜单

下拉(快捷)菜单使用一些特殊字符，例如“ -> ”、“ <- ”、“ <- <- ”来控制分级菜单。这些特殊字符用于指出子菜单，以及子菜单中的最后一个子菜单，还可以用于终止所有父菜单。所有的控制字符在使用时都应该作为一个菜单项标记的首字符。下面是一个含有子菜单项的菜单样例。

```
  ***POP4
  **INSERT
ID_MnInsert    [&Insert]
ID_Ddinsert    [&Block...]^C^C_insert
ID_Xattach     [E&xternal Reference...]^C^C_xattach
ID_Imageatta   [Raster &Image...]^C^C_imageattach
       [--]
ID_MnLayout    [->&Layout]
ID_NewLayout   [&New Layout]^C^C_layout _new
ID_TmplLayou   [Layout from &Template...]^C^C_layout _template
ID_LayoutWiz   [<-Layout &Wizard]^C^C_layoutwizard
       [--]
```

```
ID_3dsin        [&3D Studio...]^C^C_3dsin
ID_Acisin       [&ACIS File...]^C^C_acisin
ID_Dxbin        [Drawing &Exchange Binary...]^C^C_dxbin
ID_Wmfin        [&Windows Metafile...]^C^C_wmfin
ID_Insertobj    [&OLE Object...]^C^C_insertobj
ID_MARKUP       [Mark&up...]^C^C_rmlin
```

3）菜单项的显示控制和调用

如果一个菜单项标记用波浪线（~）开始，它将变暗显示。一般而言，变暗显示表明该菜单当前被禁用，这种情况下菜单项标记中一般含有 DIESEL 字串表达式，用于在每次显示标记时对其是否有效作条件判断。例如：下面这个菜单项标记中的 DIESEL 字串表达式在一个命令被激活时使该标记失效：

```
[$(if,$(getvar,cmdactive),~)Move]move
```

用户可以通过使用$Pn. i = xxx 来激活或撤销一个子菜单项。其中：

$：是用于通知 AutoCAD 加载一个菜单区的特殊字符。

Pn：用于指定 POPn 菜单区。

i：用于指定菜单项的编号。

xxx：如果存在的话，这是一个包含暗显字符标记的字串。

如“$P2. 3 = ~”表示暗显 POP2 菜单项的第 3 个子菜单，“$P4. 5 =”则使 POP4 菜单项的第 4 个子菜单取消暗显或去掉标记。

4）定制专业菜单示例

下面是一个桥梁绘图的下拉菜单示例，菜单宏可通过自动加载方法在 AutoCAD 启动时加载，也可以用 AuCAD 的 Load 命令加载。先用写字板打开 AutoCAD 2004 中的“acad. mnu”菜单文件，将下面的菜单项添加至 * * * POP11 菜单项后面，然后另保存为“QLhuitu. mnu”菜单文件。启动 AutoCAD 后，输入“menu”命令，在弹出的“Select Menu File”对话框中选择“QLhuitu. mnu”菜单文件，系统会自动加载该菜单文件，加载后的新菜单如图 10-6 所示。

```
***POP12
**桥梁绘图
[桥梁绘图]
[->空心板]
    [单箱形]^C^C_Danxiang
    [双腰形]^C^C_Shuangyao
    [<-双圆形]^C^C_Shuangyuan
[->T 形梁]
    [普通形]^C^C_Tiliang
    [<-下马蹄]^C^C_Mtiliang
[->箱形梁]
    [单箱单室]^C^C_DanxiangDanshi
```

```
    [单箱多室]^C^C_DanxiangDuoshi
    [<-多箱多室]^C^C_DuoxiangDuoshi
[->拱圈]
    [圆弧拱]^C^C_Yuanhugong
    [<-悬链线拱]^C^C_Xuanlianxian
           [--]
[->U形桥台]
    [梁桥U台]^C^C_LqUtai
    [<-拱桥U台]^C^C_GqUtai
[->重力式桥墩]
    [梁桥桥墩]^C^C_LqZhonglidun
    [<-拱桥桥墩]^C^C_GqZhonglidun
[盖梁…]^C^C_Gailiang
           [--]
[八字墙…]^C^C_Baziqiang
[锥坡…]^C^C_Zhuipo
[钢筋图…]^C^C_$i=image_Gangjin $i=*
```

最后一行中,菜单宏$i=image_Gangjin 是加载图标菜单,$i=*是显示该图标菜单。

4. 定制专业图标菜单

图标菜单一组具有图形显示功能的菜单,可以从下拉菜单、数字化仪菜单、按钮菜单、屏幕菜单和专业软件来激活图标菜单,再通过图标菜单来访问专业图形库,如钢筋图库、挡土墙剖面图库、涵洞洞口建筑图库等。AutoCAD 的图标菜单以 20 张幻灯片为一组,同步显示幻灯片和幻灯片名,如图 10-5 所示。

1) 图标菜单语法

图标菜单用"***image"来定义。每个菜单项后面都接有一个菜单宏文字标记,当菜单项被拾取时就会执行菜单宏。子菜单的第一行是它的标题,该标题会显示在图标菜单对话框的顶部。图标菜单标号包括幻灯片库、幻灯片名和标号文本 3 项,可采用的格式如下:

(1) [幻灯片名]:在左侧列表框内显示幻灯片名,右侧图标区内显示幻灯片。

(2) [幻灯片库(幻灯片名)]:与(1)相同,但要指明包含幻灯片的幻灯片库。

(3) [幻灯片名,标号文本]:在左侧列表框内显示标号文本,右侧图标区内显示幻灯片。

(4) [幻灯片库(幻灯片名,标号文本)]:在左侧列表框内显示标号文本,右侧图标区内显示指定幻灯片库中的幻灯片。

2) 显示图标菜单

在 AutoCAD 中用菜单命令"$i=*"来显示图标菜单并允许用户从该菜单中选取菜单项,该命令可置于任何菜单区中,但不能从键盘输入加载。

3) 图标菜单示例

下面是下拉菜单"桥梁绘图"中图标菜单"钢筋图"的菜单项,幻灯片库为 Gangjin,语句中菜单宏用 AutoLISP 编写,显示的图标菜单如图 10-5 所示。

```
**image_gangjin
[钢筋图]
  [gangjin(ALA,GL1)]^C^C_ala
  [gangjin(ALADOT,GL2)]^C^C_aladot
  [gangjin(ALPLA,GL3)]^C^C_alpla
  [gangjin(ALUA,GL4)]^C^C_alua
  [gangjin(ALXUA,GL5)]^C^C_alxua
  [gangjin(ALZA,GL6)]^C^C_alza
  [gangjin(GZH,GL7)]^C^C_gzh
  [gangjin(LAL,GL8)]^C^C_lal
  [gangjin(LALA,GL9)]^C^C_lala
  [gangjin(LC,GL10)]^C^C_lc
  [gangjin(LDDOT,GL11)]^C^C_lddot
  [gangjin(LDOT,GL12)]^C^C_ldot
  [gangjin(LHl,GL13)]^C^C_lhl
  [gangjin(LU,GL14)]^C^C_lu
  [gangjin(WG,GL15)]^C^C_wg
  [gangjin(XLD,GL16)]^C^C_xld
  [gangjin(ZL45Z,GL17)]^C^C_zl45z
  [gangjin(ZLXUZ,GL18)]^C^C_zlxuz
  [gangjin(ZlZ,GL19)]^C^C_zlz
  [gangjin(ZLZDOT,GL20)]^C^C_zlzdot
```

四、设计专业宏命令

宏命令是一系列 AutoCAD 命令的集合，类似于批处理文件，按照一定的顺序执行其中的命令，完成特定的功能任务。当宏命令直接被菜单项调用时即为菜单宏，菜单宏是选取菜单项时执行的一系列操作指令。宏命令还可以扩展名为 . src 文件形式保存起来，用于多种场合的执行操作。

1. 菜单宏

菜单宏以序列命令形式执行特定的菜单功能，它可以是 AutoCAD 命令、AutoLISP、DIESEL、ActiveX 程序代码等。本书只介绍 AutoCAD 命令格式的菜单宏设计方法，其他格式的宏菜单、. src 格式的宏文件可阅读有关 AutoCAD 二次开发的专门书籍。

1）菜单宏终止

每当一个菜单项被选择时，AutoCAD 会自动地在它后面放置一个空格。如果菜单项是：

```
Line
```

AutoCAD 就会像用户输入“Line”及空格键那样执行，但有些命令必须用“Enter”键终止，而不能用空格键结束，例如，“Text”或“Dim”命令。此外，有时还需要用多个空格或“Enter”键来完成一个命令，而某些文字编辑程序却不允许用户以空格作为尾结束符。因此 AutoCAD

提供了两个特殊约定来处理这些问题：

● 当菜单中出现分号“;”时，AutoCAD 会替换为“Enter”键。

● 如果一行用控制字符结束，例如采用反斜杠“\”，加号“+”，或分号“;”结束时，AutoCAD 不会在该行后加空格。

2）宏命令专用符号

菜单宏中使用的各种专用符号执行不同的操作，表 10-2 列出了菜单宏中的专用符号和功能说明。

菜单宏中的专用符号　　表 10-2

符　号	功能说明
\	暂停系统执行，等待用户一次输入
_	相当于输入空格键
;	相当于输入回车键
[ ]	菜单标题
*	宏命令自动重复命令符号
+	宏命令中续行符号
@	表示最后定义点的坐标，相当于 AutoCAD 中相对坐标
!	后跟变量名，表示变量值
^A	宏命令中阻止行尾加空格
^B	宏命令中 SNAP 捕捉状态开关
^C	取消运行中的命令，相当于按“ESC”键
^D	宏命令中 COORDS 光标坐标跟踪显示开关
^E	宏命令中 ISOPLANE 轴测平面状态显示开关
^G	宏命令中 GRID 栅格点显示开关
^H	相当于键盘中的退格键
^M	相当于输入回车键
^O	切换 ORTHO 正交开关状态
^P	切换系统变量 MENUECHO 的开关状态
^T	切换图形输入板的开关状态

3）菜单宏示例

AutoCAD 命令格式的菜单宏，其执行顺序完全与在 AutoCAD 中执行过程相同。因此，菜单宏可看成是一组由 AutoCAD 命令、参数和宏专用符号，严格按操作顺序组合的行命令。下面通过两个示例来说明菜单宏的编写方法和要求，

(1) 插入一个名为“Biaogao”的图块，然后等待用户输入标高值。该图块带一个标高属性，先用“Block”命令制作好保存起来。

根据宏命令的格式要求，执行上面操作过程的菜单宏如下：

```
^C^C^_-insert;biaogao;\;;;\
```

其中：“-insert”是命令行的 Insert 命令，不会弹出“Insert”对话框，“;”相当于回车键，第

一个“\”等待用户拾取图块插入点，连续三个“;”表示 3 次采用默认值，最后一个“\”等待用户输入标高值。执行后的图形如图 10-7 所示。

（2）绘制公里桩符号 在指定位置绘制一个公里桩符号，然后添加里程。执行该操作过程的菜单宏如下：

```
^C^C_line;\@0,20;;Circle;@0,-5;5;-bhatch;properties;solid;@1,0;;text;bc;@-1,5;5;0;\;;;
```

其中：先用 Line 命令绘制长度为 20 的直线，接着用 Circle 命令绘制半径为 5 的圆，然后启动 - bhatch 命令，选择 solid 图案对右半圆进行填充，最后用 Text 命令标注里程，等待用户输入里程数。执行后的图形如图 10-8 所示。

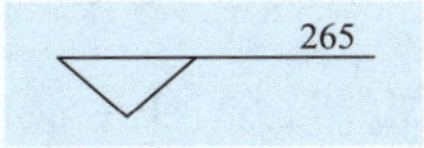

图 10-7　标高符号

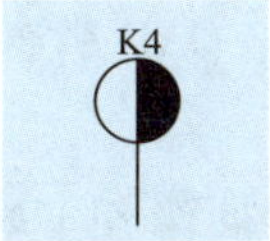

图 10-8　公里桩符号

第三节　VBA 开发环境与编程基础

一、VBA 开发环境

1. 认识 VBA

VBA 与 VB 有着几乎相同的开发环境和语法，从语言结构上讲，VBA 是 VB 的一个子集。但从本质上看，由于 VBA 是嵌在其他应用程序中的一个开发工具，它没有自己独立的工作环境，必须依附于嵌入它的主应用程序，比如 AutoCAD、Office 等。VBA 与 AutoCAD 共享同样的内存空间，其代码运行速度比用 C 语言开发的 ADS 应用程序还要快。

2. 进入 VBA 开发环境界面

可以下面方式进入 VBA 开发环境，从 AutoCAD 2002 标准菜单条上，选择“Tools/Macro/Visual Basic Editor”子菜单，系统将打开如图 10-9 所示的对话框。该对话框就是 VBA 集成开发环境界面。

图 10-9　“Microsoft Visual Basic”对话框

3. VBA 工程

VBA 应用程序是以 VBA 工程文件来组织的,VBA 工程是由许多程序模块、类模块和窗体组成的集合,它们同时运行共同完成指定的功能。VBA 工程可以保存在 AutoCAD 图形内部,称为内嵌 VBA 工程,也可以保存为独立的工程,称为全局 VBA 工程。

内嵌 VBA 工程在包含它们的图形文件中,当 AutoCAD 打开该文件时被自动加载,使得工程在分配上非常方便。内嵌工程的用户不再需要在执行程序之前到处寻找和加载工程文件。

全局 VBA 工程具有较多的功能,可以在任何 AutoCAD 2000 以上环境下运行,可以制作成共享的资源库,公路 CAD 软件应采用 VBA 全局工程。

4. VBA 编辑器

VBA 开发环境界面实际上就是一个 VBA 程序编辑器,在 VBA 编辑器中可以完成窗体设计、模块设计、代码编写、调试、程序运行、工程保存等工作。下面详细介绍 VBA 编辑器的各部分功能及含义。VBA 编辑器界面如图 10-10 所示。

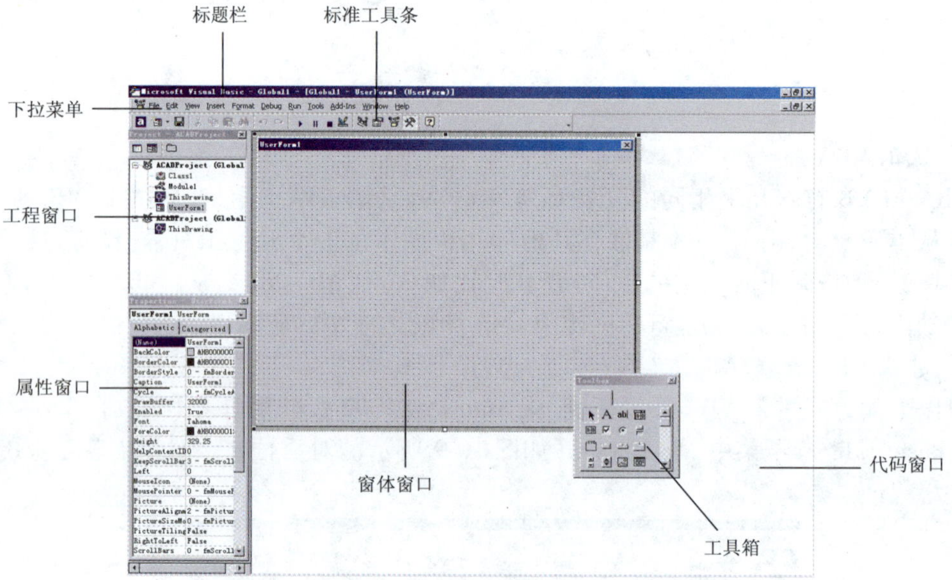

图 10-10 VBA 编辑器界面

● 标题栏:显示 VBA 开发环境和 VBA 工程名称;

● 下拉菜单条:VBA 几乎所有功能都能从下拉菜单项上启动;

● 标准工具条:VBA 常用工具的集合;

● 属性窗口:用以显示窗体及控件的可见属性、默认值,还可以对某些属性进行初始设置;

● 代码窗口:用于编写模块、窗体、控件等过程代码和事件代码,即宏指令;

● 窗体窗口:建立 VBA 应用程序与用户之间交互的屏幕工具;

● 工具箱:存放 VBA 标准控件的工具箱,用户可以根据需要往工具箱中添加附加控件。

二、VBA 编程基础

1. VBA 的变量类型及声明

1）变量类型

VBA 中有多种变量，如数字、字符、日期、图像、窗体、控件等。它们分为两类：一类称为数据类型，像数字、字符、日期等可以用数据来表达的变量；另一类称为对象变量，像图像、窗体、控件等不能用数据简单地表示的变量。为了准确地描述每种变量，VBA 根据各变量的特点对变量作进一步的定义和规定，表 10-3 列出了 VBA 中常用变量类型。

VBA 中常用变量类型　　表 10-3

类型	定义形式	保存内容	内存需要	值域范围
整型	Integer	整数	2 字节	-32768 ~ 32767
长整型	Long	整数	4 字节	约 ±20 亿
单精度	Single	十进制数	4 字节	-1E -45 ~ 3E38
双精度	Double	十进制数	8 字节	-5E -324 ~ 1. 8E308
货币型	Currency	小数点前 15 位，小数点后 4 位	8 字节	±9E14
字符串	String	文本信息	1 字节	固定长度 65000 字符，动态长度 20 亿字符
字节型	Byte	整数	1 字节	0 ~ 225
布尔型	Boolean	逻辑值	1 字节	Ture 或 False
日期型	Date	日期和时间信息	8 字节	1/1/100 ~ 12/31/9999
对象	Object	图像或 OLE 对象（类、数据库等）	4 字节	无范围
变体	Variant	以上除对象外的任何一类数据	每字符 16 字节 +1 字节	无范围

2）变量声明

变量在程序中使用时，要经过声明让程序知道该变量是何种类型，以便程序为该变量准备内存空间。变量声明有显示声明、隐式声明和用户自定义声明三种类型。

（1）显式声明

语法形式：

```
Dim 变量名 1 [As 变量类型 1 [,变量名 2 [As 变量类型 2 [,…]]]]
Private 变量名 1 [As 变量类型 1 [,变量名 2 [As 变量类型 2 [,…]]]]
Public 变量名 1 [As 变量类型 1 [,变量名 2 [As 变量类型 2 [,…]]]]
```

Dim、Private、Public 是声明变量的关键字。

● Dim 关键字：用于模块级和过程级声明变量。在模块级声明的变量可用于该模块的所有过程中，而在过程中声明的变量只能用于该过程。

● Private 关键字：只能在模块级声明变量，作用与 Dim 一样。

● Public 关键字：必须在模块级声明变量，经 Public 声明的变量在整个 VBA 工程内所有的模块和窗体中都可用，是一个公有变量声明，使用时需要特别注意。

(2) 隐式声明

变量的隐式声明,要求在首次分配变量值时,在变量的结尾处使用一种特殊的字符。特殊字符和对应变量见表 10-4。

特殊字符与变量对应表 表 10-4

变量类型	整型	长整型	单精度	双精度	货币型	字符串
标识字符	%	&	!	#	@	$

隐式变量声明示例:

```
Intval% =1
Douval#=2.006
StrVar $ =“Circle”
```

(3) 用户自定义类型的声明

语法格式:

```
[Public] Type 变量名
    元素 1 As 数据类型 1
    元素 2 As 数据类型 2
    .....
End Type
```

用户自定义数据类型,必须放在模块级声明。

用户自定义数据类型示例:

```
Type  Teacher
    FirstName As String
    LastName As String
    Age As Integer
End Type
```

在示例中,FirstName、LastName、Age 均称为自定义变量 Teacher 的成员变量。

2. VBA 的常量

VBA 的常量是一个常量符号,由常量符号代表的数据在程序运行过程中不能被修改。常量符号可以自定义,也可以使用 VBA 定义的内置常量符号。

自定义常量符号的语法:

Const 常量符号 1 As 数据类型 1 = 常量符号值

例如:Const Pi As Double =3.14159

VBA 内置常量均以小写的“vb”开头,主要用于 VBA 的各种有关函数的某些参数项,或窗体事件中的有关属性。VBA 和 VB 的内置常量是完全一样的,关于内置常量的应用参照 VB 或 VBA 的专用书籍。

3. VBA 代码语句的规定

在 VBA 的代码窗口中,语句的逻辑长度是没有限制的,但受到窗口宽度的限制语句的物理长度却有限。VBA 规定当语句的物理长度不够时,可在行末加一个下划线“_”来连接上下行，下划线左右至少应用一个空格。

在 VB 或 VBA 中，使用英文状态下的单撇号“'”作为注释语句的开始，如下所示：

```
Dim xuehao As Integer                    '学号(xuehao)
```

注释行可以跟在一条语句后面，也可以独占一行。如果一段注释需多行时，每行的开头都需加单撇号。

4. VBA 的基本语句

在 VBA 的程序体中，主要有赋值语句、判断语句、循环语句和控制语句等 4 种语句。下面分别介绍：

1）赋值语句

赋值语句是最简单、最基本的语句形式，作用是将某个值赋给某一变量。

语法格式：

变量 = 表达式

表达式可以是常数、已赋值的变量、计算函数或算术运算式。

对象变量的赋值与数值变量的赋值是不同的，对象变量必须使用 Set 关键字。

语法格式：

Set 对象变量 = 对象运算表达式

对象赋值示例：

```
Dim lineobj As AcadLine                   '声明直线对象变量
Set lineobj = ThisDrawing.ModelSpace.AddLine(spnt,epnt)'在模型空间画一段直线
```

2）判断语句

(1) If 语句

语法格式 1：

```
If condition Then Command
```

语法格式 2：

```
If condition Then
  Code Lines 1
[Else]
  [Code Lines 2]
End if
```

语法格式 3：

```
If condition1 Then
  Code Lines 1
Else If condition2 Then
  Code Lines 2
  ……
[Else]
  [Code Lines n]
End If
```

条件表达式 condition1、condition2 等表示任何类型的逻辑值，它可以是下列情况中的一种：

- 变量与常量、变量与变量、变量与函数或函数与函数等进行的比较。
- 包含 True 或 False 值的变量。
- 任何返回 True 或 False 值的函数。

(2) Select Case 语句

Select Case 语句标识要计算的变量，然后用一系列 Case 语句指定相匹配的值，如果合适就执行其后的语句。

语法格式：

```
Select Case compvalue
  Case value1
      Code Lines1
  Case value2
      Code Lines2
  .....
  [case Else]
      [code Lines n]
End Select
```

Compvalue 是一个比较表达式。如果它的值等于 value1，程序就执行 Code Lines1 代码，否则，如果等于 Value2，就执行 Code Lines2 代码，依此类推，然后就跳转到 End Select 语句之后的第一条语句继续执行。当与所有的 Case 后的值都不匹配时，就执行 Case Else 语句(如果有的话)下面的 Code Lines 代码，然后跳转到 End Select 语句之后的第一条语句继续执行。

(3) 循环语句

- Do Loop 语句

语法格式 1：

```
Do While condition
    Code Lines
Loop
```

语法格式 2：

```
Do Until condition
    Code Lines
Loop
```

语法格式 3：

```
Do
    Code Lines
Loop While condition
```

语法格式 4：

```
Do
```

```
    Code Lines
Loop Until condition
```

在 Do Loop 语句中，只要 Condition 条件表达式的值为 True，就重复执行 Do 和 Loop 之间的 Code Lines 代码。

● For…Next 语句

语法格式：

```
For counter = s_value to e_value [Step stepvalue]
    Code Lines
Next [counter]
```

Counter 是一个整型变量，用于循环次数递增计数器。第一次循环时，其值为 s_value，然后每次递增 stepvalue（正或负），直到最后等于 e_value 停止循环的执行。如果忽略步长 stepvalue，默认值为 1。

● For Each…Next 语句

语法格式：

```
For Each object In collection
    Code Lines
Next [object]
```

对集合中的每个对象进行一次循环，直到集合中无更多对象时，执行 Next 下面的语句。对象 object 是集合对象 collection 中的成员。For Each 语句最大的特点是无须事先知道集合中的成员的数量。

● While…Wend 语句

语法格式：

```
While codition
      Code Lines
Wend
```

当条件表达式 condition 的值为 True 时，执行 Code Lines 代码。

（4）控制语句

● With…End With 语句

语法格式：

```
With object
     Statements
End With
```

这个语句可以简化对象属性引用语句，例如下面语句：

```
Dim CircleObj As AcadCircle
Set CircleObj = ThisDrawing.ModelSpace.Addcircle(center,radius)
CircleObj.Layer = "NewLayer"
CircleObj.Color = acRed
```

```
CircleObj.LineStyle ="Center"
CircleObj.LineScale =1.5
```

在上面的代码中,后四句都是对 CircleObj 圆对象进行属性设置,如果采用 With…End With 语句来表达就显得简洁的多,具体语句:

```
With CircleObj
    .Layer ="NewLayer"
    .Color =acRed
    .LineStyle ="Center"
    .LineScale =1.5
End With
```

第四节 ActiveX 技术

一、AutoCAD ActiveX 技术简介

自 AutoCAD R14 版以后,AutoCAD 采用了一种在 OLE2.0 基础上发展起来的新技术,称为 ActiveX Automation Interface(即 ActiveX 自动化界面技术)。由于 ActiveX 技术是一种完全面向对象的技术,所以许多面向对象化编程语言和应用程序,都可以通过 ActiveX 与 AutoCAD进行通信,并操纵 AutoCAD 的功能。凡是具有 ActiveX 技术的应用程序都可以对 AutoCAD 进行二次开发,比如 VB、Java、VBA、Delphi、C ++,甚至 Word VBA 等。采用 ActiveX 技术的另一个优点是应用程序之间可以很好地共享数据,比如 AutoCAD 与 Word、Excel、Access等应用程序之间的数据共享。

Autodesk 公司将 ActiveX 技术正式引入 AutoCAD 2000 软件中,使其开发环境具备了强大的开发能力。AutoCAD ActiveX 提供了一种机制,该机制使程序员通过编程手段从 AutoCAD的内部或外部来操纵 AutoCAD。AutoCAD ActiveX 是按一定层次组成的一种对象结构,每一个对象代表了 AutoCAD 的一个确定功能,AutoCAD 的绝大多数功能均以方法和属性的方式被封装在 ActiveX 对象中。在任何只要能使用 ActiveX 对象的编程语言环境中,通过对 AutoCAD 对象的方法和属性的引用,就可以轻松实现对 AutoCAD 的编程的目的。

二、AutoCAD ActiveX 对象模型

从上可知,VBA 是通过 ActiveX 对象来控制、操纵 AutoCAD 的,对 AutoCAD 进行二次开发首先要熟悉 AutoCAD 的 ActiveX 对象和对象模型。

AutoCAD ActiveX 对象分为以下 5 类:

- 图元(Entity)类对象:包括直线、圆、圆弧、椭圆、文本、标注等。
- 样式(Style)类对象:包括线型、尺寸样式、文本样式等。
- 结构(Organizing…)类对象:包括图层、图块、实体组等。
- 显示(View)类对象:包括视图、视窗等。
- 文档及应用程序(Document & Application)类对象:包括 . dwg 文件和 AutoCAD 应用

程序本身。

上面 5 类对象按照一定的层次结构组成一个 AutoCAD的对象模型，它的根对象是 Application 对象，在 VBA 中要按照对象所在的层次及隶属关系来分级操纵 AutoCAD 对象。AutoCAD 的顶层对象结构如图 10-11 所示，顶层对象是隶属于根对象（Application）的。

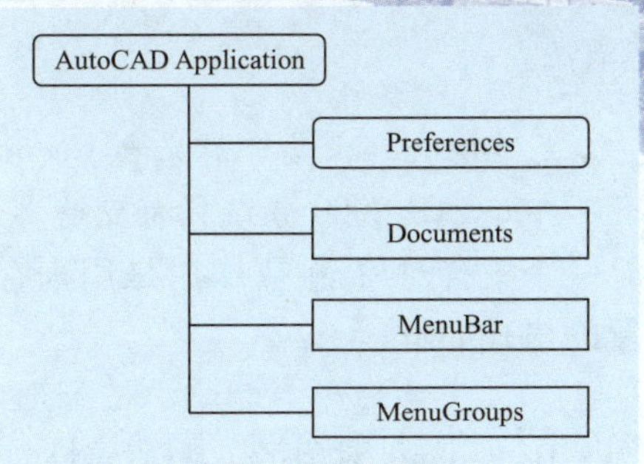

图 10-11　AutoCAD 的顶层对

1. Application 对象

在图 10-11 中，圆角框代表对象，矩形框代表集合对象。Application 是根对象，下面有一个对象和 3 个集合对象。Documents 对象代表当前图形文档，用户通过它来引用 AutoCAD 的图形对象。Preferences 对象代表系统设置，通过它可以存取保存在注册表的 AutoCAD 的选项对话框的设置值。MenuBar 和 MenuGroups 代表菜单集合对象和工具条集合对象，通过它们来访问 AutoCAD 的菜单条和工具条。

1）创建或访问 Application 对象

在 Visual Basic 中，使用 GetObject（，“AutoCAD. Application”）函数

或 CreateObject（“AutoCAD. Application”）函数

在 VBA 中，可使用 ThisDrawing. Application 来访问。

2）使用 Application 对象中的方法

（1）Quit 方法

该方法将关闭 AutoCAD 应用程序，包括运行的 VBA 程序。使用格式分别为：

在 VB 中，使用 Acadobj. Quit，在 VBA 中使用 ThisDrawing. Application. Quit。

（2）LoadDVB、RunMacro 和 UnloadDVB 方法

LoadDVB 方法指定的 VBA 程序加载到 AutoCAD 中，要求给出程序文件的全路径。UnloadDVB 方法 则卸载 VBA 程序。RunMacro 方法运行已加载的程序中的过程，当程序未加载时，则会先加载指定程序，然后再运行程序中的指定过程。使用如下格式：

```
FileName =“D:\VBApro\Drawing.dvb”
ThisDrawing.Application.LoadDVB FileName      ’加载 Drawing.dvb
’运行 Drawing.dvb 中 Module1 模块下的 Drawline 过程
ThisDrawing.Application. RunMacro“Module1.Drawline”
ThisDrawing.Application.UnloadDVB FileName    ’卸载 Drawing.dvb
```

3）使用 Application 对象中的属性

（1）Name 属性

该属性可以应用于 AutoCAD 中几乎所有可命名的对象，获取对象的名称，数据类型为 String。使用如下代码可提取 AutoCAD 本身的名称：

```
Dim StrName As String
StrName = ThisDrawing.Application.Name
Msgbox “AutoCAD 应用程序的名称为:” & StrName
```

（2）Height 和 Width 属性

这两个属性可设定和获取 AutoCAD 主窗口的高度和宽度。使用如下格式：

```
ThisDrawing.Application.Height
ThisDrawing.Application.Width
```

2. Documents 集合对象和 Document 对象

AutoCAD 2000 系统具有支持多文档的功能，Documents 代表 AutoCAD 图形文档集合，它是一个集合对象，主要作用是用来存放新建的和打开的多个图形文档。访问 Documents 对象的格式如下：

```
Application.Documents
```

Documents 对象的方法和属性是所有 AutoCAD ActiveX 对象中最少的。下面对此作一简单介绍：

1）Add 方法

该方法用于向 Documents 集合对象中增加新的文档，文档格式为 . dgw，使用如下格式：

```
Application.Documents.Add (Name)
```

Name 参数可以省略，此时新添加的文档使用系统的默认名 Drawing1、Drawing2、…等。

2）Open 方法

该方法用于打开已存在的 dgw 文档，并将其添加到 Documents 集合中，使用如下格式：

```
Application.Documents.Open Name [, ReadOnly]
```

ReadOnly 参数为逻辑值，True 为只读，False 为可读写。

3）Item 方法

该方法指定 Documents 集合中的某个文档，使用如下格式：

```
Application.Documents.Item (Name)
```

或 `Application.Documents.Item (Index)`

Name 指定文档的文件名，IndexDocuments 集合中的文档索引号。

4）Close 方法

该方法用于关闭 Documents 集合中的所有文档。使用如下格式：

```
Application.Documents.Close
```

5）Count 属性

该属性返回当前 Documents 集合中文档数量。使用如下格式：

```
Application.Documents.Count
```

Document 对象是 Documents 下的一个文档对象，它代表 AutoCAD 的图形文件，是 AutoCAD 中非常重要的对象，它下属的子对象几乎包含了 AutoCAD 的一切。Document 对象结构如图 10-12 所示。

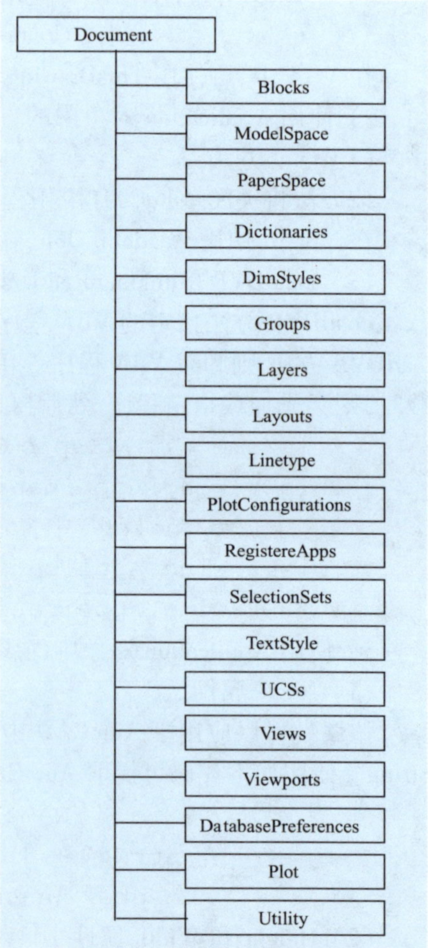

图 10-12　Document 的对象集

3．Preferences 对象

Preferences 是 AutoCAD 对象模型中一个很重要的集合对象，它是一个参数选项对象，用来对 AutoCAD 中的各种选项参数进行设置和返回。它的对象结构如图 10-13 所示。Preferences 集合下面的每一个对象对应到 AutoCAD 中如图 10-14 所示。

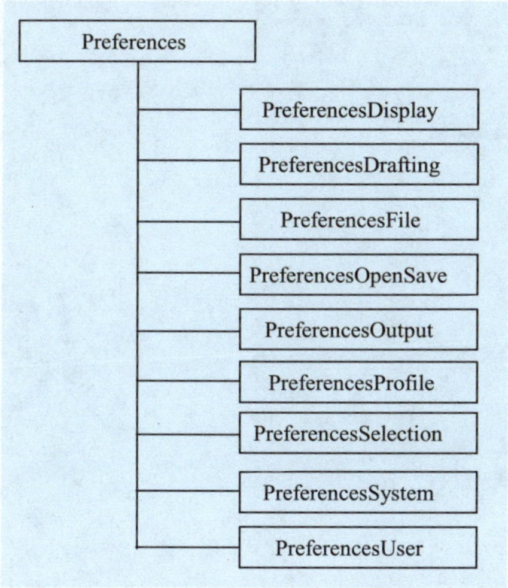

图 10-13　Preferences 对象集合

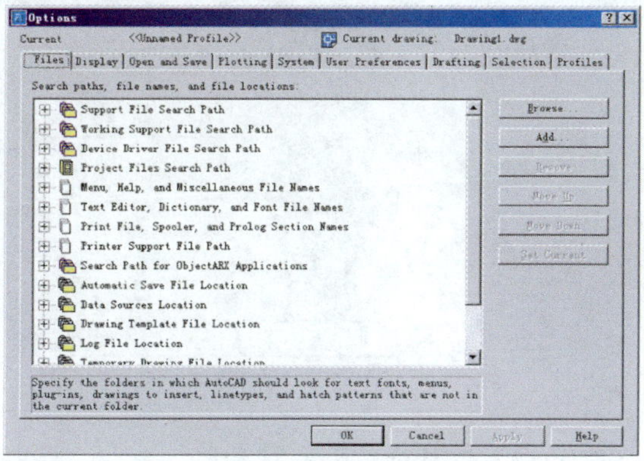

图 10-14　“Option”对话框

所示的“Option”对话框中的每一个选项卡。Preferences 集合的这些对象提供存取“Option”对话框中保存和登录的设置值。

4．Utility 对象

Utility 对象不是一个集合对象。该对象主要提供应用程序中使用的输入函数和转换函数，它包含许多方法，如“GetXXX”系列方法，可用来获得一个点的坐标，获得两点间的距离，判断输入的关键字，以及获得图元对象等等。因为这些操作都是针对某个具体文档的，所以应该隶属于 Document 对象，但它的功能不会保存在文档中。Utility 对象常用方法如表 10-5 所示。

Utility 对象常用方法　　表 10-5

方法	语 法 格 式	说　明
Getpoint	Utility. Getpoint([point] [, prompt])	提示用户选择点，point 为三维点，prompt 为提示字符串
Getreal	Utility. Getreal([prompt])	从命令行输入一个实数，prompt 为提示字符串
Getkeyword	Utility. GetKeyword([prompt])	输入关键词，必须先使用 InitiazeUserInput 方法
GetEntity	Utility. GetEntity Object, pickPoint[, prompt]	获取图元对象，Object 选择的图元对象，PickPoint 拾取点
GetAngle	Utility. Getangle([Point] [, prompt])	输入一个角度值，自动将其转换为弧度
GetCorner	Utility. GetCorner. ([Point] [, prompt])	获取矩形的一个角点坐标
GetDistance	Utility. GetDistance. ([Point] [, prompt])	获得两点之间的距离
Getinteger	Utility. Getinteger. ([prompt])	输入一个整数值
GetString	Utility. GetString. ([prompt])	输入一个字符串

5. Plot 对象

Plot 对象是一个非驻留于图形数据库的对象，提供对 AutoCAD 中如图 10-15 所示的“Plot”对话框设置值的存取，此外应用程序还能够通过该对象以不同的方法来打印图形。

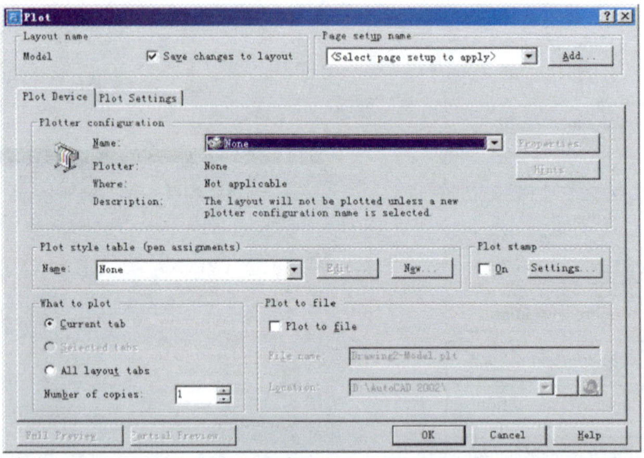

图 10-15 “Plot”对话框

6. Blocks 和 Block 集合对象

Blocks 对象用来存放一个图形文档中的所有命名的图块，在数量没有限制。而 Block 对象是构造一个图块的所有图元的集合。

Blocks 对象的作用相当于在 AutoCAD 中使用 Block 命令，然后为要定义的图块起名并给定插入点；Block 对象的作用则相当于在 AutoCAD 的图形文档窗口中选择要构成图块的图元。在 AutoCAD 2000 图形文档中有三种类型的图块，即简单图块、外部图块和布局图块。

要创建一个命名的图块对象，必须使用 Blocks 集合对象中的 Add 方法，其语法格式如下：

```
Set blockobj = ThisDrawing.Blocks.Add(InsertionPoint, Name)
```

其中：

InsertionPoint：指定创建在 Blocks 集合中的块对象的原点坐标，是一个 3D WCS 中的点。

Name：新创建的块对象名称，字符串类型。

BlockObj：返回在 Blocks 集合中新创建的块对象。

要实现图块的引用，需使用 BlockRef 对象中的 InsertBlock 方法，其语法格式如下：

```
Reval = object.InsertBlock(InsertionPoint, Name, Xscale, Yscale, Zscale, Rotation)
```

其中：

Object：模型空间、图纸空间或块空间。

Name：用 Add 方法创建图块对象时给定的图块名，或保存成 dwg 文件的图块文件。

InsertionPoint：图块对象插入点的坐标，是一个 3D WCS 中的点。

Xscale，Yscale，Zscale：插入图块时沿 X、Y、Z 轴的比例因子，双精度类型。

Rotation：图块插入时的旋转角，双精度类型。

7. ModelSpace 集合对象

ModelSpace 代表了 AutoCAD 的模型空间，凡是在模型空间中能出现的一切图元对象都在 ModelSpace 对象包含之中。该对象对一个图形文档来讲是唯一的，既不能增加也不能删除。

8. PaperSpace 集合对象

PaperSpace 代表的是 AutoCAD 的活动图纸空间。与 ModelSpace 对象一样，也是唯一的。但图纸布局界面对于一个图形文档却可以有任意多个，所以被激活的图纸，反映了 PaperSpace 集合对象中的数据。

9. 图元对象

图元对象是指存在于模型空间、图纸空间或块空间的二维、三维图形实体，图元对象的创建方法各有不同，但图元对象的编辑方法和属性大多是相同的，这如同在 AutoCAD 中用不同绘图命令绘制不同的图形，用一个编辑命令可以编辑不同的图形。图元对象很多，限于篇幅不能逐一介绍，下面以直线对象为例，详细介绍其使用方法和属性，其他图元对象的创建方法详见第五节介绍。

1）AddLine 方法

在 ActiveX 中，用 AddLine 方法创建直线 Line 的语法格式如下：

```
Object.AddLine(sPnt, ePnt)
```

其中：sPnt 为起点坐标；ePnt 为终点坐标。

具体示例如下：

（1）在模型空间中创建一条直线，代码如下：

```
Dim LineObj As AcadLine                   '声明直线对象变量
Dim sPnt(0 to 2) As Double                '声明起点坐标，双精度数组
Dim ePnt(0 to 2) As Double                '声明起点坐标，双精度数组
sPnt(0) =50: sPnt(1) =50: sPnt(2) =0
ePnt(0) =100: ePnt(1) =120: ePnt(2) =0
Set LineObj =ThisDrawing.ModelSpace.Addline(sPnt, ePnt)
```

（2）在图纸空间中创建一条直线，只需将上述最后一行代码修改如下：

```
Set LineObj =ThisDrawing.PaperSpace.Addline(sPnt, ePnt)
```

2）直线段的编辑

要编辑一条直线，首先要访问它，也即选择要编辑的图形。选择图元对象的方法可以使用 Item 方法，该方法的参数是 Index。索引号 Index 表示图元被添加到集合对象中的顺序，在实际应用中很难弄清要编辑图元对象的 Index。选择图元对象的另一种方法是 Utility 对象中的 GetEntity 方法，要求用户在屏幕上用鼠标选取要编辑的图元对象。下面的代码用 GetEntity 方法选择直线，然后用 Move 方法将直线移动一段距离，最后将其颜色改为蓝色。

```
Public Sub Objmove()
  Dim entObj As AcadEntity
  Dim pickPnt As Variant
```

```
  ThisDrawing.Utility.GetEntity entObj, picPnt, "选择一个图元:"
                                          '等待用户选择直线
  Dim copyEnt As AcadEntity
  Dim pnt1(0 To 2) As Double, pnt2(0 To 2) As Double
  pnt1(0) =50: pnt1(1) =50: pnt1(2) =0
  pnt2(0) =100: pnt2(1) =130: pnt2(2) =0
  Set copyEnt = entObj.Copy               '将选中的图元进行复制
  copyEnt.Move pnt1, pnt2                 '将选中的图元移动一段距离
  copyEnt.Color = acBlue                  '将选中的图元变为蓝色
End Sub
```

代码执行到第3行时,等待用户选择图元。GetEntity 方法和 Move 方法也可以用于其他图元对象。

10. TextStyles 集合对象

TextStyles 是一个集合对象,用来存放命名的文本样式,没有数量上的限制,但每次只能有一个文本样式被激活。命名文本样式的创建使用该集合中的 Add 方法,使用如下格式:

```
Dim TextStyleObj As AcadTextStyle
Set TextStyleObj = ThisDrawing.TextStyles.Add("TxtStyle1")
                                        '添加新样式 TxtStyle1
ThisDrawing.ActiveTextStyle = TextStyleObj
                                        '设置新样式为当前文本样式
```

1) SetFont 方法

使用 SetFont 方法可以选择字体名、粗体、斜体、字符集、字节距和笔画参数等。SetFont 方法的语法格式如下:

```
TextStyleObj.SetFont Typeface,Bold,Italic,CharSet,PitchAndFamily
```

其中:

Typeface:字符串类型,设定的字体名,如"宋体"。

Bold:布尔类型,Ture 表示为粗体,False 为正常体。

Italic:布尔类型,Ture 表示为斜体,False 为正常体。

CharSet:长整数型,该参数用来定义字符集。

PitchAndFamiliy:长整数型,Pitch 定义文字的节距形式,Family 定义文字的笔画形式。具体使用时用布尔算子将它们连接起来。下面的代码先命名了一个文本样式"TextStyle1",然后对该文本样式进行定义:

```
Dim TextStyleObj1 As AcadTextStyle
Set TextStyleObj1 = ThisDrawing.TextStyles.Add("TextStyle1")
ThisDrawing.ActiveTextStyle = TextStyleObj1
TextStyleObj1.SetFont "宋体", True, True, 1, 1 Or 16
```

其中:

参数 CharSet = 1,设置为缺省字符集;参数 Pitch = 1,为固定值;参数 Family = 16,为变笔画

宽,带衬线。有关参数 CharSet 和 PitchAndFamily 选项值,可阅读 Auto ACD 的 VBA 专用书。

2) Height 和 Width 属性

文本样式的 Height 和 Width 属性,用来设置文本的字高和字宽。下面是定义字体的高度和宽度的代码:

```
TextStyleObj1.Height = 5
TextStyleObj1.Width = 0.75          '字宽为字高的 0.75 倍
```

11. DimStyles 和 DimStyle 集合对象

DimStyles 也是一个集合对象,用来存放命名的尺寸样式,与 TextStyles 对象相同,没有数量上的限制,但每次只能有一个尺寸样式被激活。命名尺寸样式的创建使用该集合中的 Add 方法,使用如下格式:

```
Dim DimStyleObj As AcadDimStyle
Set DimStyleObj = ThisDrawing.DimStyles.Add("Style1")
ThisDrawing.ActiveDimStyle = DimStyleObj   '设置新样式为当前尺寸样式
```

DimStyle 对象代表了一组尺寸样式的设置值,在 ActiveX 中尺寸样式的设置是通过以"Dim"开头的一系列系统变量来完成的,其如下格式:

```
With ThisDrawing
    .SetVariable "DimScale", 3          '设置全局比例因子
    .SetVariable "DimLFac", 100         '线性比例因子.'100' =1:100
    .SetVariable "DimADec", 2           '控制角度标注的显示精确位数
    .SetVariable "DimAssoc", 2          '控制标注对象的关联性
    .SetVariable "DimASz", 0.09375      '控制尺寸线、引线箭头的大小。
                                         并控制钩线的大小
    .SetVariable "DimAUnit", 0          '设置角度标注的单位格式,
                                        '0 十进制度数
    .SetVariable "DimAZin", 2           '对角度标注作消零处理,
                                        '0 显示所有前导零和后续零
    .SetVariable "DimBlk",…             '设置尺寸线或引线末端显示的箭头块,
                                         "''" 实心闭合。
.....
End With
```

一个新的命名尺寸样式的设置值,可以使用该对象中的 CopyForm 方法,从一个图形文档,或一个已有的尺寸样式复制而得。下面的代码使用了 CopyForm 方法:

```
Dim DimStyleObj1 As AcadDimStyle
Set DimStyleObj1 = ThisDrawing.DimStyles.Add("Style1")
                                          '命名新样式 Style1
ThisDrawing.ActiveDimStyle = DimStyleObj1
With ThisDrawing                          '对 Style1 进行设置
    .SetVariable "DimScale", 3            '设置全局比例因子
```

```
    .SetVariable "DimLFac", 100         '线性比例因子. '100' =1:100
.....
End With
Dim DimStyleObj2 As AcadDimStyle
Set DimStyleObj2 = ThisDrawing.DimStyles.Add("Style2")
DimStyleObj2.CopyFrom DimStyleObj1
                                   '样式 Style2 复制了 Style1 的所有设置。
```

12. Layers 和 Layer 集合对象

Layers 是一个集合对象,用来存放所有命名的图层对象 Layer,要创建一个图层,可使用 Layers 对象中的 Add 方法,在 AutoCAD 中图层数量是没有限制的,但只有一个图层是当前层,用户可以使用 Document 对象中的 ActiveLayer 属性来设置当前层。下面的代码在 ActiveX 中添加一个图层并使之成为当前层。

```
Dim LayerObj1 As AcadLayer
Set LayerObj1 = ThisDrawing.Layers.Add("Layer1")
                                              '添加新图层"Layer1"
ThisDrawing.ActiveLayer = LayerObj1           '设置图层 Layer1 为当前层
```

Layer 是一个图层对象,使用该对象的属性可以对所有命名图层进行操作和控制,如可见性、是否加锁、是否冻结、图层颜色、线型等等。下面的代码先命名 3 个图层,然后分别设置为不可见、加锁和冻结。

```
Dim LayerObj1 As AcadLayer
Dim LayerObj2 As AcadLayer
Dim LayerObj3 As AcadLayer
Set LayerObj1 = ThisDrawing.Layers.Add("Layer1")
Set LayerObj2 = ThisDrawing.Layers.Add("Layer2")
Set LayerObj3 = ThisDrawing.Layers.Add("Layer3")
LayerObj1.LayerOn = False                          '图层 Layer1 不可见
LayerObj2.Lock = True                              '对图层 Layer2 加锁
LayerObj3.Freeze = True                            '冻结图层 Layer3
```

13. Linetypes 和 Linetype 对象

Linetypes 是一个集合对象,用来存放所有命名的线型对象。在 AutoCAD 中线型是被保存在名为 acadiso. Lin 的线型库文件中,要使用该库中的线型,首先用 Linetypes 对象中的 Load 方法进行加载,然后再用 Add 方法添加线型,并用 Document 对象下的 ActiveLinetype 属性设置为当前线型。整个操作顺序与在 AutoCAD 中用"Linetype Manager"对话框来增加线型很相像。下面的代码先加载线型,然后再添加新线型,并设置为当前线型。

```
Dim Linetype1 As AcadLineType
ThisDrawing.Linetypes.Load "DASHDOT", "acad.lin"
                                    '加载线型"DASHDOT"
ThisDrawing.Linetypes.Load "A*", "acad.lin"
```

```
                                  '用通配符"*"加载线型"A*"
Set Linetype1 = ThisDrawing.Linetypes.Add("DASHDOT")
                                  '用 Add 方法添加线型"DASHDOT"至当前文档
ThisDrawing.ActiveLinetype = Linetype1        '设置当前线型
```

第五节　用 VBA 创建图形函数

一、图形函数的分类

桥梁结构图看似复杂,但经过对桥涵设计标准图的分解,发现无论多么复杂的图形,主要由直线、点、圆、圆弧、文字、标注等简单图形构成。在面向对象的编程方法中,创建图形是直接针对图形函数而不是针对数据的,结构复杂的桥梁设计图可看成是由有一些基本图形函数和专用图形函数构成的组合对象。

1. 基本图形函数

在 AutoCAD 的 ActineX 对象库中包含了许多图形对象的创建方法,经过对象实例化后,就可以定义能绘制简单图形的基本函数。基本函数是图形函数库的基础,为规范使用,将基本函数划分为四大类,它们分别是:

(1) 图形类:包括直线、点、圆、圆弧、椭圆、椭圆弧和样条曲线。

(2) 文字类:包括单行文字和多行文字。

(3) 标注类:包括线型标注、径向标注、角度标注和指引标注。

(4) 控制类:包括图层、线型、线宽和颜色。

在图形类中基本函数所表示的对象,可以有不同的参数。例如直线可以由 2 个端点控制,还可以由 1 个端点和端点之间的坐标增量 X 及 Y 来控制,可根据应用情况定义相同对象的不同函数。

2. 专用函数

桥涵专用函数由基本函数组合而成,可根据桥涵图形的对象特点来划分不同的专用函数,如空心板、T 形梁、箱形梁、扩大基础等。每个图形函数执行一个特定的绘图过程,图形的位置、尺寸和拓扑关系由图形函数的参数控制。为方便应用图形函数起见,参数的确定尽量与桥梁设计数据相同,从设计数据到基本函数所需要的参数的转换计算过程(数据前处理)由函数内部完成。例如拱圈方法由跨径 L0,矢高 F0,拱圈厚 d 和图形基点坐标 pt 四个参数确定。用 VB 语言定义如下:

```
Public Sub ArchTurn(Byval L0 As Double,F0 As Double
    ,d As double,Pt As Variant)
    .....                         '数据前处理
    AddArc3P pt1,pt2,pt3          '3 点圆弧函数
    AddArc3P pt4,pt5,pt6          '3 点圆弧函数
    AddLine pt1,pt4               '2 点直线函数
    Addline pt3,pt6               '2 点直线函数
```

```
End Sub
```

二、图形函数的语法格式

1. 定义图形函数

在 VB 或 VBA 中图形函数的格式如下：

图形函数名(参数1,参数2,……)As 图元对象

其中：参数1,参数2等是控制图元对象的形参,要根据控制图元对象的方法来选择合适的形参。一个图元对象可以有不同的形参,比如直线 Line 可以用两个端点坐标(pt1,pt2)来控制,也可以用一个端点坐标和两个端点之间的坐标差(pt1,x,y)来控制,还可以用一个端点坐标和两端点之间距离及与 x 轴之间的夹角(pt1,l,A)来控制。所以,一个图元对象可以用多个图形函数来表示。图元对象是指该图形函数定义的 ActiveX 图元对象。

当图形函数需要有返回值时,定义成函数形式,其语法格式如下：

```
Public Function 图形函数名(定义形参1, 形参2,….) As 图元对象
          '函数体
          .....
          Set 图形函数名 = 图元对象名
End Function
```

当图形不需要返回值时,则定义成过程形式,其语法格式如下：

```
Public Sub 图形过程名(定义形参1, 形参2,….)
          '过程体
          .....
End Sub
```

2. 引用图形函数

对图形函数既可以使用其方法,也可以使用其函数值,对大多数图形函数的应用主要是方法,也即图形函数的执行过程,使用函数方法的语法格式如下：

图形函数名 实参1, 实参2,……

图形函数值也就是函数执行后的返回值,一般情况返回图元对象,也可以是坐标值,图元对象面积、体积等。使用函数值的语法格式如下：

对象名(或变量名) = 图形函数名 (实参1, 实参2,……)

对图形过程只有方法而没有返回值,过程引用的语法格式与图形函数相同,只是将图形函数名改为图形过程名即可。

三、基本图形函数示例

一般情况下,对每种图元对象先创建一个基准函数,基准参数的形参与 ActiveX 对象创建方法相对应。然后根据图形对象的特点,对其进行抽象,提取不同的形参,再以基准函数为基础构造该图形的其他函数。

1. 直线

1) 创建直线的基准函数

函数形参说明:ptSt 为起点坐标;ptEn 为终点坐标。

```
Public Function AddLine(ByVal ptSt As Variant
    ,ptEn As Variant) As AcadLine
  Set AddLine = ThisDrawing.ModelSpace.AddLine(ptSt, ptEn)
End Function
```

2）根据另一点的相对直角坐标创建直线

函数形参说明:ptSt 与上相同;x 为端点 x 坐标; y 为端点 y 坐标。

构造方法:先将坐标差转换成另一端点的坐标,然后引用直线基准函数来构造此函数。

```
Public Function AddLineReXY(ByVal ptSt As Variant, x As Double
    ,y As Double) As AcadLine        '定义终点
  Dim ptEn As Variant
  ptEn = GetPoint(ptSt, x, y)        '用 Getpoint 函数获得另端点坐标
  Set AddLineReXY = AddLine(ptSt, ptEn)
End Function
```

3）获得相对已经点偏移一定距离的点

```
Public Function GetPoint(pt As Variant, x As Double
    ,y As Double) As Variant
  Dim ptTarget(0 To 2) As Double
  ptTarget(0) = pt(0) + x
  ptTarget(1) = pt(1) + y
  ptTarget(2) = 0
  GetPoint = ptTarget
End Function
```

4）创建轻量多段线(只有两个顶点的直线多段线)

函数形参说明:ptSt、ptEn 为直线起点、终点坐标;width 为线宽。

```
Public Function AddLWPlineSeg(ByVal ptSt As Variant
    ,ptEn As Variant, width As Double) As AcadLWPolyline
  Dim objPline As AcadLWPolyline
  Dim ptArr(0 To 3) As Double
  ptArr(0) = ptSt(0)
  ptArr(1) = ptSt(1)
  ptArr(2) = ptEn(0)
  ptArr(3) = ptEn(1)
  Set objPline = ThisDrawing.ModelSpace.AddLightWeightPolyline(ptArr)
  objPline.ConstantWidth = width                    '设置轻量线宽度
  objPline.Update
  Set AddLWPlineSeg = objPline
End Function
```

2. 圆

1）创建圆的基准函数

函数形参说明：ptcen 为圆心坐标；radius 为半径。

```
Public Function AddCircle(Byval ptcen As Variant
    ,radius As Variant) As AcadCircle
  Dim obCir As AcadCircle
  Set obCir = ThisDrawing.ModelSpace.AcadCircle(Ptcen,radius)
  Set AddCircle = objCir
End Function
```

2）三点法创建圆

算法基础：用三点法创建圆，要输入 3 个点坐标，且这 3 个点不能共线，也不能重合，其算法如下：

假定圆心坐标为(x, y, z)，已知 3 个点的坐标分别为(x_1, y_1, z_1)、(x_2, y_2, z_2)、(x_3, y_3, z_3)，可以建立如下方程：

$$(x - x_1)^2 + (y - y_1)^2 = (x - x_2)^2 + (y - y_2)^2 = (x - x_3)^2 + (y - y_3)^2$$

根据线性代数求解齐次方程组的方法求出圆心位置(x, y, z)和圆半径 r，用上面圆的基准函数就可以创建圆。

函数形参说明：pt1、pt2、pt3 圆上 3 点坐标。

构造方法：根据圆上 3 点坐标计算出圆心坐标和半径，再引用圆的基准函数来构造此函数。要求 3 点不能共线，也不能重合，否则函数失效。

```
Public Function AddCircle3P(ByVal pt1 As Variant, pt2 As Variant,
pt3 As Variant) As AcadCircle
    Dim xysm, xyse, xy As Double
    Dim ptCen(0 To 2) As Double
    Dim radius As Double
    Dim objCir As AcadCircle
    xy = pt1(0) ^2 + pt1(1) ^2
    xyse = xy - pt3(0)^2 - pt3(1)^2
    xysm = xy - pt2(0) ^2 - pt2(1) ^2
    xy = (pt1(0) - pt2(0)) * (pt1(1) - pt3(1)) - (pt1(0) - pt3(0))
 * (pt1(1) - pt2(1))
  '判断参数有效性
  If Abs(xy) < 0.000001 Then
    MsgBox "所输入的参数无法创建圆形!"
    Exit Function
  End If
  '获得圆心和半径
  ptCen(0) = (xysm * (pt1(1) - pt3(1)) - xyse * (pt1(1) - pt2(1))) / (2 * xy)
```

```
ptCen(1) = (xyse * (pt1(0) - pt2(0)) - xysm * (pt1(0) - pt3(0))) / (2 * xy)
ptCen(2) = 0
radius = Sqr((pt1(0) - ptCen(0)) ^2 + (pt1(1) - ptCen(1)) ^2)
If radius < 0.000001 Then
  MsgBox "半径过小!"
  Exit Function
End If
Set objCir = ThisDrawing.ModelSpace.AddCircle(ptCen, radius)
'由于返回值是对象,必须加上 set
Set AddCircle3P = objCir
End Function
```

3. 圆弧

1）基本方法:圆心、起点角度和终点角度

函数形参说明:ptCen 为圆心坐标;radius 为半径;stAng 为起点与 x 轴的夹角;enAng 为终点与 x 轴的夹角。

```
Public Function AddArcCSEA(ByVal ptCen As Variant, radius As Doub-
le, As Double, enAng As Double) As AcadArc
'定义错误处理的方法
   On Error GoTo errHandle
   Dim objArc As AcadArc
   Set objArc = ThisDrawing.ModelSpace.AddArc(ptCen, radius, stAng, enAng)
   Set AddArcCSEA = objArc
Exit Function
errHandle:
MsgBox Err.Description
End Function
```

2）圆心、起点和终点

函数形参说明:ptCen 为圆心坐标;ptSt、ptEn 为起点、终点坐标。

构造方法:先根据圆心、起点和终点坐标计算圆弧半径、起点和终点的角度,再引用圆弧的基准函数来构造此函数。要求 3 点不能共线,也不能重合,否则函数失效。

```
Public Function AddArcCSEP(ByVal ptCen As Variant, ptSt As
  Variant, ptEn As Variant) As AcadArc
  Dim objArc As AcadArc
  Dim radius As Double
  Dim stAng, enAng As Double
  '计算半径
  radius = GetDistance(ptCen, ptSt)
  '计算起点角度和终点角度
```

```
    stAng = ThisDrawing.Utility.AngleFromXAxis(ptCen, ptSt)
    enAng = ThisDrawing.Utility.AngleFromXAxis(ptCen, ptEn)
    Set objArc = ThisDrawing.ModelSpace.AddArc(ptCen, radius, stAng,
enAng)
    Set AddArcCSEP = objArc
End Function
```

3）三点法

函数形参说明：ptSt、ptsc、ptEn 圆弧上 3 点坐标。

构造方法：先根据圆弧上 3 点坐标计算圆心、起点和终点坐标，再引用圆弧的 AddArcCSEP 函数来构造此函数。

```
Public Function AddArc3pt(ByVal ptSt As Variant, ptEn As Variant
    , ptEn As Variant) As AcadArc
    Dim objArc As AcadArc
    Dim ptCen As Variant
    Dim radius As Double
    ptCen = GetCenOf3Pt(ptSt, ptsc, ptEn, radius)
    Set objArc = AddArcCSEP(ptCen, ptSt, ptEn)
    Set AddArc3pt = objArc
End Function
```

4. 椭圆

函数形参说明：ptCen 为椭圆中心坐标；ptmajAxis 为椭圆轴矢量值；radRatio 为椭圆两轴比率。

1）创建椭圆的基准函数（点 ptMajAxis 定义了一个矢量）

```
Public Function AddEllipse(ByVal ptCen As Variant, ptmajAxis As Va-
riant, radRatio As Double) As AcadEllipse
    Set AddEllipse = ThisDrawing.ModelSpace.AddEllipse(ptCen
      , ptmajAxis, radRatio)
End Function
```

2）通过外接矩形创建椭圆

函数形参说明：pt1、pt2 为椭圆外接矩形的对角点坐标；angle 为矩形与 x 轴的夹角。

构造方法：先根据矩形两对角点坐标和矩形与 x 轴的夹角，计算出椭圆中心、椭圆轴矢量值和比率，再引用椭圆基准 P 函数来构造此函数。

```
Public Function AddEllipseRec(ByVal pt1 As Variant, pt2 As Variant
      , angle As Double) As AcadEllipse
    Dim majAxisLen, minAxisLen As Double
    Dim ptCen As Variant
    Dim radRatio As Double
    Dim ptmajAxis(0 To 2) As Double
```

```
  Dim objEllipse As AcadEllipse
  '计算长轴和短轴的长度以及半径比例
  majAxisLen = Abs(pt1(0) - pt2(0))
  minAxisLen = Abs(pt1(1) - pt2(1))
  radRatio = minAxisLen / majAxisLen
  '根据长轴所在的坐标轴调整数据
  If radRatio < 1 Then
    ptmajAxis(0) = majAxisLen /2: ptmajAxis(1) = 0: ptmajAxis(2) = 0
  ElseIf radRatio > 1 Then
    ptmajAxis(0) = 0: ptmajAxis(1) = minAxisLen /2: ptmajAxis(2) = 0
    radRatio = 1 / radRatio
Else
    MsgBox"参数错误,无法创建椭圆!"
  Exit Function
  End If
  ptCen = GetMidPt(pt1, pt2)
  Set objEllipse = AddEllipse(ptCen, ptmajAxis, radRatio)
  objEllipse.Rotate ptCen, angle
  objEllipse.Update
  Set AddEllipseRec = objEllipse
End Function
```

5. 创建样条曲线

函数形参说明:ptArr( )为样条曲线顶点数组坐标;vecSt 为起点的切向;vecEn 为终点的切向。

```
Public Function AddSpline(ByRef ptArr() As Double, ByVal vecSt As
Variant, ByVal vecEn As Variant) As AcadSpline
  '错误处理:判断数组的有效性
If (UBound(ptArr) + 1) Mod 3 < > 0 Then
  MsgBox "数组参数无法创建样条曲线!"
  Exit Function
End If
  Set AddSpline = ThisDrawing.ModelSpace.AddSpline(ptArr,vecSt,vecEn)
End Function
```

6. 文字

1) 单行文字基准函数

函数形参说明:text 为文本串;ptinsert 为文本串插入点;height 为字高。

```
Public Function AddText(ByVal text As String, ptinsert As Variant
    , height As Double) As AcadText
```

```
  Set AddText = ThisDrawing.ModelSpace.AddText(text,ptinsert,height)
End Function
```

2）多行文字基准函数

函数形参说明为 ptinsert 为文本串插入点；width 为文本串宽度；text 为文本串。

```
Public Function AddMtext(ByVal ptinsert As Variant,width As Double
    , text As String) As AcadMText
  Set AddMtext = ThisDrawing.ModelSpace.AddMtext(ptinsert,width,text)
End Function
```

3）创建一定角度的单行文字

函数形参说明：text 为文本串；ptinsert 为文本串插入点；height 为字高；angle 为文本串与 x 轴夹角。

```
Public Function AddTextHA(ByVal text As String, ptinsert As Vari-
ant, height As Double,angle As Double) As AcadText
  Dim objText As AcadText
  Set objText = ThisDrawing.ModelSpace.AddText(text, ptinsert, height)
  objText.Rotate ptinsert, angle
  objText.Update
  Set AddTextHA = objText
End Function
```

4）一定高度和角度的多行文字

函数形参说明：text 为文本串；ptinsert 为文本串插入点；height 为字高；width 为文本串宽度；angle 为文本串与 x 轴夹角。

```
Public Function AddMtextHA ( ByVal ptinsert As Variant, width As
Double, text As String, height As Double, _angle As Double) As AcadMText
  Dim objMtext As AcadMText
  Set objMtext = ThisDrawing.ModelSpace.AddMtext(ptinsert,width,text)
  objMtext.height = height
  objMtext.Rotation = angle
  Set AddMtextHA = objMtext
End Function
```

7. 尺寸标注

1）创建对齐标注的基准函数

函数形参说明：pt1 为尺寸定义第一点；pt2 为尺寸定义第二点；ptText 为标注文字对齐点。

```
Public Function AddDimAligned(ByVal pt1 As Variant, pt2 As
    Variant, ptText As Variant) As AcadDimAligned
  Set AddDimAligned = ThisDrawing.ModelSpace.
    AddDimAligned(pt1,pt2,ptText)
```

```
End Function
```

2）创建旋转标注的基准函数

函数形参说明：pt1 为尺寸定义第一点；pt2 为尺寸定义第二点；ptText 为标注文字对齐点；angle 为尺寸线的旋转角度（弧度）。

```
Public Function AddDimRotated(ByVal pt1 As Variant, pt2 As Variant
    ,ptText As Variant, _angle As Double) As AcadDimRotated
  Set AddDimRotated = ThisDrawing.ModelSpace
    .AddDimRotated(pt1, pt2, ptText, angle)
End Function
```

3）半径标注的基准函数

函数形参说明：ptCen 为标注圆形的圆心；ptChord 为标注线通过的圆周上一点；leaderLength 为引线的长度（正值表示在圆形外侧）。

```
Public Function AddDimRadial(ByVal ptCen As Variant, ptChord As
    Variant, leaderLength As Double) As AcadDimRadial
Set AddDimRadial = ThisDrawing.ModelSpace.AddDimRadial(ptCen
    ,ptChord,leaderLength)
End Function
```

4）根据圆心、角度（弧度）和半径来标注半径

函数形参说明：ptCen 为标注圆形的圆心；radius 为半径；angle 为角度。

函数构造方法：先根据圆心、角度和半径，计算出圆周上一点的坐标，再引用 AddDimRadial 函数来构造此函数。

```
Public Function AddDimRadialAR ( ByVal ptCen As Variant, radius As
Double,As Double,Optional leaderLength _As Double = 5) As AcadDimRadial
  Dim ptChord As Variant
  ptChord = GetPointAR(ptCen, angle, radius)
  Set AddDimRadialAR = AddDimRadial(ptCen, ptChord, leaderLength)
End Function
```

5）直径标注的基准函数

函数形参说明：ptChord1 为标注线通过的圆周上一点；ptChord2 为由 ptChord1 所确定的直径的另一个端点；leaderLength 为引线的长度（正值表示在圆形外侧）。

```
Public Function AddDimDiametric(ByVal ptChord1 As Variant
    , ptChord2 As Variant,leaderLength As Double) As AcadDimDiametric
  Set AddDimDiametric = ThisDrawing. ModelSpace. AddDimDiametric
(ptChord1, ptChord2, leaderLength)
End Function
```

6）角度标注的基准函数

函数形参说明：ptVertex 为角度线交叉点；ptSt 为角度起始点；ptEn 为角度终止点；ptText 为标注文本位置。

```
Public Function AddDimAngular(ByVal ptVertex As Variant, ptSt As
    Variant, ptEn As Variant, ptText As Variant) As AcadDimAngular
  Set AddDimAngular = ThisDrawing.ModelSpace
    .AddDimAngular(ptVertex, ptSt, ptEn, ptText)
End Function
```

8. 填充

1）创建传统填充对象的基准函数

函数形参说明：objList( )为组成填充区域对象数组；patType 中，0 为预定义图案，1 为用户定义图案，2 为自定义图案；patName 为填充图案名称；associativity 为图案关联性，其中：True 为关联，False 为不关联。

```
Public Function AddHatch(ByRef objList() As AcadEntity, ByVal patType
As Integer, ByVal As String, _ByVal associativity As Boolean) As AcadHatch
  On Error GoTo errHandle
  '定义填充对象
  Dim objHatch As AcadHatch
  Set objHatch = ThisDrawing.ModelSpace.AddHatch(patType, pat-
Name, associativity, acHatchObject)
  '添加边界
  objHatch.AppendOuterLoop (objList)
  objHatch.Evaluate
  ThisDrawing.Regen True
  Set AddHatch = objHatch
  Exit Function
errHandle:
  If Err.number = -2145386493 Then
  MsgBox "填充定义边界未闭合!", vbCritical
    End If
  Err.Clear
End Function
```

2）根据多个点的坐标创建填充

函数形参说明：ByRef ptArr( )为组成填充区域对象坐标点数组；patType 中，0 为预定义图案，1 为用户定义图案，2 为自定义图案；patName 为填充图案名称；associativity 为图案关联性，其中：True 为关联，False 为不关联。

函数构造方法：先根据组成填充区域对象坐标点数组，构造一个封闭实体对象，再引用 AddHatch 函数构造此函数。

```
Public Function AddHatchPt(ByRef ptArr() As Double
    , ByVal patType As Integer, ByVal patName As String, ByVal asso-
ciativity As Boolean) As AcadHatch
```

```
Dim objPline As AcadLWPolyline
'检查数组的有效性
If (UBound(ptArr) + 1) Mod 2 < > 0 Then
  MsgBox "数组元素个数必须为偶数!"
  Exit Function
End If
Set objPline = ThisDrawing.ModelSpace.AddLightWeightPolyline(ptArr)
objPline.Closed = True
Dim objList(0) As AcadEntity
  Set objList(0) = objPline
  Set AddHatchPt = AddHatch(objList, patType, patName, associativity)
End Function
```

第六节　桥梁专用函数示例

1. 箱形梁截面(见图 10-16)

函数形参说明:bkuan 为板顶宽;Lgao 为板高;xkuan 为箱宽;leikuan 为肋宽;dinbhou 为顶板厚;dibhou 为底板厚;ndj 为内倒角;wdj 为外倒角;bdgao 为翼缘端部高; bgbgao 为翼缘根部高。

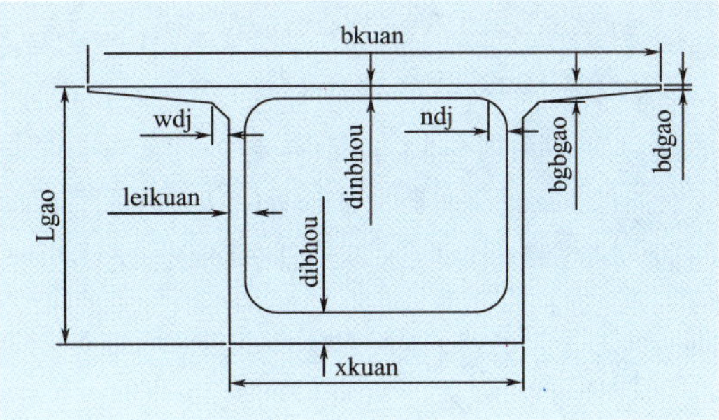

图 10-16　箱形梁截面

```
Public Sub AddXXliang (ByVal ptj As Variant, bkuan As Double, Lgao As Double, xkuan As Double, leikuan As Double, dinbhou As Double, dibhou As Double, ndj As Double, wdj As Double, bdgao As Double, bgbgao As Double)
    Dim yykuan As Double, kxkuan As Double
    Dim kxgao As Double, xtgao As Double
  xtgao = Lgao - bgbgao - wdj
  yykuan = (bkuan - xkuan - 2 * wdj) /2
  kxkuan = (xkuan - 2 * leikuan - 2 * ndj)
  kxgao = Lgao - dinbhou - dibhou - 2 * ndj
  pt1 = ptj
  pt2 = GetPointZX(ptj, bkuan, 0)
  AddLineReXY pt1, bkuan, 0
  AddLineReXY pt1, 0, -bdgao
  AddLineReXY pt2, 0, -bdgao
```

```
    pt1 =GetPointZX(pt1, yykuan, -bgbgao)
    pt2 =GetPointZX(pt2, -yykuan, -bgbgao)
    AddLineReXY pt1, -yykuan, (bgbgao - bdgao)
    AddLineReXY pt2, yykuan, (bgbgao - bdgao)
    AddLineReXY pt1, wdj, -wdj
    AddLineReXY pt2, -wdj, -wdj
    pt1 =GetPointZX(pt1, wdj, -(wdj + xtgao))
    pt2 =GetPointZX(pt2, -wdj, -(wdj + xtgao))
    AddLineReXY pt1, 0, xtgao
    AddLineReXY pt2, 0, xtgao
    AddLineReXY pt1, xkuan, 0
    pt1 =GetPointZX(pt1, (leikuan + ndj), dibhou)
    pt2 =GetPointZX(pt2, -(leikuan + ndj), dibhou)
    AddLineReXY pt1, kxkuan, 0
    AddLineReXY pt1, -ndj, ndj
    AddLineReXY pt2, ndj, ndj
    pt1 =GetPointZX(pt1, -ndj, (ndj + kxgao))
    pt2 =GetPointZX(pt2, ndj, (ndj + kxgao))
    AddLineReXY pt1, 0, -kxgao
    AddLineReXY pt2, 0, -kxgao
    AddLineReXY pt1, ndj, ndj
    AddLineReXY pt2, -ndj, ndj
    pt1 =GetPointZX(pt1, ndj, ndj)
    AddLineReXY pt1, kxkuan, 0
End Sub
```

箱形梁测试如下：

```
Public Sub ceshiAddXXliang()
    UserLinetype
    Dim ptj(0 To 2) As Double
    ptj(0) =50: ptj(1) =50: ptj(2) =0
     AddXXliang ptj, 17.5, 8 #, 9 #, 0.55, 0.35, 1#, 0.5, 0.5, 0.15, 0.52
End Sub
```

2. 双柱式盖梁(见图 10-17)

函数形参说明：Glchang 为盖梁总长；Hou1 为盖梁端部厚度 1；Hou2 为盖梁厚度 2；Zhugao 为柱高；Duanbuchang 为端部长；Waixuan 为柱端外悬量；Diameter 为柱直径。

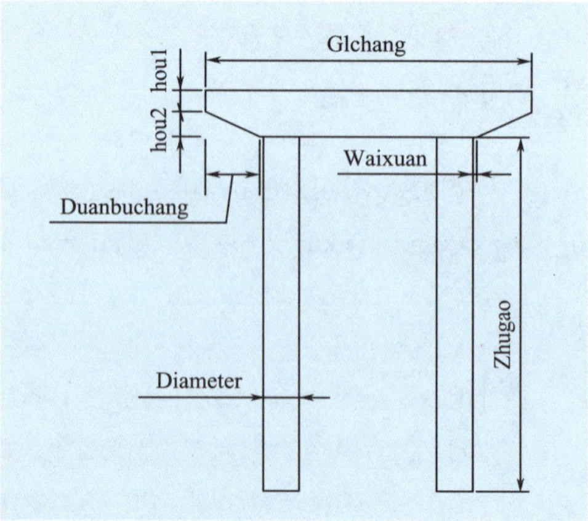

图 10-17 双柱盖梁

```
Public Sub Gailiang(ByVal ptj As Variant, GLchang As Double, Hou1 As
Double, Hou2 As Double, _ZHugao As Double, Duanbuchang As Double, Waixuan
As Double, Diameter As Double)
    Dim pt1 As Variant, pt2 As Variant
    AddLineReXY ptj, GLchang, 0
    AddLineReXY ptj, 0, -Hou1
    pt1 = GetPointZX(ptj, GLchang, -Hou1)
    pt2 = GetPointZX(ptj, Duanbuchang, -(Hou1 + Hou2))
    AddLineReXY pt1, 0, Hou1
    AddLineReXY pt1, -Duanbuchang, -Hou2
    AddLineReXY pt2, -Duanbuchang, Hou2
    AddLineReXY pt2, (GLchang - 2 * Duanbuchang), 0
    pt1 = GetPointZX(pt2, Waixuan, 0)
    pt2 = GetPointZX(pt1, Diameter, -ZHugao)
    AddLineReXY pt1, 0, -ZHugao
    AddLineReXY pt2, 0, ZHugao
    AddLineReXY pt2, -Diameter, 0
    pt1 = GetPointZX(pt1, (GLchang - 2 * Duanbuchang - 2 * Waixuan - Di-
ameter), 0)
    pt2 = GetPointZX(pt2, (GLchang - 2 * Duanbuchang - 2 * Waixuan - Di-
ameter), 0)
    AddLineReXY pt1, 0, -ZHugao
    AddLineReXY pt2, 0, ZHugao
    AddLineReXY pt2, -Diameter, 0
End Sub
```

盖梁测试程序如下：

```
Public Sub ceshiGailiang()
    UserLinetype                              '加载线型函数
    Dim ptj As Variant, Glchang As Double
      , Hou1 As Double, Hou2 As Double
    Dim ZHugao As Double, Duanbuchang As Double
      , Waixuan As Double, Diameter As Double
    ptj = ThisDrawing.Utility.GetPoint(,"输入盖梁左侧点位置:")
    Glchang = ThisDrawing.Utility.GetReal("输入盖梁总长:")
    Hou1 = ThisDrawing.Utility.GetReal("输入盖梁上部厚:")
    Hou2 = ThisDrawing.Utility.GetReal("输入盖梁下部厚:")
    ZHugao = ThisDrawing.Utility.GetReal("输入柱高:")
    Duanbuchang = ThisDrawing.Utility.GetReal("输入盖梁端部长:")
```

```
  Waixuan = ThisDrawing.Utility.GetReal("输入梁底外悬量:")
  Diameter = ThisDrawing.Utility.GetReal("输入柱直径:")
   Gailiang ptj, Glchang, Hou1, Hou2, ZHugao, Duanbuchang, Waixuan, Diameter
End Sub
```

程序运行后的结果如图 10-17 所示。程序执行过程如下：

Command：输入盖梁左侧点位置:在屏幕上点击一点；

Command：输入盖梁总长:15；

Command：输入盖梁上部厚:0.6；

Command：输入盖梁下部厚:0.7；

Command：输入柱高:10；

Command：输入盖梁端部长:1.6；

Command：输入梁底外悬量:0.1；

Command：输入柱直径:1.0。

第七节　道路横断面地面线函数示例

在声明区说明公有变量如下：

```
Dim n As Integer, I As Integer
Dim x As Double, y As Double
Dim pt As Variant, pj As Variant
```

主程序代码：

```
Public Sub HDm()
```

变量说明:HdmName 为字符串变量,读取横断面数据文件名；Hdmstr 为字符串变量,读取横断面数据;Hdmshuju 为横断面数据文件名。

```
  Dim Hdmstr As String, HdmName As String
  HdmName = "f:\Hdmshuju"                    '横断面数据文件
  Open HdmName For Input As #1               '打开横断面数据文件
  Do Until EOF(3)
  Line Input #1, Hdmstr                      '读桩号数据
Dimzhhao Hdmstr                              '标注桩号
  Line Input #1, Hdmstr                      '读左断面数据
  DrawLeft Hdmstr                            '绘制断面左侧地面线
  Line Input #1, Hdmstr                      '读右断面数据
  DrawRight Hdmstr                           '绘制断面右侧地面线
Loop
  Close #1                                   '关闭数据文件
End Sub
```

```
''''''绘制断面左侧地面线函数
Private Sub DrawLeft(Leftstr As String)
  n = Val(knfg(LTrim(Leftstr), 1))              '获取左断面数据组数
  pj = pt
  I = 2
  If I <= 2 * n Then
    x = Val(knfg(LTrim(Leftstr), I))             '获取一段地面的水平距离
    y = Val(knfg(LTrim(Leftstr), 1 + I))         '获取一段地面的高差
    AddLineReXY pj, -x, y                        '绘制一段地面线
    pj = GetPointZX(pj, -x, y)
    I = I + 2
End If
End Sub
''''''绘制断面右侧地面线函数
Private Sub DrawRight(Rightstr As String)
  n = Val(knfg(LTrim(Rightstr), 1))             '获取右断面数据组数
  pj = pt
  I = 2
  If I <= 2 * n Then
  x = Val(knfg(LTrim(Rightstr), I))
  y = Val(knfg(LTrim(Rightst), 1 + I))
  AddLineReXY pty, x, y                         '绘制一段地面线
  pty = GetPointZX(pty, x, y)
  I = I + 2
  End If
End Sub
''''''标注中桩桩号函数
Private Sub Dimzhhao(Zhhao As String)
  pt = ThisDrawing.Utility.GetPoint(,"指定断面中心点位置:")
  ptw = GetPointZX(pt, 0, 0.5)
  AddLineRexy ptw,0, -1.0                       '绘制中心线
  AddText Zhhao, ptw, 2.0                       '标注桩号
End Sub
```

横断面数据文件(Hdmshuju)的数据如下:

```
0.0                                              '中桩桩号
3 10.50 -1.2 3.85 -0.65 16.80 -1.85              '左断面数据,3为数据组数
4 5.60 0.45 14.35 1.27 8.50 0.68 14.2 0.35       '右断面数据,4为数据组数
20.0
```

3 13.50 -1.8 9.85 -0.96 10.80 -1.35

4 5.60 0.57 11.38 0.67 13.50 1.10 7.2 0.62

……

先输入横断面数据文件，保存为纯文本格式，然后运行主程序，运行后的结果如图 10-18 所示。

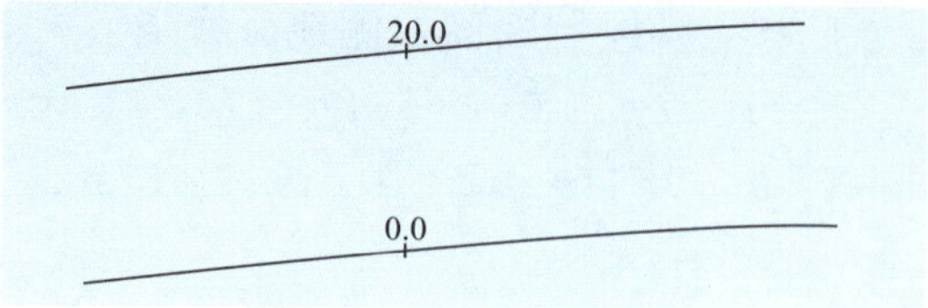

图 10-18　横断面地面线

第八节　VBA 程序加密、加载和运行

1. 加密 VBA 工程

由于 VBA 程序不能编译生成可执行文件，只能以源代码的形式提供给用户，为保护开发者的知识产权，VBA 提供了保护密码的措施，即加密 VBA 工程。其具体方法如下：

（1）在 VBA 工程窗口下选择要加密的工程文件，单击右键，弹出的"光标"菜单如图 10-19 所示。

（2）选择菜单上的"ACADProject 属性"项，将弹出如图 10-20 所示的"工程属性"窗口。

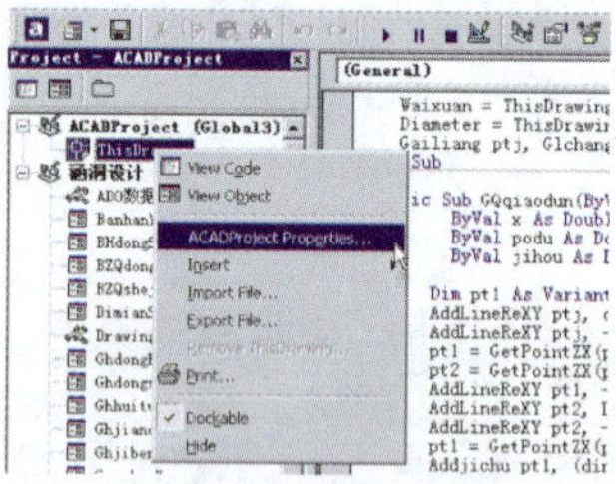

图 10-19　"光标"菜单

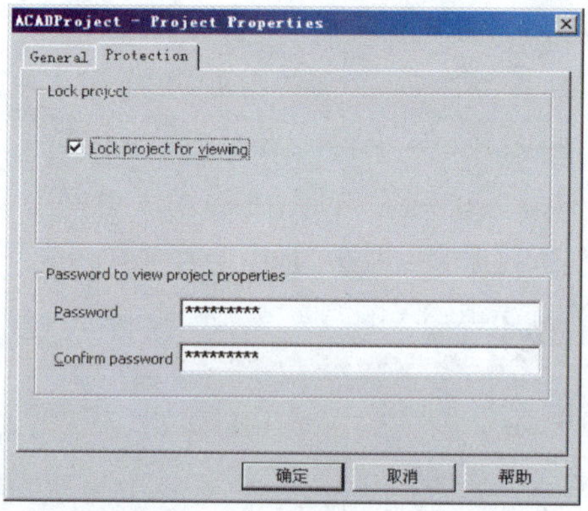

图 10-20　"Project Properties"对话框

（3）在"工程属性"窗口中，选中"Protection"选项卡，选中"Lock Project for Viewing"复选框，在"Password（密码）"文本框内输入密码，再在"Confirm Password（确认密码）"文本框内输入同样的密码。单击"确定"按钮，完成对该工程的加密操作。当你以后再次加载该工程或想查看工程的源代码时，系统会让你输入密码，只有当输入密码与加密密码相同时，才能打开该工程文件。所以切记不要忘记加密密码，否则连你自己也无法打开工程文件。

2. 加载 VBA 工程

1）从菜单加载 VBA 工程

从 AutoCAD 菜单条加载 VBA 工程是一种手工加载的方法，适用于开发和调试 VBA 工程的阶段。具体方法如下：

单击菜单"Tools"→"Macro"→"Load Project…"，弹出如图 10-21 所示的对话框，在该对话框的"文件名"文字框中输入要加载的工程名称，单击"打开"按钮。

2）自动加载 VBA 工程

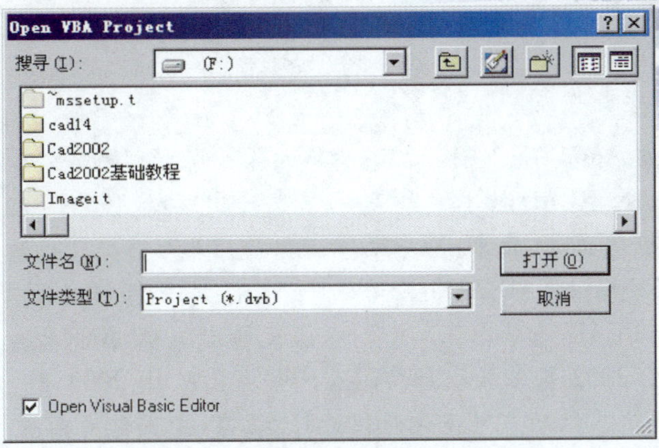

图 10-21 "Open VBA Project"对话框

所谓自动加载即在启动 AutoCAD 的同时加载该 VBA 工程,在 AutoCAD 中有两种自动加载 VBA 工程的方法。

(1) 当 AutoCAD 启动时,系统会自动寻找名为 Acad.dvb 的工程,并自动加载此工程文件。利用此特点可以在 Acad.dvb 工程文件中添加代码,将要加载的 VBA 工程添加进去。

(2) 当 AutoCAD 启动时,系统会自动启动一个名为 Acad.lsp 的程序,可以在 Acad.lsp 文件中加入启动 VBA 工程的代码。例如要加载的 VBA 工程名为"jzproject.dvb",打开 Acad.lsp 程序,添加如下代码:

```
(Defun S::STARTURP()
    (command "_VBALOAD" "jzproject.dvb")
)
```

3. 运行 VBA 程序

在 AutoCAD 中有 3 种方法来运行已经加载的 VBA 程序:

1) 从定制的下拉菜单或工具条运行 VBA 菜单宏

用户可以先定制下拉菜单或工具条,然后在菜单代码中添加相应的菜单宏,通过执行菜单宏来运行 VBA 程序。可以有两种方法添加菜单宏,一种是在 VBA 下执行"vbarun Filename.dvb",另一种是通过运行 AutoLISP 程序来执行 VBA 程序。具体方法可以参照 VBA 的专门书籍。

2) 在启动 AutoCAD 时自动执行 VBA 工程

用户可以在 Acad.dvb 工程文件中添加自动执行 VBA 工程的代码,这样系统在启动后就会执行 VBA 程序。比如要执行名为"jzproject.dvb"VBA 程序,在 Acad.lsp 程序,添加如下代码:

```
(Defun S::STARTURP()
    (command "_VBARUN""jzproject.dvb")
)
```

3) 在命令行输入"vbarun"命令

在 AutoCAD 环境下,直接输入"vbarun"命令,根据系统提示,输入要运行的宏命令后,运行 VBA 工程。如果用户输入"vbarun"命令,系统将弹出"MAcros"对话框,在该对话框中选择要执行的 VBA 工程,然后单击"RUN"按钮,运行该 VBA 程序。

参考文献

[1] 苏鸿根.怎样开发 AutoCAD R12.北京:清华大学出版社,1995.

[2] 许金良,张雨化.公路 CAD 技术. 北京:人民交通出版社,1999.

[3] 宛延闿.工程数据库系统.北京:清华大学出版社,1999.

[4] 王钰.用 VBA 开发 AutoCAD 2000 应用程序.北京:人民邮电出版社,1999.

[5] 郑益民.公路工程 CAD 基础教程.北京:人民交通出版社,2001.

[6] 文安福.AutoCAD 2002 基础教程.北京:人民邮电出版社,2002.

[7] 郭腾峰,王蒙.道路三维动态可视化几何设计.北京:中国电力出版社,2002.

[8] 吴涛.建筑 CAD 二次开发技术.北京:电子工业出版社,2002.

[9] 符锌砂.公路计算机辅助设计.北京:人民交通出版社,2003.

[10] 吴洁明,袁山龙.软件工程应用实践教程.北京:清华大学出版社,2003.

[11] 朱照宏,符锌砂,李方,方守恩等.道路勘测设计软件开发与应用指南.北京:人民交通出版社,2003.

[12] 张帆,郑立楷,王华杰.AutoCAD VBA 开发精彩实例教程.北京:清华大学出版社,2004.

[13] 洪志全,卓必跃,侯晔,肖思和.数据库原理及应用.北京:电子工业出版社,2004.

[14] 郑益民,赵永平.桥梁工程 CAD.北京:清华大学出版社,北京交通大学出版社,2006.